suhrkamp taschenbuch 285

Kurt Weill, geboren am 2. 3. 1900 in Dessau, gestorben am 3. 4. 1950 in New York, war Schüler von Ferruccio Busoni. Bis 1933 lebte er in Berlin und emigrierte dann über Paris nach New York. Weill wurde bekannt als Komponist von Lehrstücken und Opern. Seine Musik zur *Dreigroschenoper* von Bertolt Brecht wurde ein Welterfolg.

Neben die bereits erschienene Sammlung von Aufsätzen und Dokumenten *Über Kurt Weill* (st 237) stellt dieser Band Weills eigene in wichtigen Musikzeitschriften veröffentlichte Beiträge, die hier erstmals wieder abgedruckt werden. Darüber hinaus bringt der Band zum ersten Mal eine Auswahl aus etwa 400 Artikeln, die Kurt Weill in den Jahren 1925-1929 für die Berliner Wochenzeitschrift *Der deutsche Rundfunk* schrieb. Diese bisher vernachlässigten Aufsätze zum Thema Rundfunk, die sich mit weitreichenden Fragen auf dem Gebiet von Musik und Drama befassen – von Mozart bis zu Berg und moderner Tanzmusik, von Shakespeare bis zu Brecht und Berliner Possen – und sich ebenso mit Fragen der Weiterentwicklung des Rundfunks als Kunstform und als demokratisierendes Element (wie Weill hoffte) beschäftigen, sind eine wichtige Ergänzung zu den theoretischen Aufsätzen, in denen Weill sich zu Funktion und Wirkung des Musiktheaters in einer modernen Gesellschaft äußert und die Aspekte seiner Zusammenarbeit mit Georg Kaiser, Bertolt Brecht und Caspar Neher untersucht.

Kurt Weill
Ausgewählte Schriften

Herausgegeben mit einem Vorwort von David Drew

Suhrkamp

Das Vorwort, die Aufsätze *Über Komposition* und ›*Lunch Time Follies*‹ sowie die Anmerkungen übersetzte Josef Heinzelmann aus dem Englischen.

Umschlagfoto und Frontispiz:
Ullstein Bilderdienst

suhrkamp taschenbuch 285
Erste Auflage 1975

Quellennachweis für die einzelnen Texte
am Schluß des Bandes
Suhrkamp Taschenbuch Verlag

Satz: IBV Lichtsatz KG, Berlin
Druck: Wagner, Nördlingen
Printed in Germany.
Umschlag nach Entwürfen
von Willy Fleckhaus und Rolf Staudt

Inhalt

Meine Frau...
Sie ist eine miserable Hausfrau, aber eine sehr gute Schauspielerin.

Sie kann keine Noten lesen, aber wenn sie singt, dann hören die Leute zu wie bei Caruso. (Übrigens kann mir jeder Komponist leid tun, dessen Frau Noten lesen kann.)

Sie kümmert sich nicht um meine Arbeit (das ist einer ihrer größten Vorzüge). Aber sie wäre sehr böse, wenn ich mich nicht für ihre Arbeit interessieren würde.

Sie hat stets einige Freunde, was sie damit begründet, daß sie sich mit Frauen so schlecht verträgt. (Vielleicht verträgt sie sich aber auch mit Frauen darum so schlecht, weil sie stets einige Freunde hat.)

Sie hat mich geheiratet, weil sie gern das Gruseln lernen wollte, und sie behauptet, dieser Wunsch sei ihr in ausreichendem Maße in Erfüllung gegangen.

Meine Frau heißt Lotte Lenja.

14. April 1929

Vorwort

Kurt Weills Schriften lassen sich in zwei Kategorien aufteilen: die einen sollten sein Schaffen theoretisch untermauern oder erläutern, die anderen schrieb er, um seine Einkünfte als Komponist und Lehrer aufzubessern. Die Mehrzahl der ersteren Texte wurde in den führenden deutschen und österreichischen Musikzeitschriften der Zeit veröffentlicht und in Bibliographien erfaßt; einige wurden nach seinem Tode in Zeitschriften und Programmheften nachgedruckt; einzelne Passagen wurden sogar mehrfach zitiert, doch nicht immer ließ sich daraus ein Verständnis seiner kritischen Anschauungen gewinnen.

Der Nutzen einer Sammlung dieser Artikel in einem Band liegt auf der Hand, und er wuchs und wächst mit dem Aufleben eines neuartigen Interesses an Weills Musik. Die vorliegende Ausgabe enthält sämtliche Artikel, die bisher aufgespürt werden konnten, ausgenommen einer ersten Fassung von »Kritik am zeitgenössischen Schaffen«, die in der *Literarischen Welt* 1927 erschien (Jg. 3, Nr. 27). Nicht gefunden werden konnten bis jetzt folgende Texte, die in deutschen Zeitungen oder Zeitschriften der Zwanziger Jahre veröffentlicht worden sein sollen: »Fort vom Durchschnitt! Zur Krise der musikalischen Interpretation« (1925), »Die neue Oper« (1926), Aufsätze über Zensur und über Gebrauchsmusik (ca. 1929) und die Antwort auf eine Rundfrage (die auch von Alban Berg beantwortet wurde) »Darf die Musik politisieren?« (1930).

Die zweite Kategorie der Schriften Weills, seine journalistischen Arbeiten, erinnert an einen riesigen Dachboden, der vierzig Jahre nicht betreten worden ist. Unter einer dicken Staubschicht schlummert da eine ungewöhnliche Sammlung von Schätzen und bric-à-brac, von Gebrauchsgegenständen, die teilweise an Wert gewonnen haben, teilweise nutzlos geworden sind. Daß diese Dinge so lange unentdeckt blieben, kann kaum überraschen, denn Weill selbst war darauf bedacht, keine Aufmerksamkeit darauf zu lenken. Er ließ sich auch erst zu dem Zeitpunkt überreden, für diese journalistischen Arbeiten voll zu zeichnen, als sein Name so bekannt geworden war, daß es schäbig gewesen wäre, seinen Herausgebern den Nutzen davon zu verweigern.

Weills Laufbahn als Journalist begann mit gelegentlichen Arbeiten im Jahre 1924, als er 24 Jahre alt war. Sie setzte ernsthaft erst im April 1925 ein, als er zum Chefkritiker und Berliner Korrespondenten der Wochenzeitschrift *Der deutsche Rundfunk* bestellt wurde. Woche für Woche – eine kurze Sommerpause ausgenommen – lieferte er fast genau vier Jahre lang kontinuierlich eine ausführliche Vorschau auf kulturelle Sendungen, die der Berliner Rundfunk plante (einschließlich detaillierter Einführungen und Inhaltsangaben zu Opern und Schauspielen), und eine mindestens ebenso ausführliche Rückschau auf die Sendungen der jeweils vergangenen Woche. Jede Vorschau begann mit einer allgemeinen Betrachtung über Aspekte der Rundfunkpolitik, soweit sie soziale Funktionen und technische oder ästhetische Fragen betraf. Von Zeit zu Zeit setzte er sich mit solchen Themen auch in einem Leitartikel auf der Umschlagseite zusätzlich zu seinen beiden regelmäßigen Rubriken auseinander. Gelegentlich nahm er den Gedenktag eines Komponisten zum Anlaß, ein kurzes Porträt beizusteuern. In diesen vier Jahren, in denen eine abendfüllende und zwei einaktige Opern (außerdem ein Teil der *Mahagonny*-Oper), vier Kantaten und mehrere Rundfunk- und Bühnenmusiken (*Die Dreigroschenoper* eingeschlossen) entstanden, brachte Weill es fertig, schätzungsweise eine Million Worte für den *Deutschen Rundfunk* zu schreiben. Seine Aufgabe umfaßte darüber hinaus die Sammlung gewaltiger Mengen an Fakten und anderem Material über weite Bereiche der Musik und Literatur und nicht zuletzt das Abhören einer Vielzahl von Rundfunksendungen. Dieses erstaunliche Pensum, das minder arbeitswütige Seelen gewiß schon als Full-time-job angesehen hätten, war dabei nicht seine einzige Nebenbeschäftigung, denn er mußte sich auch noch einer Reihe von privaten Kompositionsschülern widmen.

Es ist kaum verwunderlich, daß Weill sich zuweilen die Dinge erleichtern und zu automatischer Routine Zuflucht nehmen mußte. Und doch bleibt bemerkenswert, wenn man alles zusammen nimmt, wie viel von seiner Persönlichkeit doch durchscheint und welches Niveau er durchhalten konnte, vor allem in den ersten beiden Jahren, als sein Enthusiasmus für das neue Medium Rundfunk noch groß war und die Hoffnungen, die er darauf setzte, noch nicht zu oft enttäuscht worden waren.

Dieser Enthusiasmus und diese Hoffnungen sind in der Tat der

Schlüssel zum Erfolg des ganzen Unternehmens. Beim Schreiben war Weill genausowenig wie beim Komponieren von seinem Temperament her in der Lage, etwas Überzeugendes und Charakteristisches zu schaffen, wenn er nicht wirklich engagiert war. Und für die Rundfunkarbeit war er vom ersten Anfang an engagiert, denn er sah im Funk eine nahezu wunderbare zeitgemäße Entwicklung für eine Nachkriegswelt, in der die Streitigkeiten zwischen den Völkern gelöst und die überkommenen Klassenbarrieren und Privilegien hinweggeräumt werden mußten. Der Funk als demokratische Institution im besten Weimarer Geist: das ist unausgesprochen das Hauptthema bei allem, was er in diesem Zusammenhang schrieb.

In dieser wie in anderer Hinsicht gibt es keinen Bruch zwischen den ersten Aufsätzen von 1925 und den letzten von 1929. Warum beendete Weill nun diese Tätigkeit als Rundfunkkritiker? Die Antwort ist zunächst einmal, daß der Erfolg der *Dreigroschenoper* im September 1928 die finanzielle Notwendigkeit dieser Arbeit hinfällig gemacht hatte. Zum zweiten muß jedoch geklärt werden, wie es dazu kam, daß Weill nach seiner Notiz zum *Berliner Requiem* vom Mai 1929 keine einzige Zeile mehr für den *Deutschen Rundfunk* schrieb. Vielleicht kann man die Antwort in einigen bei einem Interview geäußerten Sätzen Erwin Piscators finden, das nur wenige Wochen zuvor veröffentlicht wurde (*Der deutsche Rundfunk*, Jg. 7, Nr. 16, S. 448): »Vor mehreren Jahren setzten sich einige Leute, unter ihnen (Herbert) Ihering, Kurt Weill, Hans von Heister, Rolf Nürnberg, Hans Siemsen, zusammen, um durch eine Organisation, die für zeitgemäßere und geistigere Rundfunkprogramme kämpfen sollte, Besserung zu schaffen. Leider hat sich seit damals wenig geändert. Viel vorwärts gekommen ist die Sache nicht.« Ein perfektes Beispiel dessen, was Piscator meinte, war die versuchte Zensur am *Berliner Requiem* in jenem Frühjahr 1929. Das Werk war vom Frankfurter Sender bei Weill in Auftrag gegeben worden. Die Premiere wurde mehrfach verschoben, und als sie schließlich im Mai 1929 stattfand, erhielt sie nur geringe Publizität, und im Gegensatz zu den vorhergegangenen Kompositionsaufträgen deutscher Sendeanstalten und entgegen den Abmachungen wurde die Aufnahme von keiner anderen Station übertragen. Wenn es auch falsch wäre, allein in diesen Vorgängen den entscheidenden Anlaß zu Weills offenkundiger Desillusionierung über den Rundfunk zu sehen, so haben sie doch gewiß dazu beigetragen.

Nichtsdestoweniger bietet der literarische Niederschlag seines Interesses am Medium Rundfunk Verständnishilfe für die Werke, die er für dieses Medium komponierte. Das Bild seiner geistigen Interessen und Abneigungen, das sich aus seinen Rundfunk-Artikeln ergibt, ist überdies viel umfassender und farbiger als jenes, das sich in seinen »offiziellen« Artikeln darbietet, vor allem in jenen, die sich mit seinen eigenen Werken befassen. Wie viele Komponisten äußerte er sich häufig ausweichend und zuweilen geradezu irreführend über sein eigenes Schaffen, wie etwa in seinen Anmerkungen zu *Mahagonny* und zum *Jasager,* in denen er fast zwanghaft den zentralen Problemen aus dem Wege geht. Ohne sich dessen bewußt zu sein, erzählt er uns weit mehr über sich selbst, wenn er über die Werke und die Arbeiten anderer schrieb, selbst da, wo er seine Zuflucht allzu offensichtlich und nicht immer sehr genau zu maßgebenden Nachschlagewerken nimmt – wie zum Beispiel in dem Beitrag über seinen geliebten Weber. Es ist freilich schade, daß die speziellen Themen seiner Artikel mit wenigen Ausnahmen, z. B. seiner Forderung nach einer Sendung von Bergs *Wozzeck,* vom Programm des Berliner Senders bestimmt waren und deshalb nicht als eine persönliche Wahl gelten können, außer insofern, als er frei war, nach Gutdünken auszuwählen und Akzente zu setzen. So sucht man beispielsweise vergeblich nach mehr als ein paar verstreuten Anmerkungen über Berlioz, dessen Werk er überaus schätzte; oder nach einer signifikanten Äußerung über den späten Verdi; und vor allem nach einer eingehenden Erörterung über sein höchstes Ideal des Musiktheaters – über Mozarts Opern. Andererseits spiegelten die spärlichen Besprechungen französischer Musik (Berlioz und Bizet ausgenommen) ein Vorurteil wider, das Weill mit den Programmachern des Berliner Senders geteilt zu haben scheint; und ihre Vorliebe für die Spätromantik und die mitteleuropäischen Traditionen veranlaßten ihn zu einer Anzahl von Kommentaren, deren Kenntnis für Weill-Studien nützlich sein mag. Wäre *Der deutsche Rundfunk* nicht gewesen, wäre es unmöglich, das zu bestätigen, was ein eingehendes Studium von Weills Musik über seine Stellung zu Wagner nahelegt: daß sie durchsetzt mit Zweifeln und Vorbehalten war, aber doch keineswegs so ablehnend wie jene der meisten seiner jungen (und weniger jungen) Zeitgenossen. (Dies läßt vielleicht den Verlust der

Stellungnahme zu Wagner verschmerzen, um die der *Anbruch* Weill im Februar 1933 anläßlich der Wagner-Feiern gebeten hatte.) Und wer könnte – ohne den *Deutschen Rundfunk* – erraten, daß Weill weit über die vom Anlaß gebotene Pflichtübung hinausging, um für Pfitzner einzutreten?

Eine repräsentative Auswahl aus den über 400 Aufsätzen wäre über die Aufgabe dieses Bandes hinausgegangen. Dafür wird sich eine andere Gelegenheit finden. Die vorliegende und drastisch eingeschränkte Auswahl war durch zwei Überlegungen bestimmt: zunächst sollten die »offiziellen« Äußerungen Weills ergänzt werden, indem der wahre Stellenwert seiner Interessen (und Vorurteile) angezeigt und somit Licht auf eine schöpferische Persönlichkeit geworfen wird, die viel komplexer war, als man sich gemeinhin vorstellt. Daneben sollte die Aufmerksamkeit auf eine Dokumentation der frühen deutschen Rundfunkgeschichte gelenkt werden, die insofern einzigartig ist, als sie von einem bedeutenden schöpferischen Künstler stammt, und die in gewissem Sinne aktuell bleiben wird, solange die Gesellschaft darum kämpft, die Massenmedien nach ihren verschiedenen und widersprüchlichen Zielen zu gestalten, und die Medien bewußt oder unbewußt versuchen, die Gesellschaft nach ihrem eigenen Bild zu formen.

Es bleibt mir nun noch, jenen Dank zu sagen, die die Vorbereitung dieses Buchs, deren Anfänge mehrere Jahre zurückliegen, unterstützt haben: Dr. Walter Huder von der Akademie der Künste in West-Berlin, Frau Margarete Rostock, ehemals am Deutschen Institut in London, Herrn O. W. Neighbour von der Britisch Library sowie Personal der New York Public Library. Besondere Dankesschuld habe ich gegenüber Dr. Franz Westhoff, der das Register erstellte, Frau Renate Laux vom Suhrkamp Taschenbuch Verlag abzutragen; und last but not least gegenüber Dr. Siegfried Unseld, der nicht allein den Anstoß zu dieser Veröffentlichung in Verbindung mit dem Band *Über Kurt Weill* (st 237) gab, sondern auch dem Vorschlag zustimmte, daß sie in einer für die Allgemeinheit möglichst leicht zugänglichen Form geschah – wie Weill selber es sicher gewünscht hätte, wenn er je von einer solchen Ausgabe geträumt hätte.

David Drew London, 9. Mai 1975

I. Drei Meister

Busoni und die neue Musik

Unter den großen produktiven Künstlererscheinungen gibt es solche, deren Name nur in ihren Werken fortlebt, deren eigenes Leben und Werk vollständig hinter ihren Schöpfungen verschwindet; und andere, die schon bei Lebzeiten durch die Ausstrahlung ihrer Persönlichkeit einen solchen Einfluß ausüben, daß die Erinnerung an die Reinheit ihrer Erscheinung genauso wach bleibt wie ihre künstlerische Hinterlassenschaft selbst. Ferruccio Busonis Lebenskreise vollzogen sich im Lichte eines Geistes, der alle erreichbaren Gebiete zu umfassen strebte, einer Gesinnung, deren Lauterkeit allein ihn schon über seine Zeitgenossen stellte. Die beseligende Harmonie dieser Künstlernatur mußte nicht nur in den Menschen seiner näheren Umgebung beglückende Gefühle auslösen, sondern auch fernerstehende spürten den unsichtbaren Einfluß einer Gestalt, an deren heiterer Güte jede Bosheit, jede Schlechtigkeit zerschellen mußte. Wenigen war es bewußt, aber alle fühlten es: daß Busoni der unsichtbare Führer im europäischen Musikleben geworden war, alle ahnten, daß einer da war, vor dessen Gerechtigkeit nur eine wahre und große Kunst bestehen konnte. Die kraftvolle Auswirkung eines solchen Lebens wird durch den Tod nicht abgeschlossen, sie greift so mächtig in das Geschehen ihrer Zeit ein, daß ihre Spuren bis in die spätesten Generationen erhalten bleiben. Und wenn uns Busoni nicht seine Kompositionen und Schriften hinterlassen hätte, nicht seine Bach-Ausgabe und die Erinnerung an sein unvergeßliches Klavierspiel, so würde der Einfluß seines persönlichen Wirkens allein sich den kommenden Geschlechtern vererben.

Viele kennen Busoni als den größten Pianisten seiner Zeit. Sie kennen nur einen kleinen Teil dieser Erscheinung; sie können nicht den Einfluß dieses Mannes begreifen, weil sie nicht wissen, daß in ihm in seltenem Maße das schöpferische Genie mit der höchsten reproduktiven Begabung vereint war. Busonis Klavierabende waren keine Unterhaltungsstunden; denn auch als Nachschaffender war er produktiv, mußte er immer Eigenes, Neues, Überraschendes sagen. Jede Äußerung dieses Geistes, von der Interpretation eines Virtuosenstückes bis zur empfindungsreichsten Phrase *Doktor Faust,* war von einer unmittelbaren Wirkung auf die künstlerische Entwicklung seiner Zeit. So hat er jede neue Stilrichtung in der Musik vorgeahnt, angeregt und so lang begleitet, bis er spürte, daß sie überlebt war. Dann hatte er aber auch den Mut zur Umkehr, zur Erneuerung. Er gehörte – wie Bizet, Berlioz, Mendelssohn und Weber – zu jenen Komponisten, die bewußt Mozart als ihren Meister anerkennen. Schon seine Jugendwerke, deren Reife und Leichtigkeit ihn mit fünfzehn Jahren zum Mitglied der Akademie in Bologna machten, zeigen das. Der starken Einflußsphäre von Brahms unterlag er nicht. Seine frühzeitige Weltberühmtheit, seine zahlreichen Triumphe durch die alte und neue Welt ließen nie die leiseste Verflachung ankommen, hinderten ihn nie, eine ausgesetzte Verinnerlichung, ein Vordringen zum Wesentlichen als einziges Ziel im Auge zu behalten. Er experimentierte nicht wahllos, er suchte neue Wege, er fand sie mühelos und folgte ihnen nur, wenn sie ihm aussichtsreich erschienen. Er war der erste, der es in seinen Orchesterkonzerten wagte, den Impressionismus nach Deutschland zu bringen. Debussy, Delius, Sibelius wurden hier zum erstenmal in Berlin gehört. Die Antwort war Hohn und Spott – aber zehn Jahre später war Debussy die große Mode. Busoni war der erste, der fast fanatisch für Schönberg eintrat: in seinem Hause erlebte der *Pierrot Lunaire* eine der ersten Aufführungen, ein Klavierstück Schönbergs trat in der Fassung Busonis die Reise durch die Welt an. Auch das stieß auf tiefe Verständnislosigkeit – aber heute ist Schönberg sein Nachfolger im höchsten musikalischen Lehramt, das Deutschland zu vergeben hat. Zahlreiche Ideen, die den heutigen Musikern selbstverständlich erscheinen, sind in seinem *Entwurf einer neuen Ästhetik der Tonkunst* zum ersten Mal ausgesprochen: die Abkehr vom Musikdrama, der Vorstoß zu einer gänzlichen Auflösung der Tonalität, ja, sogar der Gedanke an die Dritteltöne, der heute so viel von sich reden macht. Damals antwortete ihm Pfitzner in seiner Schrift *Futuristengefahr* mit einer haßerfüllten Kampfansage. Die bedeutungsvollste Wendung aber vollzog sich für Busoni während des Krieges. Im Herbst 1914, nach Kriegsausbruch, ging er zunächst nach Amerika, und dann zog er nach Zürich, wo er fünf Jahre lang sehnsüchtig auf die Rückkehr nach Berlin wartete.

Nach dem Umsturz in Deutschland waren auch wir jungen Musiker von neuen Idealen erfüllt, von neuen Hoffnungen geschwellt. Aber wir konnten das Neue, das wir ersehnten, nicht gestalten, wir konnten für unseren Inhalt nicht die Form finden. Wir sprengten die Fesseln, aber wir konnten mit der gewonnenen Freiheit nichts anfangen. Wir betraten neue Ufer und vergaßen zurückzublicken. So gerieten wir durch die jahrelange Abgeschlossenheit nach draußen in einen Krampf der Übersteigerung, der uns wie ein Alpdruck auf der Brust lag und den wir doch liebten, weil er uns befreit hatte. Dann kam Busoni nach Berlin. Wir priesen ihn, weil wir ihn an dem Ziel angelangt glaubten, das wir erstrebten. Aber er war ein anderer geworden. Er kannte keinen Krampf, durch die Behendigkeit seines klarblickenden Geistes und durch die überragende Größe seines schöpferischen Genies konnte er zu einer Synthese aller Stilgattungen der letzten Jahrzehnte, nach einer neuen, gebändigten, schlackenreinen Kunst, nach einer ›jungen Klassizität‹ ausstellen. In diesem Sinne wirkte er in den letzten Jahren seines Lebens, wirkte auf die wenigen, die er zu Schülern erlesen hatte, wirkte auf die Musiker der Welt, denen er als das Symbol reinster, höchster Kunstauffassung erschien, wirkte in die Zukunft durch sein Bühnenwerk *Doktor Faust,* das formvollendetste, ergreifendste musikalische Kunstwerk unserer Tage. Und heute stehen die schaffenden Musiker aller Stände im Banne der Lehre, die ihnen der sterbende Busoni verkündet hatte.

(16. Oktober 1925)

Ferruccio Busoni

Zu seinem 60. Geburtstag

Als Busoni vor eineinhalb Jahren die Augen schloß, da wußte die musikalische Welt, daß ihr einer ihrer stärksten Werte verlorengegangen war. Wir betrauerten den Verlust des »größten Pianisten aller Zeiten«, des genialen schaffenden Musikers, des großen Theoretikers und Schriftstellers, des Erziehers und Anregers, des wundervollen Menschen. Die unendlich fruchtbare Betätigung dieses Mannes auf jedem einzelnen dieser Gebiete könnte Bände füllen – aber Busoni gehört zu jenen Erscheinungen, die der Nachwelt außer den Früchten ihres unmittelbaren Lebenswerkes noch etwas anderes vererben, das ihren Namen erst unsterblich macht. Die Reinheit der Gesinnung war es, die einen solchen Glanz um diese Erscheinung verbreitete und die jede Begegnung mit diesem Menschen zu einem beglückenden Erlebnis gestaltete.

Der Pianist Busoni, der sich im Kindesalter die Welt eroberte, der sich aber dann aus den Sphären des Virtuosentums zur höchsten Stufe der Interpretationskunst entwickelte, ist noch in unser aller Gedächtnis. Sein unvergeßlicher Abschied vom Konzertsaal, die drei Abende, an denen er neun Klavierkonzerte Mozarts in einem neuen Lichte erstrahlen ließ, klingen noch lange in uns nach. Busonis produktive Tätigkeit umfaßte alle Gebiete des musikalischen Schaffens. Seine Jünglingswerke schon zeigen eine vollendete Meisterschaft. Wenn er auf diesem Wege weitergeschritten wäre – wie es die meisten seiner erfolgreichen Altersgenossen taten – so hätte er wohl auch die Anerkennung jener gefunden, die immer und immer wieder sich gegen das Neue stemmen und die auch ihm eine Gehässigkeit und ein Mißverständnis entgegenbrachten wie kaum einem zweiten Künstler seiner Zeit.

Busoni suchte das Wunderbare; seine Musik mußte sich befreien aus den engen Grenzen klassischer Formen, aus dem schmalen Bereich tonaler Gebundenheit. So ging er stets voran auf dem beschwerlichen Wege, den die musikalische Produktion in den ersten zwei Jahrzehnten dieses Jahrhunderts zurücklegte. In Werk und Tat, als Komponist und Interpret war er Verkünder des Impressionismus wie auch der folgenden völligen Loslösung, bis er schließlich in der von ihm geprägten »jungen Klassizität«, einer Synthese aller neuen Errungenschaften mit dem brauchbaren Material der früheren Generationen, sein Endziel erreichte.

Busonis ganze Liebe gehörte der Oper. Sein erstes Bühnenwerk, *Die Brautwahl,* die in dieser Saison in der Berliner städtischen Oper aufgeführt wurde, ist eine Huldigung an des Meisters Lieblingsstadt Berlin. *Turandot* (nach Gozzi) ist eine Ausgestaltung der vielgespielten Bühnenmusik zu Reinhardts *Turandot*-Inszenierung. *Arlecchino* ist das geistvoll heitere, *Doktor Faust* das ernste Selbstbekenntnis Busonis. Dieser *Faust,* der leider nicht ganz vollendet wurde, stellt den vollkommensten Ausdruck aller Lebens- und Kunstanschauungen des Meisters dar; er kann in jeder Beziehung als Grundlage einer weiteren Entwicklung des musikalischen Bühnenwerkes gelten. Für uns Deutsche gewinnt dieses Werk aber erhöhte Bedeutung, weil in ihm ein Mensch, der immer über den Nationen stand, die symbolreiche deutsche Volkssage zum Ausgang seiner wesentlichen Geistesäußerung machte. Busoni war der faustische Mensch des 20. Jahrhunderts. Sein Leben war Kampf. Und sein Sieg ist das Werk, das fortlebt, ist die Liebe von Tausenden, die er beglückte.

(28. März 1926)

Carl Maria von Weber

Zum 100. Todestag des Komponisten

Es gibt eigenartige Zusammenhänge zwischen dem Werk und dem Leben großer Künstler. Wenn man die ungeheure Entwicklung der Oper vom *Fidelio* bis zum *Freischütz* bedenkt, so erscheint es kaum glaublich, daß Weber ein Jahr vor Beethoven gestorben ist. Webers Lebenswerk stellt gegenüber dem Schaffen Beethovens etwas grundsätzlich Neues dar. Die Voraussetzungen seiner Kunst sind andere als die aller seiner Vorgänger. Er konnte aber nur der Schöpfer eines neuen musikalischen Stils werden, weil er zur Verwirklichung seiner neuen Ideen keineswegs auf die wertvollsten Ausdrucksmittel der Klassiker (die auch schon seine Klassiker waren) verzichtete, weil er das technische und geistige Material seiner Vorgänger nur um neue Möglichkeiten bereicherte. Man hat für das, was Weber geschaffen hat, das Schlagwort geprägt, er sei der Schöpfer der musikalischen Romantik. Wir können diesen Ausdruck vielleicht am schönsten präzisieren, wenn wir eine szenische Situation bei Mozart einer ähnlichen bei Weber gegenüberstellen, wenn wir z. B. den Gang durch Wasser und Feuer in der *Zauberflöte* mit der Wolfsschlucht im *Freischütz* vergleichen. Bei Mozart ist diese Szene weiter nichts als ein Höhepunkt des äußeren Geschehens, der Vorgang selbst genügt vollständig zur Bezeichnung dessen, was er im höheren Sinne bedeuten soll, und die handelnden Figuren gehen durch dieses Geschehen unbeteiligt, mit schicksalhafter Notwendigkeit hindurch. Die Wolfsschluchtszene dagegen ist vollständig von der unheimlichen Empfindung des Max und der Agathe aus gesehen, die grausige Entfesselung überirdischer Naturgewalten wird gesteigert durch das Entsetzen, mit dem der einfache Mensch ihr gegenübersteht. Der Klassiker wahrt den Abstand zwischen dem Menschen und den ihn umgebenden Mächten. Der Romantiker stellt den Menschen mitten hinein in das Naturgeschehen und sucht das Weltall durch das subjektive Empfinden des Schöpfers oder seines Helden zu begreifen. Auf dieser gänzlich neuen Grundlage konnte Weber nur mit Hilfe seines gewaltigen Könnens und einer bei deutschen Komponisten ganz seltenen Leichtigkeit weiterbauen. Busoni sagte einmal, daß es eine gewisse Anzahl musikalischer Meister gibt, die in den Grundfragen der Stilistik, der Erfindung, der Instrumentation mit vollem Bewußtsein auf Mozart zurückgehen. Unter diesen Meistern steht – neben Mendelssohn und Berlioz – Weber an erster Stelle. Besonders in der ökonomischen, durchsichtigen Behandlung des Orchesters tritt er vollkommen das Erbe Mozarts an, und gerade auf diesem Gebiete hat er auch neuschöpferisch gewirkt. [...]

(30. Mai 1926)

Beethoven und die junge Generation

Der unmittelbare Einfluß eines klassischen Meisters auf das Schaffen der folgenden Generationen ist einem beständigen Wechsel unterworfen, der aus der Veränderung der ästhetischen Grundbegriffe in den verschiedenen Epochen herrührt. Wenn die musikalische Einstellung eines bestimmten Zeitabschnittes Beethovens Kunst stärker in den Vordergrund rückt, so entspringt das einer Notwendigkeit, deren Erfüllung das Ende dieses Abschnittes und der Beginn eines neuen ankündigt. Bei der jungen schaffenden Generation unserer Tage kann man von einem solchen *unmittelbaren Einfluß Beethovens nicht sprechen.* Das musikalische 19. Jahrhundert hatte durch eine falsche Beethoven-Auslegung die menschlich-ethischen Begriffe so sehr in den Vordergrund gerückt, daß für ein freies Musizieren, das die Quellen seiner Gefühlsinhalte weder kennt noch sucht, kaum noch Raum war. Indem wir uns also von diesem 19. Jahrhundert entfernten, mußten wir vorübergehend auf manches verzichten, was wir an Beethoven lieben und verehren. Aber die Klarheit und Bewußtheit, mit der wir dem Werk des Meisters gegenüberstehen, führt zu einer stärkeren Verbundenheit mit ihm, als wenn wir absichtlich und zielbewußt seine Gefolgschaft antreten würden.

(25. März 1927)

II. Opern- und Musiktheater

Theoretisches

Bekenntnis zur Oper

Wir können nicht mit dem Snobismus teilnahmslosen Verzichtes an die Oper herangehen. Wir können nicht Opern schreiben und zugleich über die Unzulänglichkeit dieser Gattung jammern. Wir können nicht in der Opernkomposition die Erfüllung einer rein äußerlichen Pflicht sehen, während wir unsere wahren Inhalte in anderen Formen erschöpfen. Wir müssen in den Gegebenheiten der Bühne unser *Formideal* erfüllt wissen, wir müssen überzeugt sein, daß das Bühnenwerk die wesentlichen Elemente unserer Musik wiederzugeben vermag, wir müssen uns rückhaltlos zur Oper bekennen.

Das Bewußtsein, daß der Gattung des Musikdramas nichts mehr hinzuzufügen oder zu entlocken war, machte uns zu Fanatikern der absoluten Musik. Wir mußten unser Jahrhundert gegen das vorige behaupten, das wir mit einem literarischen Einschlag, mit einer Materialisierung der Kunst belastet glaubten. Musik sollte wieder der einzige Selbstzweck unseres Schaffens sein. Aus der Beschäftigung mit Bach und den Vorklassikern und aus der Pflege der Kammermusik konnte eine Intensivierung des musikalischen Erlebens entstehen. Und doch konnte man sich zu einer völligen Vernachlässigung der Opernbühne nicht entschließen. Die einen lockte die Möglichkeit breiterer Auswirkung, die anderen die Gegensätzlichkeit zur eigenen Empfindung. Man schrieb Ballette, das heißt man bereicherte die Wirkung der Konzertmusik um einen optischen Eindruck. Aber auch der Tanz gestaltete sich nach den Gesetzen der Musik, und es fehlte noch das Tempo der Bühne. Und durch die Verachtung dieses Bühnentempos glauben viele die Berechtigung ihres Nur-Musikertums zu beweisen.

Wesentlich ist die Erkenntnis, daß wir nicht mit einer musikalischen Umstellung an das Bühnenwerk herangehen dürfen, daß wir uns in der Oper mit der gleichen ungebundenen Phantasieentfaltung ausmusizieren müssen wie in der Kammermusik. Aber es kann sich nicht darum handeln, die Elemente der absoluten Musik in die Oper zu übernehmen; das wäre der Weg zur

Kantate, zum Oratorium. Sondern umgekehrt: der dramatische Auftrieb, den die Oper verlangt, kann wesentlicher Bestandteil jeder musikalischen Produktion sein. Mozart lehrte mich das. Er ist in der Oper kein anderer als in der Symphonie, im Streichquartett. Er besitzt immer das Tempo der Bühne, darum kann er absoluter Musiker bleiben, auch wenn er den Höllenlärm über *Don Giovanni* hereinbrechen läßt, darum können wir aber auch bei den Brio-Sätzen seiner Symphonien durchaus bühnenmäßige Vorstellungen haben. Das geht bei Mozart so weit, daß man einen beliebigen Satz aus seinen Kammermusik- oder Orchesterwerken durch Hinzufügung eines handlungsfördernden Opernfinale ausgestalten kann, daß uns aber andererseits eine konzertmäßige Aufführung der Aussprache zwischen Sarastro und Pamina ein theatralisches Erlebnis vermitteln kann. Es sind gewiß keine außermusikalischen Mittel, im Gegenteil: es ist die wesentlichste Äußerung der Musik, womit Mozart das erreicht. Denn schließlich ist das, was uns im Theater bewegt, das gleiche, was uns in allen Künsten ergreift: das gesteigerte Erlebnis, der geläuterte Ausdruck einer Empfindung, die Menschlichkeit. Es ist immer von unmittelbar dramatischer Wirkung, wenn das, was wir alle empfinden, in exponierter Form und mit eindringlicher Beredtheit ausgesprochen wird – sei es in den Rezitativen der *Matthäuspassion,* in der Kerkerarie des Florestan oder in dem Schlußduett Carmen–José. Diese Eindeutigkeit des Ausdrucks findet sich bei allen Meistern, die auf Mozart fußen: bei Weber, Berlioz, Bizet, Strauss, Busoni, in anderem Sinne auch bei den großen Italienern von Pergolesi bis Puccini. Sie mußte bei den Romantikern verschwinden; denn hier wurde das Seelenerlebnis so kompliziert oder so veräußerlicht, daß man die einfachsten, irdischsten, uralten und immer neuen Gefühlsregungen vergaß. Die aber sind es gerade, die uns ergreifen. In diesem Zusammenhang verstehen wir auch, warum Wagner sich die Form des Musikdramas schaffen mußte; denn wie konnte ihm Streichquartett, Symphonie oder Oper genügen, da seine Kunst ja nur die Empfindungen von überlebensgroßen Gestalten, von Göttern, Königen und Helden widerspiegelt? Aber wir verstehen auch den Erfolg der Veristen; denn ihre brutal-erotisch-kriminalistische Produktion drückt nicht gerade die edelsten, aber doch allgemein menschliche Empfindungen des Vorkriegsmenschen aus.

Die gläserne Klarheit und die innere Gespanntheit der musikalischen Diktion kann nur in der Durchsichtigkeit unserer Gefühlsinhalte begründet sein, und da unsere Musik die typisch opernhaften Elemente: die scharfe Akzentuierung, die Prägnanz der Dynamik, die sprechende Bewegtheit der Melodien wieder besitzen kann, so kann uns auch die Oper wieder das kostbarste Gefäß sein, um alle Formen und Gattungen dieser Musik aufzunehmen.

(1925)

Busonis *Faust* und die Erneuerung der Opernform

Der Weg zu einer Wiederherstellung der Oper konnte nur von einer Erneuerung der formalen Grundlagen dieser Gattung ausgehen, von denen sich das musikalische Bühnenwerk des ausgehenden 19. Jahrhunderts so weit entfernt hatte, daß der Begriff der Oper eine vollkommene Verrückung und Verkennung erfahren mußte. Die Oper hat nämlich mit dem literarischen Bühnenwerk viel weniger gemeinsam, als uns das Musikdrama der vergangenen Jahrzehnte glauben machen wollte. Sie will sich keineswegs darauf beschränken, die Deklamation eines dramatischen Geschehens im Ausdruck, im Tempo, in Tonhöhe und Dynamik festzulegen, sondern sie stellt weit darüber hinaus ein eigenes, rein musikalisches Kunstwerk dar, dessen Ablauf durch innere Verbundenheit mit dem der Bühne verwachsen ist, und es kann sich nicht darum handeln, zu einem musikalischen Geschehen eine theatralische Geste oder zu einer dramatischen Handlung eine musikalische Illustration hinzuzufügen. Die Wechselwirkung zwischen einer Handlung, die eine optische Belebung des musikalischen Ablaufes darstellt, und einer Musik, die für die Vorgänge der Bühne nur einen Kommentar liefert, macht noch keine Oper. Erst die restlose Verschmelzung aller Ausdrucksmittel der Bühne mit allen Ausdrucksmitteln der Musik ergibt jene Gattung gesteigertsten Theaters, die wir Oper nennen.

Es ist vor allem der Verzicht auf eine rein musikalische Formgebung, der die Entwicklung der Oper so weit von ihren eigentlichen Zielen abgetrieben hat. Die musikalische Form ist ja mehr als eine bloße Zusammenfassung einzelner Abschnitte, sie ist ein den übrigen Wirkungskräften der Musik vollkommen gleichberechtigtes Ausdrucksmittel, dessen Aufgabe oder auch nur Unterordnung eine wesentliche Verkürzung der musikalischen Ausdrucksmöglichkeiten bedeutet. Nun ist der formale Einfall – ebenso wie der melodische oder der harmonische – keinen anderen Gesetzen unterworfen als denen der Gesamtidee, des geistigen Materials. Dieses Material schafft erst den Antrieb zur formalen Gestaltung. Die symphonische Idee muß sich in der Form der Symphonie vollkommen erfüllt sehen. Ebenso muß der greifbare und der verborgene Gehalt einer Opernszene mit ihrer musikalischen Form restlos übereinstimmen. Wir sehen ja, daß die starren Formen des 18. Jahrhunderts, die aus einer gewissen Enge der symphonischen Idee erwachsen sind, in der Oper einer freien Form Platz machen, die einzig den Gesetzen des jeweiligen Materials der Bühne gehorcht. Es gibt aber in jeder Gattung der Musik bestimmte Stellen, in denen sich die Form dem geistigen Material stärker nähert. Solche Stellen, in denen das musizierende Element von einem rein formalen Gedanken abgelöst wird, finden wir in allen Kadenzen der solistischen Instrumentalwerke, vor allem aber auch in den Durchführungen der meisten Symphoniesätze von Beethoven bis Mahler. Ebenso kann – unter dem gleichen wechselnden Einfluß des Materials – beim musikalischen Bühnenwerk das opernhafte Element stärker in den Vordergrund treten – nicht im Sinne eines rein theatralischen Effektes, sondern als ein wesentlicher Bestandteil der musikalischen Form. Bei den Orchesterrezitativen in der *Zauberflöte,* bei der Wolfsschluchtszene im *Freischütz,* bei der Gewittermusik im *Rigoletto* erstehen aus einer vollkommenen Identifizierung der dramatischen und der musikalischen Vorgänge die Antriebe zu einer formalen Erneuerung.

Es ist zum guten Teil Busonis Verdienst, daß diese Erkenntnis für uns keine Theorien mehr sind, daß wir sie, rückblickend auf sein Werk und auf unsere eigenen Versuche, als Grundlage des jungen Opernschaffens erkennen können. Die Verschmelzung der musikalischen und der theatralischen Triebkräfte als Ursache der Opernform ist im *Doktor Faust* bereits im höchsten Maße erreicht. Wir entdecken an dieser Partitur sogar, daß diese Verschmelzung selbst wieder steigerungsfähig ist, daß eine stärkere dramatische Wirkung nicht durch die Häufung theatralischer Effekte entsteht, sondern durch eine Intensivierung dieser Einheit von Bühne und Musik. Diese wechselnde Einschaltung stärkerer und schwächerer Theatralik und die daraus erwachsende Ausbalancierung der musikalischen Form von der Bühne her (die wir übrigens schon in der *Elektra* und im *Rosenkavalier* wiederfinden), ist die stärkste Eigenschaft des romanischen Opernkomponisten. Sie ist das untrügliche Anzeichen jenes Instinktes für Akzente und Bühnentempo, der dem lateinischen Menschen eingeboren ist. Schon das Gesamtbild von *Doktor Faust* läßt deutlich eine ideale Einheit von Idee und Form erkennen. Busoni weiß, daß das Theater einer strengen Polyphonie nur schwer zugänglich ist, und er ist in der *Brautwahl,* in *Turandot* von dem Stil der *Contrappuntistica* weiter entfernt als in irgendeinem seiner Werke. Aber ihn, dem die Oper wegen ihrer unendlichen Entfaltungsmöglichkeiten als die bedeutsamste Gattung musikalischer Produktion erscheint, mußte es reizen, ein Bühnenwerk in jenem Stil zu schreiben, der seinem Wesen am nächsten war. Auch in diesem Sinne ist das Werk Bekenntnis: der »faustische Drang« des Musikers erstrebt die Gestaltung des eigensten Stoffes mit den eigensten Mitteln. So ist die Polyphonie in Busonis Faust-Oper nicht Selbstzweck, sie ist die einzig mögliche musikalische Gestaltungsform des Faust-Stoffes, sie ist Milieu dieser Oper wie die türkische Färbung in der *Entführung,* wie der spanische Rhythmus in *Carmen,* und ihre einzige Funktion besteht darin, die Hauptfigur des Werkes durch alle Skalen der klanggewordenen Empfindung zu begleiten. Tatsächlich geht Busonis Musik mit traumhafter Sicherheit immer dort ins rein Polyphone über, wo der faustische Gedanke in den Vordergrund rückt: in dem gewaltigen Ringen des II. Vorspieles, in der ganzen Schlußszene, ja, sogar in der Studentenszene des zweiten Bildes, die ja eine einzige Diskussion über den faustischen Kampf zwischen Geist und Körper darstellt. Aber auch hier ergibt sich eine Steigerungsmöglichkeit: in der ganzen Faust-Musik, angefangen von den beiden zuerst erschienenen Orchester-Studien, spielt sich überall der Kampf ab zwischen den sinnlichen und geistigen Triebkräften, zwischen harmonischer Melodiebegleitung und kontrapunktischer Stimmverflechtung – nur dort, wo der endliche Sieg des Göttlichen in Faust ahnend hervorleuchtet, im Kredo des II. Vorspieles, steigert sich auch die Polyphonie bis zu ihrer reinsten, strengsten, »kirchlichsten« Form.

Die rein musikalische Formgestaltung durch das Medium der Bühne zeigt sich also auch in der Charakterisierung der Figuren. Die Absicht Richard Wagners, jede Idee und jede Gestalt durch ein »Motiv« anzukündigen, mußte eine literarische Beeinflussung der musikalischen Formgebung mit sich bringen, die zweifellos für das Musikdrama eine starke Bedeutung erlangt hat. Aber die abgeschlossenen musikalischen Sätze der Oper formen sich unbewußt aus abstraktem Material, und die Einbeziehung einer motivischen Charakterisierung in die musikalische Form gehört (wie es übrigens im *Tristan* schon erreicht ist) genauso zum kompositorischen Einfall wie Melodieerfindung oder Instrumentation. Auch die Carmen hat ihr Leitmotiv; aber es umschreibt nur, in Betonung des Gegensatzes zu ihrer äußeren Erscheinung, die tragische Seite ihres Charakters, und es erscheint daher nur an den Stellen, die nicht nur für die Handlung, sondern auch für den musikalischen Aufbau Höhepunkte bedeuten. Ebenso hat Busoni die Herzogin mit einer Melodie, den Mephistopheles mit einer Folge dissonanter Akkorde ausgestattet, die mit größter Ökonomie nur an den entscheidenden Punkten und in immer neuer formaler Abwandlung auftauchen.

Über die Architektur des Werkes hat sich Busoni selbst ausführlich genug geäußert. Was im *Arlecchino* noch eine von der Musik diktierte Anordnung abgeschlossener Nummern mit verbindenden Dialogen gewesen war, ist nun zu einer aus der Handlung entstandenen Einteilung in feste Formen großen Formats erweitert, wobei die Rezitative als Kontrast oder als Überleitung in den musikalischen Ablauf hereinbezogen sind. Es wäre ebenso müßig, die thematische Arbeit durch literarisch-symbolische Zusammenhänge zu begründen, wie etwa zu einer Beethoven-Symphonie einen programmatischen Kommentar zu liefern. Wie sehr sich die Formung einer Oper unter der Oberfläche des Bewußtseins abspielt, zeigt z. B. die Kühnheit, mit der Busoni bei dem Pochen der Gläubiger den Rhythmus der Sarabande vorausnimmt, und es hieße die Wirkung dieses Einfalls abschwächen, wollte man ihm eine »tiefere Bedeutung« unterlegen. Ein anderes Beispiel bühnenmusikalischer Formgestaltung: wenn Faust am Schluß die wichtigsten Gestalten seines Weges: die Herzogin, den Bruder des Mädchens noch einmal durchlebt, nun mit dem sterbend erkennenden Blick des Vollendeten, dann erscheinen die früheren musikalischen Ereignisse in einer klanglichen Verdichtung (Übernahme des Orgelklangs ins Orchester, des Valentin-Gebets in den Männerchor). Entscheidend für die Entwicklung der Gattung ist auch die Umdeutung naturalistischer Wirkungen in die Ausdruckssphäre der absoluten Musik. Wenn Mephisto die Gläubiger vor der Tür tötet, so überläßt die Musik die Schilderung des krassen Vorgangs der Phantasie des Hörers und begnügt sich mit einer zart lösenden, befreienden Gebärde. Eine ähnliche Kontrastwirkung wird in der Szene im Münster erreicht; die Orgel ist hier nicht als reines Stimmungsmoment behandelt, sie will keineswegs den Eindruck eines Gottesdienstes erwecken, sondern sie gibt den Gefühlsgehalt der Szene in einer dem Schauplatz der Handlung entsprechenden »Instrumentation«; so ergibt sich auch hier eine neue musikalische Form aus dem Wechsel von ruhig betenden und leidenschaftlich bewegten Orgelklängen, von Militärmusik, Kampf, Mord und völligem Zurücksinken in kirchliche Stille. Diese wechselseitige Befruchtung der musikalischen und der theatralischen Phantasie ist auf jeder Seite der Partitur nachzuweisen.

Als Ergebnis des Zusammentreffens einer Persönlichkeit mit seinem durch ein Leben erkämpften Stoff ist Busonis *Faust* etwas Einmaliges – wie die *Zauberflöte* und die *Missa solemnis.* Die Auswirkung solcher Bekenntniswerke pflegt Generationen zu überschlagen, und den unmittelbaren Einfluß eines kaum uraufgeführten Werkes festzustellen, kann auch nicht Aufgabe des selbst schaffenden Künstlers sein, für den eine Stilbetrachtung nur als klärender Rückblick, als Sichtung des Materials Bedeutung haben kann. Aber alle neuen Opernbestrebungen unserer Tage beruhen auf dem ästhetischen Fundament dieser Gattung, an dessen Wiedererstehung Busonis *Faust*-Werk den stärksten Anteil hat.

*

»Daß der Operndichter, rücksichtlich den Anordnungen, der Ökonomie des Ganzen, den aus der Natur der Sache genommenen Regeln des Dramas treu bleiben müsse, versteht sich von selbst: aber er hat es wirklich nötig, ganz vorzüglich bemüht zu sein, die Szene so zu ordnen, daß der Stoff sich klar und deutlich vor den Augen des Zuschauers entwickle. Beinahe ohne ein Wort zu verstehen, muß der Zuschauer sich aus dem, was er geschehen sieht, einen Begriff machen können. Kein dramatisches Gedicht hat diese Deutlichkeit so im höchsten Grad nötig wie die Oper, denn wie gesagt, der Stoff, die Handlung, die Situation, nicht das prunkende Wort, muß den Komponisten begeistern, und außer den sogenannten poetischen Bildern sind alle und jede Reflexionen für den Musiker eine wahre Mortifikation.«

E. T. A. Hoffmann *(Serapionsbrüder)*

(1926)

Über die zeitgemäße Weiterentwicklung der Oper

Die Oper wird einer der wesentlichsten Faktoren jener auf allen Gebieten zu beobachtenden Entwicklung sein, in der sich die kommende Liquidation der gesellschaftlichen Künste ankündigt. Sie kann sich daher weder in einer ästhetischen Renaissancebewegung, noch in der Darstellung äußerer Aktualitäten erschöpfen, die nur für den engsten Umkreis der Entstehungszeit Geltung besitzen. Sie muß sich vielmehr den Interessengebieten jenes breiteren Publikums zuwenden, für das die Oper der nächsten Zukunft bestimmt sein müßte, wenn sie überhaupt Existenzberechtigung haben soll. Die durchaus unaktuelle Darstellung unserer Zeit, die sich daraus ergibt, muß von einer festen Gesinnung getragen sein, da sie lediglich Elemente des heutigen Lebens in einer früheren Zeit spiegelt oder die Erscheinungen der Gegenwart in einer einmaligen, endgültigen und dauerhaften Form gestaltet. Die innere und äußere Unkompliziertheit (im Stoff und in den Ausdrucksmitteln), wie sie der naiveren Einstellung des neuen Hörers entspricht, führt zu einer epischen Haltung des musikalischen Bühnenwerkes, die es uns erst ermöglicht, eine absolut musikalische, konzertante Gestaltung zu geben, ohne dabei die Gesetze der Bühne vernachlässigen zu müssen. Diese Entwicklung reiht sich daher in ihren ersten Kundgebungen deutlich an die Bestrebungen der letzten Zeit an, die dahin gingen, die lebensfähigen Gestaltungsformen der Oper und des Musikdramas einer veränderten musikalischen Grundeinstellung anzupassen.

(Oktober 1927)

Zeitoper[1]

Sehr geehrter Herr Professor!
Sie bitten mich, vom Standpunkt des Opernkomponisten zu dem Begriff der »Zeitoper« Stellung zu nehmen, und ich kann dieser Aufforderung nachkommen, weil Sie hinzufügen, daß Sie in meinen jüngsten Werken diesen Begriff »am intensivsten« verwirklicht finden. Denn nur so entschuldigt sich die deutliche »Einseitigkeit« meines Standpunktes.

Auch dieses Wort »Zeitoper« hat die unglückselige Wandlung vom Begriff zum Schlagwort durchmachen müssen. Es war ebenso rasch geprägt wie falsch angewandt. Diese rasch vorgreifende falsche Verwertung eines Begriffs ist nicht unbedingt schädlich, sie ist vielleicht nötig, weil sie eine womöglich nachfolgende richtige Anwendung mit jener Selbstverständlichkeit erscheinen läßt, die ihrer Aufnahme in der Öffentlichkeit die richtigen Voraussetzungen schafft. Das Zeitstück, wie wir es in den letzten Jahren kennengelernt haben, rückte die äußeren Lebenserscheinungen unserer Zeit in den Mittelpunkt. Man nahm das »Tempo des 20. Jahrhunderts«, fügte den vielgerühmten »Rhythmus unserer Zeit« hinzu und hielt sich im übrigen an die Darstellung von Gefühlen vergangener Generationen. Die starken Reize, die die Verpflanzung von Begleiterscheinungen des täglichen Lebens auf die Bühne in sich birgt, sollen nicht unterschätzt werden. Aber es sind Reize, weiter nichts. Der Mensch unserer Zeit sieht anders aus, und das, was ihn außen treibt und innen bewegt, ist so nicht darzustellen, nicht so, daß man zeitgemäß um jeden Preis sein will, nicht so, daß man Aktualitäten gestaltet, die nur für den engsten Umkreis der Entstehungszeit Geltung besitzen. Die Aufgabe des Zeittheaters der letzten Jahre, an dem die meisten von uns in irgendeiner Form beteiligt waren, bestand darin, die Bühne endgültig zu technifizieren, das Theater in der Form, im Geschehen und im Gefühl aufzulockern. Diese Aufgabe ist erfüllt, und schnell ist das Mittel zum Selbstzweck gemacht worden. Jetzt erst, nachdem das bisherige Zeittheater das Material freigelegt hat, haben wir die Un-

[1] Der Verfasser, gebeten, den Begriff der »Zeitoper« mit Beziehung auf sein episches Opernspiel *Mahagonny* (Baden-Baden 1927) zu formulieren, äußert sich in einem offenen Brief an die Schriftleitung.

absichtlichkeit, die Selbstverständlichkeit erlangt, um das Weltbild, das wir – vielleicht jeder auf seine Weise – sehen, nicht mehr in einer Photographie, sondern in einem Spiegelbild zu gestalten. Dabei wird es sich in den meisten Fällen um einen konkaven oder konvexen Spiegel handeln, der das Leben in der gleichen Vergrößerung oder Verkleinerung wiedergibt, wie es in Wirklichkeit erscheint.

Sie werden mich fragen, ob diese Abgrenzung der »Zeitoper« auf den Begriff eines »Zeitspiegels« nicht eine Einengung der Stoffwahl mit sich bringt. Aber sehen Sie: die geistigen und seelischen Komplexe, die die Musik darstellen kann, sind ohnehin ziemlich eng umgrenzt und sind im Grunde seit Jahrhunderten immer die gleichen geblieben. Nur die Objekte und die Anwendungsformen haben sich geändert. Das Menschliche, das die Musik aussprechen kann, ist gleich geblieben. Aber der Mensch ist anders geworden, er reagiert anders auf die Einflüsse von außen, auf Ereignisse und Gefühle.

Der neue Typus Mensch, der heute von allen Seiten im Anmarsch ist, erkennt vieles von dem, was den vorangegangenen Generationen wichtig erschien, nicht einmal als Voraussetzung an. Daher müssen auch in einer Kunst, die auf eine Darstellung dieses Typus gerichtet ist, die Proportionen zwischen dem Menschen und den Dingen in ihm und um ihn verschoben erscheinen. Doch ergibt dieser neue Typus Mensch, den wir sehen, die Möglichkeit, der Oper wieder große, umfassende, allgemeingültige Stoffe zugrunde zu legen, die nicht mehr private Ideen und Gefühle, sondern größere Zusammenhänge behandeln. Dabei lassen sich die geistigen und menschlichen Grundlagen des neuen Menschentypus auf jeden wirklich großen Stoff anwenden. Strawinskys *Oedipus Rex* ist nicht weniger Spiegel unserer Zeit als etwa Chaplins *Goldrausch*. Aber ich bin überzeugt, daß auch unsere Zeit selbst große Stoffe hergeben kann, wenn man sie vom Standpunkt einer gewissen Gesinnung aus betrachtet. Doch kann das reine Gesinnungstheater seine Anwendung für die Oper (wie auch für das Drama) nur dann finden, wenn es nicht als Proklamierung einer Tendenz auftritt, sondern wenn es die Spiegelung eines Weltbildes unter dem Gesichtspunkt einer großen, tragenden Idee gibt. Es steht außer Zweifel, daß diese Verarbeitung großer Stoffe unserer Zeit in der Oper zunächst einmal nur aus der Zusammenarbeit eines Musikers mit einem zumindest im Niveau gleichwertigen Vertreter der Literatur hervorgehen kann. Die mehrfach geäußerten Befürchtungen, daß eine solche Verbindung mit wertvollen literarischen Erscheinungen die Musik in ein abhängiges, dienendes oder auch nur gleichberechtigtes Verhältnis zum Text bringen könnte, sind gänzlich unbegründet. Je stärker der Dichter, um so mehr vermag er sich der Musik anzupassen, um so mehr reizt es ihn auch, eine wirkliche Dichtung für Musik zu schaffen. (Ich darf Ihnen vielleicht berichten, daß ich in meiner gegenwärtigen engen Zusammenarbeit mit Brecht die Möglichkeit gefunden habe, ein Libretto, dessen Gesamtplan und Szenarium gemeinsam ausgearbeitet worden ist, in allen Einzelheiten, Wort für Wort, nach musikalischen Gesichtspunkten zu formen). Im übrigen glaube ich, daß der Kollektivbegriff, der heute ins Theater einzieht, gerade in der Oper, in der er ja immer eine Rolle spielte, wieder stärker hervortreten wird.

Die großen Stoffe erfordern für ihre Darstellung in der Oper die große Form. Je breiter und gewichtiger die Anlässe zum Musizieren werden, um so größer wird die Bedeutung, werden die Entfaltungsmöglichkeiten der Musik in der Oper. Das neue Operntheater, das heute entsteht, hat epischen Charakter. Es will nicht schildern, sondern berichten. Es will seine Handlung nicht mehr nach Spannungsmomenten formen, sondern es will vom Menschen erzählen, von seinen Taten und dem, was ihn dazu treibt. Die Musik im neuen Operntheater verzichtet darauf, die Handlung von innen her aufzupumpen, die Übergänge zu verkitten, die Vorgänge zu untermalen, die Leidenschaften hochzutreiben. Sie geht ihren eigenen, großen, ruhigen Weg, sie setzt erst an den statischen Momenten der Handlung ein, und sie kann daher (wenn sie an den richtigen Stoff gerät) ihren absoluten, konzertanten Charakter wahren. Denn da die berichtende Form den Zuschauer niemals in Ungewißheit oder in Zweifel über die Bühnenvorgänge läßt, so kann sich die Musik ihre eigene, selbständige, rein musikalische Wirkung vorbehalten. Die einzige Voraussetzung für ein solches ungehemmtes Ausmusizieren in der Oper besteht darin, daß eine Musik in ihrem innersten Wesen natürlich »Theatermusik« (im Mozartschen Sinn) sein muß, um zu einer völligen Befreiung von den Akzenten der Bühne vorstoßen zu können.

Diese veränderte Grundeinstellung kann – wie wir gesehen haben – zu einem Anknüpfen an die Form des Oratoriums führen. Sie kann auch die Gattung Oper von Grund aus neu schaffen. Sie muß sich dann aber in jene auf allen Kunstgebieten festzustellende Entwicklung einreihen, die bereits heute das Ende der gesellschaftlichen, der »aristokratischen« Künste ankündigt. Und wenn wir uns durch unser Werk hindurch das Bild unseres Publikums projizieren, so sehen wir den einfachen, naiven, voraussetzungs- und traditionslosen Hörer, der seinen gesunden, an Arbeit, Sport und Technik geschulten Sinn für Spaß und Ernst, für gut und schlecht, für alt und neu mitbringt.

Ihr ergebener
Kurt Weill
(März 1928)

Über den gestischen Charakter der Musik

Bei meinen Versuchen, zu einer Urform des musikalischen Bühnenwerkes zu gelangen, habe ich einige Beobachtungen gemacht, die mir zunächst als völlig neue Erkenntnisse erschienen, die sich aber bei näherer Betrachtung durchaus in die geschichtlichen Zusammenhänge einordnen ließen. Während ich mich bei meiner eigenen Arbeit immer wieder über die Frage: »Welche Anlässe gibt es für Musik auf der Bühne?« zur Entscheidung gezwungen habe, tauchte bei der rückwärtigen Betrachtung eigener oder fremder Opernproduktion eine andere Frage auf: »Wie ist die Musik auf dem Theater beschaffen, und gibt es bestimmte Eigenschaften, die eine Musik zur Theatermusik stempeln?« Es ist ja oft festgestellt worden, daß eine Reihe bedeutender Musiker sich entweder gar nicht mit der Bühne beschäftigt hat oder vergebliche Versuche angestellt hat, sich die Bühne zu erobern. Es muß also bestimmte Eigenschaften geben, die eine Musik für das Theater geeignet erscheinen lassen, und ich glaube, daß man diese Eigenschaften unter einem Begriff zusammenfassen kann, den ich als den gestischen Charakter der Musik bezeichnen möchte.

Ich setze dabei jene Form des Theaters als gegeben voraus, die mir für eine Oper in unserer Zeit die einzig mögliche Grundlage zu bieten scheint. Das Theater der vergangenen Epoche war für Genießende geschrieben. Es wollte seinen Zuschauer kitzeln, erregen, aufpeitschen, umwerfen. Es rückte das Stoffliche in den Vordergrund und verwandte auf die Darstellung eines Stoffes alle Mittel der Bühne vom echten Gras bis zum laufenden Band. Und was es seinem Zuschauer gewährte, konnte es auch seinem Schöpfer nicht versagen: auch er war ein Genießender, als er sein Werk schrieb, er erlebte den »Rausch des schöpferischen Augenblicks«, die »Ekstase des künstlerischen Schaffensdrangs« und andere Lustgefühle. Die andere Form des Theaters, die sich heute durchzusetzen beginnt, rechnet mit einem Zuschauer, der in der ruhigen Haltung des denkenden Menschen den Vorgängen folgt und der, da er ja denken will, eine Beanspruchung seiner Genußnerven als Störung empfinden muß. Dieses Theater will zeigen, was der Mensch tut. Es interessiert sich für Stoffe nur bis zu dem Punkt, wo sie den Rahmen oder den Vorwand menschlicher Beziehungen geben. Es legt daher größeren Wert auf die Darsteller als auf die Mittel der Bühne. Und das Genießertum, auf das sein Publikum verzichtet, ist auch seinem Schöpfer versagt. Dieses Theater ist im stärksten Maße unromantisch. Denn »Romantik« als Kunst schaltet das Denken aus, sie arbeitet mit narkotischen Mitteln, sie zeigt den Menschen nur im Ausnahmezustand, und in ihrer Blütezeit (bei Wagner) verzichtet sie überhaupt auf eine Darstellung des Menschen.

Wenn man diese beiden Formen des Theaters auf die Oper anwendet, so zeigt sich, daß der Komponist heute seinem Text gegenüber nicht mehr die Stellung des Genießenden einnehmen darf. In der Oper des 19. und beginnenden 20. Jahrhunderts bestand die Aufgabe der Musik darin, Stimmungen zu erzeugen, Situationen zu untermalen und dramatische Akzente zu unterstreichen. Auch jene Form des musikalischen Theaters, die den Text nur als Anlaß für ein freies, ungehemmtes Musizieren benutzt, ist schließlich nur eine letzte Konsequenz aus dem romantischen Opernideal, weil sich hier die Musik noch weniger als im Musikdrama an der Durchführung der dramatischen Idee beteiligt.

Die Form der Oper ist ein Unding, wenn es nicht gelingt, der Musik im Gesamtaufbau und in der Ausführung bis ins einzelste eine vorherrschende Stellung einzuräumen. Die Musik der Oper darf nicht die ganze Arbeit am Drama und seiner Idee dem Wort und dem Bild überlassen, sie muß an der Darstellung der Vorgänge aktiv beteiligt sein.

Und da es sich im Theater von heute um die Darstellung des Menschen handelt, so muß auch die Musik einzig auf den Menschen bezogen sein. Nun gehen der Musik bekanntlich alle psychologischen oder charakterisierenden Fähigkeiten ab. Dafür hat die Musik eine Fähigkeit, die für die Darstellung des Menschen auf dem Theater von entscheidender Bedeutung ist: sie kann den Gestus wiedergeben, der den Vorgang der Bühne veranschaulicht, sie kann sogar eine Art von Grundgestus schaffen, durch den sie dem Darsteller eine bestimmte Haltung vorschreibt, die jeden Zweifel und jedes Mißverständnis über den betreffenden Vorgang ausschaltet, sie kann im idealen Falle diesen Gestus so stark fixieren, daß eine falsche Darstellung des betreffenden Vorgangs nicht mehr möglich ist. Jeder aufmerksame Theaterbesucher weiß, mit wieviel falschen Tönen, mit wieviel verlogenen Bewegungen oft die einfachsten und natürlichsten menschlichen Handlungen auf der Bühne dargestellt werden. Die Musik hat die Möglichkeit, den Grundton und den Grundgestus eines Vorgangs soweit festzulegen, daß wenigstens eine falsche Auslegung vermieden wird, wobei dem Darsteller immer noch reichlich Gelegenheit zur Entfaltung seiner persönlichen Eigenart bleibt. Natürlich ist gestische Musik keineswegs an den Text gebunden, und wenn wir Mozarts Musik überall, auch außerhalb der Oper, als »dramatisch« empfinden, so kommt das eben daher, daß sie nie ihren gestischen Charakter aufgibt.

Wir finden gestische Musik überall, wo ein Vorgang zwischen Mensch und Mensch in naiver Weise musikalisch dargestellt wird. Am auffallendsten: in den Rezitativen der Bachschen Passionen, in den Opern Mozarts, im *Fidelio* (»Nur hurtig fort und frisch gegraben«), bei Offenbach und Bizet. »Dies Bildnis ist bezaubernd schön« – die Haltung eines Mannes, der ein Bild betrachtet, ist hier durch die Musik allein bestimmt. Er kann das Bild in der rechten oder linken Hand, nach oben oder unten halten, er kann durch einen Scheinwerfer beleuchtet sein oder im Dunkeln stehen – sein Grundgestus ist richtig, weil er von der Musik richtig diktiert ist.

Wie sind die gestischen Mittel der Musik beschaffen? Sie äußern sich zunächst in einer rhythmischen Fixierung des Textes. Die Musik hat die Möglichkeit, die Akzente der Sprache, die Aufteilung der kurzen und langen Silben und vor allem die Pausen schriftlich zu notieren und dadurch die schwersten Fehlerquellen der Textbehandlung auf der Bühne auszuschalten. Man kann übrigens einen Satz auf die verschiedensten Arten rhythmisch interpretieren, und auch derselbe Gestus ist in verschiedenen Rhythmen auszudrücken; das Entscheidende bleibt nur, ob der richtige Gestus getroffen wird. Diese rhythmische Fixierung, die vom Text her erreicht wird, bildet aber nur die Grundlage einer gestischen Musik. Die eigene produktive Arbeit des Musikers setzt erst dann ein, wenn er mit den übrigen Ausdrucksmitteln der Musik den Kontakt zwischen dem Wort und dem, was es ausdrücken will, herstellt. Auch die Melodie trägt den Gestus des darzustellenden Vorgangs in sich, aber da der Bühnenvorgang bereits rhythmisch aufgesogen ist, bleibt für die eigentlichen musikalischen Ausdrucksmittel, für die formale, melodische und harmonische Gestaltung ein viel größerer Spielraum als etwa in einer rein schildernden Musik oder in einer Musik, die neben der Handlung herläuft unter der ständigen Gefahr, zugedeckt zu werden. Die rhythmische Festlegung von seiten des Textes ist also für den Opernkomponisten keine schlimmere Fessel als zum Beispiel das Formschema der Fuge, der Sonate, des Rondos für den klassischen Meister. Im Rahmen einer solchen rhythmisch vorausbestimmten Musik sind alle Mittel der melodischen Ausbreitung, der harmonischen und rhythmischen Differenzierung möglich, wenn nur die musikalischen Spannungsbögen dem gestischen Vorgang entsprechen. So ist etwa ein koloraturartiges Verweilen auf einer Silbe durchaus angebracht, wenn es durch ein gestisches Verweilen an der gleichen Stelle zu begründen ist.

Ich gebe ein Beispiel aus meiner eigenen Praxis. Brecht hatte früher aus dem Bedürfnis einer gestischen Verdeutlichung heraus zu einigen seiner Dichtungen Noten aufgezeichnet. Hier ist ein Grundgestus rhythmisch in der primitivsten Form festgelegt, während melodisch die durchaus persönliche und nicht nachzuahmende Gesangsweise festgehalten ist, in der Brecht seine Songs vorträgt. Der Alabama-Song sieht in dieser Fassung so aus:

Man sieht: das ist nicht mehr als eine Aufzeichnung des Sprachrhythmus und als Musik überhaupt nicht zu verwenden. In meiner Komposition desselben Textes ist der gleiche Grundgestus gestaltet, nur ist er hier erst mit den viel freieren Mitteln des Musikers wirklich »komponiert«. Der Song ist bei mir ganz breit angelegt, schwingt melodisch weit aus, ist auch rhythmisch durch die Begleitungsformel ganz anders fundiert – aber der gestische Charakter ist gewahrt, obwohl er in einer ganz anderen Erscheinungsform auftritt:

Es ist noch zu sagen, daß keineswegs alle Texte gestisch zu gestalten sind. Die neue (oder: erneuerte) Form des Theaters, die ich meinen Ausführungen zugrunde lege, wird ja heute nur von sehr wenigen Dichtern gehandhabt, und nur diese Form erlaubt und ermöglicht eine gestische Sprache. Daher ist das hier angeschnittene Problem in gleichem Maße ein Problem des modernen Dramas. Aber für die Bühnenform, die vom Menschen aussagen will, ist die Musik durch ihre Fähigkeit einer gestischen Fixierung und Verdeutlichung des Vorgangs unentbehrlich. Und nur eine Form des Dramas, für die die Musik unentbehrlich ist, läßt sich vollkommen auf die Bedürfnisse jenes rein musikalischen Kunstwerks umstellen, das wir Oper nennen.

(März 1929)

Aktuelles Theater

Aktualität, zu allen Zeiten eine wichtige Teilfunktion des Theaters, wird heute zu einem falsch verstandenen Schlagwort gemacht, indem man sie als Hauptproblem des modernen Theaters in den Vordergrund schiebt. Darin entspricht die Situation des deutschen Theaters vollkommen der politischen Situation in Deutschland, daß ein Begriff, der innerhalb einer gesunden Vorstoß-Bewegung einen positiven Wert darstellen könnte, durch die nivellierende Koalitions-Politik allmählich zu einer reaktionären Gefahr wird. Kein anderer Faktor des modernen Theaters ist von den Vertretern des konservativen Geschäftstheaters so rasch aufgegriffen und in der oberflächlichsten Weise verarbeitet worden wie der Ruf nach Aktualität, und da der gleiche Begriff der Aktualität auch vielen Vertretern der jungen Generation als Brücke zum Publikum, zum Erfolg diente, ohne daß er gegen seine falsche Anwendung abgegrenzt wurde, so hat sich heute ein Zustand gegenseitiger Mißverständnisse ergeben. Über einer allgemeinen Verbrüderung unter der Parole der Aktualität vergißt man nur allzu leicht, daß heute, in den Produktionen verschiedenster Richtungen erkennbar, eine neue Form des Theaters heraufkommt, für die Qualität und Gesinnung ausschlaggebender sind als die Reize der Aktualität.

Der Einfluß von Zeitereignissen auf die dramatische Produktion war in allen Theaterepochen deutlich erkennbar. Meistens waren es allerdings die großen Ideen der Zeit, die geistigen oder politischen Strömungen, die im Theater, oft in einer übertragenen Form, behandelt wurden. Seltener sind die Handlungsvorgänge selbst aus den Ereignissen der Wirklichkeit bezogen worden, doch gibt es auch dafür Beispiele. Sogar auf dem Operntheater gab es »Zeitstücke« *(Figaro, Fidelio)*. Immer aber handelte es sich dabei um Ideen oder Stoffe, die Anspruch darauf erheben konnten, in einer dauernderen, gewichtigeren Form behandelt zu werden, als sie etwa die Zeitung zu bieten vermag. Und unter den Eigenschaften, die diese Werke lebendig erhalten haben, steht ihre künstlerische Form zumindest gleichberechtigt neben dem Stoff.

Ich bin überzeugt, daß die große Kunst aller Zeiten in diesem Sinne aktuell war: sie war nicht für die Ewigkeit bestimmt, sondern für die Zeit, in der sie entstand, oder mindestens für die nahe Zukunft, an deren Aufbau sie mitzuarbeiten bestimmt war. Das gilt auch für uns. In einer Zeit gewaltiger sozialer Umwälzungen haben wir genug zu tun, um die Existenzberechtigung, die »Nützlichkeit« unserer Arbeit nachzuweisen. Das können wir nur tun, wenn wir den Ideen unserer Zeit, zu denen wir uns bekennen, eine unanfechtbare künstlerische Form geben. Soll die Kunst ebenso nützlich sein wie die Wissenschaft, die Presse, die Politik, so muß sie ihre eigenen Mittel einwandfrei beherrschen. *Sie muß aber in ihren Ausdrucksmitteln ebenso »aktuell« sein wie in ihren Inhalten.* Wir können die Ideen dieser Zeit nicht mit derselben Sprache, derselben Musik, derselben Bühnenform ausdrücken wie etwa die Ideen der imperialistischen Zeit vor 50 Jahren, nicht nur, weil wir zu einem anderen Publikum sprechen, sondern auch weil wir eine andere Wirkung auf unser Publikum erwarten.

Von den beiden Formen aktuellen Theaters, die in den letzten Jahren aufkamen und die heute noch gebräuchlich sind, ist die erste ganz irreführend, während die zweite als Übergangserscheinung in einer Zeit wachsender Reaktions-Gefahren große Bedeutung besitzt.

Die erste dieser beiden Erscheinungsformen des aktuellen Theaters könnte man als *Metropolis*-Aktualität bezeichnen, weil sie in dem Film dieses Namens am deutlichsten hervortrat. Sie entlehnt aus dem Leben dieser Zeit einige äußerliche *Requisiten*, zwischen denen sie Menschen des vorigen Jahrhunderts agieren läßt. Sie hält sich peinlich an die Ideologien vergangener Zeiten und versucht sie nur durch verschwommene, phrasenhafte Vorstellungen des sozialen Problems auszustaffieren. Jede Stellungnahme wird vermieden. Alles was wir an »Rhythmus der Maschinen«, »Tempo der Großstadt«, »Melodie der Wolkenkratzer« und ähnlichen Phrasen in den letzten Jahren erlebt haben, gehört hierher. Es war selbstverständlich, daß diese billige Aktualität auch von den Vertretern des konservativen Theaters aufgegriffen wurde; denn sie änderte nichts an den bestehenden Formen des Theaters, sie rüttelte nicht an den Grundanschauungen des Theaterbesuchers, und so ein kleiner Ruck nach links machte sich auch in der Abendkasse vorteilhaft bemerkbar. Im Grunde ist diese ganze Richtung noch fest im Wagnerschen Ideenkreis verhaftet. Es ist noch immer das Theater der Übermenschen, das Theater der Steigerung, das Theater der schweren, dickflüssigen Form.

Die andere der beiden bisher gebräuchlichen Formen des aktuellen Theaters hat einen viel weiteren und wichtigeren Vorstoß unternommen. Es ist jene Form des modernen Theaters, die ihre *Stoffe* aus dem Geschehen der Gegenwart entnimmt. Eine der Urformen dieser Gattung war die literarische Zeitrevue, die im Westen Berlins beheimatet war. Sie erlag aber bereits der Gefahr, daß die Zeitgeschehnisse zwar erwähnt wurden, aber ohne eine Stellungnahme, nur mit jenem verständnisvollen Augenzwinkern, jener halben Ironie, die auch eine freundlichere Auslegung zuläßt, als sie die meisten Zeitereignisse vertragen. Diese Gefahr besteht auch im stärksten Maße für jene Form des Zeitstücks, die heute in Mode ist. Es werden bekannte Ereignisse aus dem öffentlichen Leben, Prozesse, Skandalaffären unserer Zeit oder der jüngsten Vergangenheit zu Dramen verarbeitet. Diese »Stoffzufuhr« aus der Zeit hat den Vorteil, daß die Autoren gezwungen werden, Menschen von heute darzustellen, Menschen, die sich in ihren Gefühlen und Handlungen grundsätzlich von den Menschen der Vorkriegszeit unterscheiden. Aber in einem Punkt haben bisher die meisten »Zeitstücke« versagt: man zeigt Geschehnisse unserer Zeit, aber man zeigt nicht die großen Zusammenhänge, man zeigt nicht den Menschen von heute in seiner wirklichen Gestalt, man will die Zeit photographieren, anstatt ihr den Spiegel vorzuhalten, in dem sie sich sehen kann. Daraus ergibt sich die andere Gefahr dieser Gattung: der Rückfall in den Naturalismus. Der Darstellungsstil dieser Zeitstücke unterscheidet sich kaum von dem der Jahrhundertwende. Aktuelle Inhalte in einer veralteten Theaterform.

Alle diese Gefahren erscheinen aber dort gemildert, wo sich das Zeitstück nach der Seite des politischen Theaters hin entwikkelt. Denn ein politischer Stoff kann nur in seinen *großen Zusammenhängen* dargestellt werden, und ein »dramatisierter Leitartikel« ist immerhin schon ein Schritt weiter als ein erschütterndes Drama der »Menschheitsdämmerung«. Darum stellen die Versuche Piscators (auch dort, wo sie nur halb gelungen sind) den kühnsten Vorstoß aus den Bezirken des Zeittheaters dar. Denn sie beschränken sich nicht mehr auf die Darstellung spezieller Tagesfragen, die schon nach einem Jahr vergessen sind, sondern hier werden die großen politischen Stoffe der Zeit behandelt: Krieg, Kapitalismus, Inflation, Revolution. Und hier ergibt sich auch sofort die Notwendigkeit, zu einer *neuen großen Form des Theaters* zu gelangen. Es ist dieselbe Theaterform, die Brecht, von einer anderen Richtung her, schon seit langem anstrebt und die auch in unseren gemeinsamen Arbeiten seit der *Dreigroschenoper* weitergeführt wird. Diese Theaterform ermöglicht es auf der einen Seite, die großen Stoffe der Zeit auf jene Ebene zu übertragen, auf der allein Kunst möglich ist, auf der wieder die gehobene Sprache, die reine Musik, die selbständige Malerei eingesetzt werden können. Sie berücksichtigt auch andererseits die neuartige Zusammensetzung eines Publikums, das im Theater mehr sucht als die Befriedigung seines Unterhaltungsbedürfnisses.

Diese moderne Form des Theaters, in der auch der Chor wieder eine entscheidende Rolle übernimmt, schafft neue und starke Voraussetzungen für Musik auf dem Theater. Denn da dieses Theater hauptsächlich auf den Gestus der Darstellung gerichtet ist, so läßt sie reichlichen Raum für eine Musik, die die Handlung weder illustrieren noch weitertreiben soll, sondern die nur die gestische Grundhaltung der aneinandergereihten Situationen auffangen und realisieren soll. *Hier liegt zweifellos eine Möglichkeit, die Oper aus ihrer Isolierung heraus in die Nähe des wertvollen Zeittheaters zu führen.* Wir sind allerdings auf dem Gebiet der Oper so weit zurück, daß heute noch die Notwendigkeit einer solchen Annäherung der Oper an das Theater der Zeit geleugnet wird. Die Oper sei das Theater des »singenden Menschen«, sie sei durch diese Begrenzung in traditionelle Bahnen gewiesen, sie sei als aristokratische Kunst entstanden, und das müsse sie auch heute bleiben. Wenn diese Behauptung richtig wäre, so wäre die Oper nichts anderes mehr als eine Museumsangelegenheit, so müßten alle, die die wahren Aufgaben des Theaters in dieser Zeit erkannt haben, fluchtartig die Oper verlassen. Wir wissen aber, und wir haben es bereits bewiesen, daß gerade auf dem modernen Theater wieder gesungen werden kann, daß das Theater von heute der Musik Spielraum genug läßt, um gerade jetzt die Entstehung einer neuen, musikalisch fundierten Opernform möglich erscheinen zu lassen. Freilich gilt hier in verstärktem Maße das, was vorher von dem aktuellen Theater gefordert wurde. Es genügt nicht mehr, in die bestehende Form des Musikdramas einige Requisiten oder Figuren des modernen Lebens einzubauen, es genügt auch nicht mehr eine spielerische Beschäftigung mit den Formproblemen des musikalischen Theaters. Es muß die Anpassung des Zeitstoffs an die entsprechende Form des musikalischen Zeittheaters gefunden werden.

(Dezember 1929)

Das Formproblem der modernen Oper

Es ist unverkennbar, daß man in Theaterkreisen heute die Anschauungen über die Aufgaben des Theaters zu revidieren versucht, und zwar in der gleichen Weise, wie man es beim Film bereits getan hat. Der Filmproduzent, der ja tatsächlich durch das enorme finanzielle Risiko zu größter Vorsicht gezwungen ist, macht heute gar kein Hehl mehr aus seiner Anschauung, daß Film Geschäft ist und daß Kunst dabei nur so weit zulässig ist, als sie das Geschäft zu fördern vermag oder zumindest das Geschäft nicht stört (das auch ohne Kunst häufig ausbleibt). Wenn wir beim Theater noch nicht zu dieser krassen Form der Industrialisierung gelangt sind, so ist das wohl hauptsächlich dem Umstand zu verdanken, daß der überwiegende Teil der Theater mit Zuschüssen aus öffentlichen Mitteln arbeitet und daher noch die kulturellen Aufgaben des Theaters betonen muß. Trotzdem hört man heute bereits auffallend häufig die Anschauung, in einer so schweren, krisenhaften Zeit suche das Publikum im Theater lediglich eine angenehme Abendunterhaltung, deren wesentlichste Wirkung darin bestehen soll, daß sie den Zuschauer die »Sorgen des Alltags« vergessen macht. Diese Anschauung ist nur eine andere verschleierte Form jener zaghaften, ängstlichen Haltung, die wir im Theaterleben der letzten Jahre immer deutlicher beobachten konnten. Man scheut sich vor einer klaren, entschiedenen Theaterpolitik, man versucht, einen freundlichen Mittelweg zu finden, und man setzt dabei als selbstverständlich voraus, daß das, was man als risikolos erkannt hat, das gleiche ist, was auch das Publikum wünscht.

Demgegenüber beginnt sich nun in immer weiteren Kreisen die Ansicht durchzusetzen, daß eine derartige Unterschätzung des Publikums nicht angängig ist. Zu allen Zeiten, sogar in den Epochen des allgemeinen Wohlstandes, in denen sich eine leichtere Lebensauffassung durchzusetzen vermochte, hat ein großer Teil des Publikums im Theater mehr als eine bloße Unterhaltung gesucht, und es ist nicht einzusehen, warum in einer so bewegten Zeit wie heute, in der das Interesse des einzelnen für die Fragen der Gesamtheit zu einem Höchstmaß gesteigert ist, das Publikum jene Theaterabende meiden soll, die zu den großen Fragen des Tages Stellung nehmen. Natürlich spielt dabei die Form dieser Stellungnahme eine entscheidende Rolle, denn die Zaghaftigkeit der Theaterleiter ist zum Teil eine Reaktion auf jene falsch verstandene Aktualität, die in der Dramatisierung halb wichtiger Teilprobleme des heutigen Lebens die Aufgabe des modernen Theaters erblickte. Heute aber sind wir auf dem Wege zu einer Theaterform, welche die großen, tragenden Ideen der Zeit auf einfache, typische Vorgänge projiziert und die damit wieder zu der ursprünglichen Aufgabe des Theaters: der Darstellung menschlicher Verhaltensarten, zurückführt.

Die Erkenntnis, daß die große Form des Theaters heute mehr als je möglich und nötig ist, gibt uns die Berechtigung, auch an die Zukunft der Oper zu glauben, der gehobensten Form des Theaters. Die Oper hatte sich im 19. Jahrhundert zu einer Form des Theaters entwickelt, die eine rauschhafte, erregende Wirkung auf den Zuhörer ausübt. Wenn wir nun wieder erreichen wollen, daß der Zuschauer auch im Operntheater zum Mitdenken und zum Weiterdenken gebracht wird, so müssen wir hier noch mehr als auf dem Sprechtheater zu einfachen, typischen Grundsituationen gelangen. Die bisherigen Phasen der Entwicklung haben bereits eine Reihe neuer Stilelemente herausgebildet, die zum Teil auf die reinen Opernformen früherer Zeiten zurückgehen. Zu diesen Stilelementen gehören etwa der Verzicht auf die illustrative Wirkung der Musik, die Beseitigung des falschen Pathos, die Aufteilung der Handlung in abgeschlossene Nummern und die dramaturgische Auswertung der absoluten musikalischen Form. Allerdings haben sich gerade auf dem Gebiete der Oper in den letzten Jahren modernistische Bestrebungen gezeigt, die einzelne Elemente dieses Opernstils herausgreifen und sie entweder verfälschen oder durch Vermengung mit anderen, entgegengesetzten Stilformen zu mißverständlicher Wirkung bringen. Besonders kennzeichnend sind jene Fälle, in denen man die Form- und Ausdrucksmittel einer neuen Operngattung auf Opernwerke früherer Epochen anwendet, denn hier zeigt sich, daß eine neue Form ohne neuen Inhalt nicht möglich ist. Das gilt nicht nur für die szenische Form des Theaters, sondern auch für die Musik, denn die Haltung der Musik ist ein Teil der geistigen Grundhaltung einer Epoche.

(Februar 1932)

Praktisches

Über Komposition

Ihre Frage »Was sind die wesentlichen Faktoren beim Komponieren?« ist nicht leicht zu beantworten. Für einen Komponisten gehört es zu den schwierigsten Aufgaben, über seine eigenen Werke zu sprechen, und noch schwieriger ist es, eine Theorie über den Prozeß des Komponierens zu entwickeln, denn nach meiner Meinung ist ein Hauptfaktor künstlerischer Kreativität, daß man sich bei diesem Vorgang des Schaffens und über ihn eine gewisse Unschuld bewahrt; daß man dem Strom der Imagination (oder der Inspiration, um ein sehr mißbrauchtes Wort zu gebrauchen) folgt, ohne sich lange nach der Quelle dieses Stromes umzusehen. Ein wenig ähnelt das den Vorgängen beim Einschlafen. Wenn man sich dabei beobachtet, wie man in Schlaf fällt, wird man nicht viel Glück damit haben einzuschlafen. Genausowenig kann man Musik schreiben, wenn man dabei beobachtet, wie man es tut. Das ist natürlich die einzige Gemeinsamkeit zwischen Einschlafen und Musik Schreiben. Das Komponieren ist eine harte Arbeit und verlangt äußerste Konzentration.

Wenn ich sage, Komponieren bedeute, dem Strömen der Imagination zu folgen, so muß ich sofort hinzufügen, daß dies nur dann geschehen kann, wenn man sein Handwerkszeug völlig beherrscht: Melodie, Harmonie, Kontrapunkt, Orchestration und Prosodie, all die verschiedenen Techniken des Komponierens. Der ideale Komponist ist der (wie Mozart), der all diesen verschiedenen musikalischen Elementen gleiche Bedeutung verleiht, so daß sie alle gleichermaßen zu dem einen Ziel beitragen, welches die Form ist. Die Form einer Komposition ist der eigentliche Ausdruck des Gedankens oder der Emotion, der hinter ihr steht, und die Form bestimmt, welche Melodie, welche Harmonie und welcher Kontrapunkt zu benützen ist. Als Theaterkomponist mußte ich die Erfahrung machen, daß immer, wenn ich mit einer Komposition (und wenn es auch nur ein einfaches Lied war) im Theater durchfiel, es daran lag, daß ich nicht die richtige Form getroffen hatte –, denn Form ist ein sehr flexibles Ding, und das Publikum hat, wenn es auch nichts davon weiß, doch ein sehr sicheres Gespür, daß »irgendwas nicht stimmt«, wenn eine Form es nicht befriedigt oder ihm nicht den Gefühlsausdruck gibt, den es erwartet. An dieser Stelle möchte ich noch etwas sagen, was ich als Komponist für die Bühne gelernt habe: ich habe gelernt, meine Musik direkt zum Publikum sprechen zu lassen, den unmittelbarsten, geradlinigsten Weg zu finden, um das zu sagen, was ich sagen möchte, und um es so einfach wie möglich zu sagen. Darum meine ich, daß zumindest im Theater Melodie ein so wichtiges Element ist, weil sie direkt zum Herzen spricht – und was ist Musik wert, wenn sie die Menschen nicht bewegen kann?

(14. Februar 1949)

Der Protagonist

Erst als ich spürte, daß meine Musik die Gespanntheit szenischer Vorgänge enthält, wandte ich mich der Bühne zu. Ich schrieb für eine russische Truppe im Theater am Kurfürstendamm die

Pantomime *Zaubernacht.* An der geballten Konzentriertheit russischer Theaterkunst lernte ich zweierlei: daß die Bühne ihre eigene musikalische Form hat, deren Gesetzmäßigkeit organisch aus dem Ablauf der Handlung erwächst, und daß Bedeutsames szenisch nur mit den einfachsten, unauffälligsten Mitteln gesagt werden kann. Ein Orchester von neun Mann, eine Sängerin, zwei Tänzerinnen und eine Anzahl Kinder – das war der Apparat dieses getanzten Traumes. Es hatte mir Freude gemacht, und ich war beglückt, als Georg Kaiser sich erbot, mir eine große, abendfüllende Balletthandlung zu schreiben. Wir gingen gemeinsam an die Arbeit. In zehn Wochen entstanden fast drei Viertel des Werkes. Die Partitur des Vorspiels und der beiden ersten Akte war vollendet. Da stockte es. Wir waren über den Stoff hinausgewachsen, die Schweigsamkeit dieser Figuren quälte uns, wir mußten die Fesseln dieser Pantomime sprengen: es mußte Oper werden. Georg Kaiser griff auf ein älteres Stück zurück, das früher schon in Gedanken an die Oper konzipiert worden war, den Einakter *Der Protagonist.* Hier hatten wir das, was wir suchten: ein zwangloses unabsichtliches Ineinandergreifen von Oper und Pantomime.

(27. Februar 1926)

Über *Die Dreigroschenoper*

Lieber Herr Weill!
Der sensationelle Erfolg der *Dreigroschenoper,* der ein Werk eines ganz neuartigen, in die Zukunft weisenden Stiles plötzlich zum Kassenschlager werden läßt, bestätigt aufs erfreulichste die Prophezeiungen, die in diesem Blatte wiederholt geäußert wurden. Die neue, volkstümliche Opern-Operette, die aus den artistischen und sozialen Voraussetzungen der Gegenwart den richtigen Schluß zieht, ist da in einem schönen Musterbeispiel gelungen.

Dürfen wir Sie, der Sie unseren soziologischen und ästhetischen Ableitungen die eindeutige Legitimation praktischer Leistung und bewiesenen Erfolges voraushaben, bitten, über den hier beschrittenen Weg nun auch theoretisch sich in unserm Blatt zu äußern?

Lieber *Anbruch*!
Ich danke Ihnen für Ihren Brief und will Ihnen gern einiges sagen über den Weg, den wir, Brecht und ich, mit diesem Werke eingeschlagen haben und den wir weiterzugehen gedenken.

Sie weisen in Ihrem Brief auf die soziologische Bedeutung der *Dreigroschenoper* hin. Tatsächlich beweist der Erfolg unseres Stückes, daß die Schaffung und Durchsetzung dieses neuen Genres nicht nur für die Situation der Kunst im rechten Moment kam, sondern daß auch das Publikum auf eine Auffrischung einer bevorzugten Theatergattung geradezu zu warten schien. Ich weiß nicht, ob unsere Gattung nun an die Stelle der Operette treten wird. Warum sollen nicht, nachdem nun auch Goethe durch das Medium eines Operettentenors wieder auf Erden erschienen ist, noch eine weitere Reihe geschichtlicher oder zumindest fürstlicher Persönlichkeiten am zweiten Aktschluß ihren tragischen Aufschrei von sich geben? Das erledigt sich von selbst, und ich glaube gar nicht, daß hier eine Lücke frei wird, die es auszufüllen lohnt. Wichtiger für uns alle ist die Tatsache, daß hier zum erstenmal der Einbruch in eine Verbrauchsindustrie gelungen ist, die bisher einer völlig anderen Art von Musikern, von Schriftstellern reserviert war. Wir kommen mit der *Dreigroschenoper* an ein Publikum heran, das uns entweder gar nicht kannte oder das uns jedenfalls die Fähigkeit absprach, einen Hörerkreis zu interessieren, der weit über den Rahmen des Musik- und Opernpublikums hinausgeht.

Von diesem Standpunkt aus gesehen, reiht sich die *Dreigroschenoper* in eine Bewegung ein, von der heute fast alle jungen Musiker ergriffen werden. Die Aufgabe des l'art pour l'art-Standpunktes, die Abwendung vom individualistischen Kunstprinzip, die Filmmusik-Ideen, der Anschluß an die Jugendmusikbewegung, die mit all dem in Verbindung stehende Vereinfachung der musikalischen Ausdrucksmittel – das alles sind Schritte auf dem gleichen Wege.

Nur die Oper verharrt noch in ihrer »splendid isolation«. Noch immer stellt das Opernpublikum eine abgeschlossene Gruppe von Menschen dar, die scheinbar außerhalb des großen Theaterpublikums stehen. Noch immer werden »Oper« und »Theater« als zwei völlig getrennte Begriffe behandelt. Noch immer wird in neuen Opern eine Dramaturgie durchgeführt, eine Sprache gesprochen, werden Stoffe behandelt, die auf dem Theater dieser

Zeit völlig undenkbar wären. Und immer wieder muß man hören: »Das geht vielleicht im Theater, aber nicht in der Oper!«. Die Oper ist als aristokratische Kunstgattung begründet worden, und alles, was man »Tradition der Oper« nennt, ist eine Betonung dieses gesellschaftlichen Grundcharakters dieser Gattung. Es gibt aber heute in der ganzen Welt keine Kunstform von so ausgesprochen gesellschaftlicher Haltung mehr, und besonders das Theater hat sich mit Entschiedenheit einer Richtung zugewandt, die man wohl eher als gesellschaftsbildend bezeichnen kann. Wenn also der Rahmen der Oper eine derartige Annäherung an das Zeittheater nicht erträgt, muß eben dieser Rahmen gesprengt werden.

Nur so ist es zu verstehen, daß der Grundcharakter fast aller wirklich wertvollen Opernversuche der letzten Jahre ein rein destruktiver war. In der *Dreigroschenoper* war bereits ein Neuaufbau möglich, weil hier die Möglichkeit gegeben war, einmal ganz von vorn anzufangen. Was wir machen wollten, war die Urform der Oper. Bei jedem musikalischen Bühnenwerk taucht von neuem die Frage auf: Wie ist Musik, wie ist vor allem Gesang im Theater überhaupt möglich? Diese Frage wurde hier einmal auf die primitivste Art gelöst. Ich hatte eine realistische Handlung, mußte also die Musik dagegensetzen, da ich ihr jede Möglichkeit einer realistischen Wirkung abspreche. So wurde also die Handlung entweder unterbrochen, um Musik zu machen, oder sie wurde bewußt zu einem Punkte geführt, wo einfach gesungen werden mußte. Dazu kam, daß uns dieses Stück Gelegenheit bot, den Begriff »Oper« einmal als Thema eines Theaterabends aufzustellen. Gleich zu Beginn des Stückes wird der Zuschauer aufgeklärt: »Sie werden heute abend eine Oper für Bettler sehen. Weil diese Oper so prunkvoll gedacht war, wie nur Bettler sie erträumen können, heißt sie die *Dreigroschenoper.*« Daher ist auch das letzte Dreigroschenfinale keineswegs eine Parodie, sondern hier wurde der Begriff »Oper« direkt zur Lösung eines Konfliktes, also als handlungsbildendes Element herangezogen und mußte daher in seiner reinsten, ursprünglichsten Form gestaltet werden.

Dieses Zurückgehen auf eine primitive Opernform brachte eine weitgehende Vereinfachung der musikalischen Sprache mit sich. Es galt eine Musik zu schreiben, die von Schauspielern, also von musikalischen Laien gesungen werden kann. Aber was zunächst eine Beschränkung schien, erwies sich im Laufe der Arbeit als eine ungeheure Bereicherung. Erst die Durchführung einer faßbaren, sinnfälligen Melodik ermöglichte das, was in der *Dreigroschenoper* gelungen ist, die Schaffung eines neuen Genres des musikalischen Theaters. Ihr ergebener *Kurt Weill*

(Januar 1929)

Zu der »Unterdrückten Arie« der Lucy

In einer Szene des letzten Aktes der *Dreigroschenoper* sitzt Lucy, die Tocher des Polizeipräsidenten, in ihrem Zimmer und erwartet den Besuch ihrer Nebenbuhlerin Polly. Sie brütet finstere Mordpläne. Für diese Soloszene der Lucy wurde die vorliegende »Arie« geschrieben, gewissermaßen ein Gegenstück zu dem Eifersuchtsduett im 2. Akt. Dieser Eifersuchts-Monolog der Lucy konnte zu einer Art von Gesangsarie ausgebaut werden, weil für die Rolle der Lucy bei der Berliner Uraufführung eine Darstellerin mit guten stimmlichen Fähigkeiten vorgesehen war. Da diese Besetzung nicht zustande kam, wurde die »Arie« gestrichen. Sie wäre ohnehin gestrichen worden, weil sich im Laufe der Proben herausgestellt hatte, daß die ganze Szene überflüssig war. Erst bei späteren Neueinstudierungen wurde die Szene wieder eingefügt – jetzt allerdings ohne die Arie, die für die Darstellerin der Lucy gesanglich zu schwer war.

(November 1932)

Anmerkungen zu meiner Oper *Mahagonny*

Schon bei meiner ersten Begegnung mit Brecht im Frühjahr 1927 tauchte in einem Gespräch über Möglichkeiten der Oper das Wort Mahagonny auf und mit ihm die Vorstellung einer »Paradiesstadt«. Um diese Idee, die mich sofort gefangennahm, weiterzutreiben und um den musikalischen Stil, der mir dafür vorschwebte, einmal auszuprobieren, komponierte ich zunächst die fünf Mahagonny-Gesänge aus Brechts *Hauspostille* und faßte sie zu einer kleinen dramatischen Form zusammen, einem »Songspiel«, das im Sommer 1927 in Baden-Baden aufgeführt wurde. Dieses Baden-Badener *Mahagonny* ist also nichts anderes als eine Stil-Studie zu dem Opernwerk, das, bereits begonnen, nun, nachdem der Stil erprobt war, fortgesetzt wurde. Fast ein Jahr lang arbeiteten Brecht und ich gemeinsam an dem Textbuch der Oper. Die Partitur wurde im November 1929 abgeschlossen.

Die Gattung »Song«, die in dem Baden-Badener Stück begründet und in späteren Arbeiten *(Dreigroschenoper, Berliner Requiem, Happy End)* weitergeführt wurde, konnte natürlich nicht allein eine abendfüllende Oper bestreiten. Es mußten andere, größere Formen hinzukommen. Aber immer mußte der einfache, balladeske Grundstil gewahrt bleiben.

Der Inhalt dieser Oper ist die Geschichte einer Stadt, ihre Entstehung, ihre ersten Krisen, dann der entscheidende Wendepunkt in ihrer Entwicklung, ihre glanzvolle Zeit und ihr Niedergang. Es sind »Sittenbilder aus unserer Zeit«, auf eine vergrößerte Ebene projiziert. Diesem Inhalt entsprechend konnte hier die reinste Form des epischen Theaters gewählt werden, die auch die reinste Form des musikalischen Theaters ist. Es ist eine Folge von einundzwanzig abgeschlossenen musikalischen Formen. Jede dieser Formen ist eine geschlossene Szene, und jede wird durch eine Überschrift in erzählender Form eingeleitet. Die Musik ist hier also nicht mehr handlungstreibendes Element, sie setzt da ein, wo Zustände erreicht sind. Daher ist das Textbuch von Anfang an so angelegt, daß es eine Aneinanderreihung von Zuständen darstellt, die erst in ihrem musikalisch fixierten, dynamischen Ablauf eine dramatische Form ergeben.

(März 1930)

Vorwort zum Regiebuch der Oper *Mahagonny*

In der *Dreigroschenoper* wurde die ursprüngliche Form des musikalischen Theaters zu erneuern versucht. Die Musik ist hier nicht mehr handlungstreibend, sondern der jeweilige Einsatz der Musik ist gleichbedeutend mit einer Unterbrechung der Handlung. Die epische Theaterform ist eine stufenartige *Aneinanderreihung von Zuständen.* Sie ist daher die ideale Form des musikalischen Theaters, denn nur Zustände können in geschlossener Form musiziert werden, und eine Aneinanderreihung von Zuständen nach musikalischen Gesichtspunkten ergibt die gesteigerte Form des musikalischen Theaters: die Oper.

In der *Dreigroschenoper* mußte zwischen den Musiksätzen die Handlung weitergeführt werden: daher ergab sich hier ungefähr die Form der »Dialogoper«, einer Mischgattung aus Schauspiel und Oper.

Der Stoff der Oper *Aufstieg und Fall der Stadt Mahagonny* ermöglichte eine *Gestaltung nach rein musikalischen Gesetzen.* Denn die Form der Chronik, die hier gewählt werden konnte, ist nichts als eine »Aneinanderreihung von Zuständen«. Es wird daher jedesmal der neue Zustand in der Geschichte der Stadt Mahagonny durch eine Überschrift eingeleitet, die in erzählender Form den Übergang zur neuen Szene herstellt.

Zwei Männer und eine Frau, auf der Flucht vor den Konstablern, bleiben in einer öden Gegend stecken. Sie beschließen, eine Stadt zu gründen, in der den Männern, die von der Goldküste her vorüberkommen, ihre Bedürfnisse erfüllt werden sollen. In dieser »Paradiesstadt«, die hier entsteht, führt man ein beschauliches, idyllisches Leben. Das kann aber die Männer von der Goldküste auf die Dauer nicht befriedigen. Es herrscht Unzufriedenheit. Die Preise sinken. In der Nacht des Taifuns, der gegen die Stadt heranzieht, erfindet Jim Mahoney das neue Gesetz der Stadt. Dieses Gesetz lautet: »Du darfst alles.« Der Taifun biegt ab. Man lebt weiter nach den neuen Gesetzen. Die Stadt blüht auf. Die Bedürfnisse steigen – und mit ihnen die Preise. Denn: man darf zwar alles – aber nur, wenn man es bezahlen kann. Jim Mahoney selbst wird, als ihm das Geld ausgeht, zum Tode verurteilt. Seine Hinrichtung wird zum Anlaß einer riesigen Demonstration gegen die Teuerung, die das Ende der Stadt ankündigt.

Das ist die Geschichte der Stadt Mahagonny. Sie wird dargestellt in einer lockeren Form von aneinandergereihten »Sittenbildern des 20. Jahrhunderts«. Es ist ein Gleichnis vom heutigen Leben. Die Hauptfigur des Stückes ist die Stadt. Sie entsteht aus den Bedürfnissen des Menschen, und die Bedürfnisse des Menschen sind es, die ihren Aufstieg und ihren Fall herbeiführen. Wir zeigen aber die einzelnen Phasen in der Geschichte der Stadt lediglich in ihrer Rückwirkung auf den Menschen. Denn so wie die Bedürfnisse der Menschen die Entwicklung der Stadt beeinflussen, so verändert wieder die Entwicklung der Stadt die Haltung der Menschen. Daher sind alle Gesänge dieser Oper Ausdruck der *Masse*, auch dort, wo sie vom einzelnen als dem Sprecher der Masse vorgetragen werden. Die Gruppe der Gründer im Anfang steht den Gruppen der Ankommenden gegenüber. Die Gruppe der Anhänger des neuen Gesetzes kämpft am Schluß des ersten Aktes gegen die Gruppe der Gegner. Das Schicksal des einzelnen wird nur dort vorübergehend geschildert, wo es beispielhaft für das Schicksal der Stadt ist.

Außerhalb dieses Grundgedankens psychologische oder aktuelle Zusammenhänge zu suchen, wäre falsch.

Der Name »Mahagonny« bezeichnet lediglich den Begriff einer Stadt. Er ist aus klanglichen (phonetischen) Gründen gewählt worden. Die geographische Lage der Stadt spielt keine Rolle.

Es ist dringend abzuraten, die *Darstellung* des Werkes nach der Seite des Ironischen oder Grotesken zu verschieben. Da die Vorgänge nicht symbolisch, sondern typisch sind, empfiehlt sich *größte Sparsamkeit* in den szenischen Mitteln und in dem Ausdruck des einzelnen Darstellers. Die schauspielerische Führung der Sänger, die Bewegung des Chors, wie überhaupt der ganze Darstellungsstil dieser Oper, werden bestimmt durch den Stil der Musik. Diese Musik ist in keinem Moment illustrativ. Sie versucht die Haltung des Menschen in den verschiedenen Situationen, die der Aufstieg und Fall der Stadt herbeiführten, zu realisieren. Die Haltung des Menschen ist in der Musik bereits so fixiert, daß eine einfache, natürliche Interpretation der Musik schon den Darstellungsstil angibt. Daher kann sich auch der Darsteller selbst auf die einfachsten und natürlichsten Gesten beschränken.

Bei der Inszenierung der Oper muß stets berücksichtigt werden, daß hier *abgeschlossene musikalische Formen* vorliegen. Es besteht also eine wesentliche Aufgabe darin, den rein musikalischen Ablauf zu sichern und die Darsteller so zu gruppieren, daß ein beinahe konzertantes Musizieren möglich ist. Der Stil des Werkes ist weder naturalistisch noch symbolisch. Er könnte eher als »real« bezeichnet werden, denn er zeigt das Leben, wie es sich in der Sphäre der Kunst darstellt. Jede Übersteigerung nach der Seite der Pathetik oder der tänzerischen Stilisierung ist zu vermeiden.

Die Projektionstafeln Caspar Nehers bilden einen Bestandteil des Aufführungsmaterials (sie sollen daher auch gemeinsam mit dem Notenmaterial an die Bühnen verschickt werden). Diese Tafeln illustrieren selbständig, mit den Mitteln des Malers, die szenischen Vorgänge. Sie liefern ein Anschauungsmaterial zur Geschichte der Stadt, das nacheinander während oder zwischen den einzelnen Szenen auf eine Wand projiziert wird. Vor dieser Wand spielt der Darsteller seine Szenen, und es genügt vollständig, wenn hier die nötigsten Requisiten aufgestellt werden, die der Darsteller zur Verdeutlichung seines Spiels braucht. Es ist in dieser Oper unnötig, eine komplizierte Bühnenmaschinerie in Tätigkeit treten zu lassen. Wichtiger sind einige gute Projektionsapparate sowie eine geschickte Anordnung der Projektionsflächen, die es ermöglicht, daß sowohl die Bilder wie hauptsächlich die erklärenden Schriften von allen Plätzen deutlich zu erkennen sind. Der Bühnenaufbau soll so einfach sein, daß er ebensogut aus dem Theater heraus auf irgendein Podium verpflanzt werden kann. Die solistischen Szenen sollen möglichst nahe an den Zuschauer herangespielt werden. Daher ist es ratsam, den Orchesterraum nicht zu vertiefen, sondern das Orchester in der Höhe des Parkettes zu postieren und von der Bühne ein Podium in den Orchesterraum hineinzubauen, so daß manche Szenen mitten im Orchester gespielt werden können.

(Januar 1930)

Zur Uraufführung der Oper *Mahagonny*

Die Schlagworte »Zeittheater«, »Jazzoper« usw., wie sie heute verstanden werden, sind auf dieses Werk schwer anzuwenden. Die Idee des Zeittheaters, von enormer Bedeutung für die Entwicklung des neuen Theaters, kann für das musikalische Theater nur dann Anwendung finden, wenn für die aktuellen Vorgänge eine große Form, eine gehobene Sprache gefunden wird. Ein Opernstoff kann in der gleichen Art aktuell sein, wie es etwa die biblischen Geschichten vom verlorenen Sohn, vom Gastmahl, von der Ehebrecherin sind. Es war daher von Anfang an unser Bemühen, die Geschichte einer Stadt, die ja in diesem Sinne schon ein ›biblischer‹ Vorgang ist, nur in jenen Etappen aufzuzeigen, die eine strenge, gehobene Darstellung zulassen. Da wir die Geschichte der Stadt in ihrer Rückwirkung auf die Beziehungen der Menschen untereinander schildern, kamen wir von selbst auf die großen Begriffe des Zusammenlebens der Menschen, wie sie zu allen Zeiten und überall in der Kunst gestaltet wurden: Freundschaft und Verrat, Armut und Wohlstand, Bescheidung und Auflehnung, Angst und Mut. Aus diesem menschlichen Geschehen, eingebettet in die Erzählung von Aufstieg und Fall der Stadt Mahagonny, entstand eine Form des Operntheaters, die man etwa als ›musikalischen Bilderbogen‹ bezeichnen kann.

(8. März 1930)

Über meine Schuloper *Der Jasager*

Die Absicht, eine Schuloper zu schreiben, liegt bei mir etwa ein Jahr zurück. Das Wort *Schuloper* umfaßte für mich von Anfang an mehrere Möglichkeiten, den Begriff »Schulung« mit dem Begriff »Oper« zu verbinden. Eine Oper kann zunächst Schulung für den Komponisten oder für eine Komponisten-Generation sein. Gerade in dieser Zeit, wo es sich darum handelt, die Gattung »Oper« auf neue Grundlagen zu stellen und die Grenzen dieser Gattung neu zu bezeichnen, ist es eine wichtige Aufgabe, Urformen dieser Gattung herzustellen, in denen die formalen und inhaltlichen Probleme eines vorwiegend musikalischen Theaters auf Grund neuer Voraussetzungen neu untersucht werden. In diesem Sinne könnte man auch Busonis *Arlecchino,* Hindemiths *Hin und Zurück,* Milhauds *Armer Matrose* und die *Dreigroschenoper* als Schulopern bezeichnen, da jedes dieser Werke eine Urform der Oper herzustellen versucht.

Eine Oper kann auch Schulung für die Operndarstellung sein. Wenn es uns gelingt, die gesamte musikalische Anlage eines Bühnenwerkes so einfach und natürlich zu gestalten, daß wir die Kinder als die idealen Interpreten dieses Werkes bezeichnen können, so wäre ein solches Werk auch geeignet, die Opernsänger (oder solche, die es werden wollen) im Gesang und in der Darstellung zu jener Einfachheit und Natürlichkeit zu zwingen, die wir in den Opernhäusern noch so oft vermissen. In diesem Sinne könnte die Schuloper etwa als »Etüde« für Opernschulen und Opernbetriebe dienen (täglich vor Beginn der Probe einmal aufzuführen).

Die dritte Interpretation des Wortes »Schuloper« ist diejenige, die die beiden ersten in sich einschließt: es ist die Oper, die für den Gebrauch in den Schulen bestimmt ist. Sie ist einzureihen unter die Bestrebungen zur Schaffung einer musikalischen Produktion, in der die Musik nicht mehr Selbstzweck ist, sondern in den Dienst jener Institutionen gestellt wird, die Musik brauchen und für die gerade eine neue Musikproduktion einen Wert darstellt. Zu den älteren Absatzgebieten (Konzert, Theater, Rundfunk) sind jetzt hauptsächlich zwei neue hinzugekommen: die Arbeiterchorbewegung und die Schulen. Eine lohnende Aufgabe für uns besteht darin, für diese neuen Gebiete nun auch Werke größeren Umfangs zu schaffen, die aber doch in den äußeren Mitteln sich so weit einschränken, daß die Aufführungsmöglichkeit an den Stellen, für die sie bestimmt sind, nicht behindert ist. Ich habe daher den *Jasager* so angelegt, daß er in allen Teilen (Chor, Orchester und Soli) von Schülern ausgeführt werden kann, und ich kann mir auch denken, daß Schüler zu diesem Stück Bühnenbilder und Kostüme entwerfen. Die Partitur ist entsprechend den Besetzungsmöglichkeiten eines Schülerorchesters eingerichtet: als Stammorchester Streicher (ohne Bratschen) und zwei Klaviere, dazu ad libitum drei Bläser (Flöte, Klarinette, Saxophon), Schlagzeug, Zupfinstrumente. Ich glaube aber nicht, daß man den Schwierigkeitsgrad der Musik bei einer Schuloper zu weit herabsetzen soll, daß man eine besonders »kindliche«, leicht nachsingbare Musik für diese Zwecke schreiben soll. Die Musik einer Schuloper muß unbedingt auf ein sorgfältiges, sogar langwieriges Studium berechnet sein. Denn *gerade im Studium besteht der praktische Wert der Schuloper,* und die Aufführung eines solchen Werkes ist weit weniger wichtig als die Schulung, die für die Ausführenden damit verbunden ist. Diese Schulung ist zunächst eine rein musikalische. Sie soll aber mindestens ebensosehr eine geistige sein. Die pädagogische Wirkung der Musik kann nämlich darin bestehen, daß der Schüler sich auf dem Umweg über ein musikalisches Studium intensiv mit einer bestimmten Idee beschäftigt, die sich ihm durch die Musik plastischer darbietet und die sich stärker in ihm festsetzt, als wenn er sie aus Büchern lernen müßte. *Es ist daher unbedingt erstrebenswert, daß ein Schulstück den Knaben außer der Freude am Musizieren auch Gelegenheit bietet, etwas zu lernen.* Das alte japanische Stück, das wir (Brecht und ich) als Textunterlage der ersten Schuloper auswählten, schien uns zwar seiner ganzen Grundhaltung nach sofort für den Gebrauch in Schulen geeignet, aber den Vorgängen fehlte noch jene Begründung, die erst eine pädagogische Verwertung berechtigt erscheinen läßt. Wir fügten daher den Begriff »Einverständnis« hinzu und änderten das Stück danach um: der Knabe wird jetzt nicht mehr (wie im alten Stück) willenlos ins Tal hinabgeworfen, sondern er wird vorher befragt, und er beweist durch die Erklärung seines Einverständnisses, daß er gelernt hat, für eine Gemeinschaft oder für eine Idee, der er sich angeschlossen hat, alle Konsequenzen auf sich zu nehmen.

(August 1930)

Aktuelles Zwiegespräch über die Schuloper

zwischen Kurt Weill und Dr. Hans Fischer

Dr. Fischer: Ich höre, daß auf dem diesjährigen Musikfest »Neue Musik Berlin 1930« auch eine Schuloper von Ihnen zur Uraufführung gelangen soll. Ich entsinne mich, daß es schon beim *Lindberghflug* hieß, es sei ein Stück, das eigentlich für Volksschulen gedacht sei. Um unser Gespräch, das die »Neue Musik und die Schulmusik« zum Thema haben wird, einzuleiten, möchte ich Sie, Herr Weill, fragen, wie Sie zu dem Stil der einfachen, volkstümlichen Musik gekommen sind.

Kurt Weill: Das Bestreben, eine einfache, volkstümliche Musik zu schreiben, habe ich wohl mit vielen der heute Schaffenden gemein. Die Musik soll für uns keine Privat- und Stubenangelegenheit bleiben, sondern wir suchen nach breiteren, neuen Auswirkungsmöglichkeiten. Diese Tendenz wurde von mir bereits in der *Dreigroschenoper* angestrebt und dort in ziemlich starkem Maße auch schon durchgeführt.

Dr. Fischer: Die *Dreigroschenoper* ist in der Tat ins Volk gedrungen. Wenn wir in der Schule von Neuer Musik reden, so sprechen die Jungens am liebsten von der *Dreigroschenoper*. Und sie reden nicht nur von ihr, sondern sie singen und spielen sie. Die Schüler sind, glaube ich, Ihr begeistertstes Publikum.

Kurt Weill: Was Sie über die *Dreigroschenoper* sagen, freut mich, weil ich gerade auf die Jugend als das Publikum der Zukunft ziele. Was ich in meiner Musik aussprechen möchte, das, wünsche ich, sollen zuerst einmal die Kinder erfahren und besitzen, die ja mein eigentliches Publikum sind. Wenn die heutige Schuljugend erwachsen sein wird, wird *das* Publikum da sein, auf das ich rechne.

Dr. Fischer: Wenn Sie in Ihrer Musik auf die Jugend als Ihr Publikum zielen, wie rechnen Sie dann, sagen wir in musikpsychologischer Hinsicht, mit der Aufnahmefähigkeit der Kinder und wie wirkt sich diese Ihre Anpassung an die Kinder auf den Stil Ihrer Kompositionen aus?

Kurt Weill: Wenn ich für Schüler schreibe, so unterziehe ich mich vor allem einer verstärkten Selbstkontrolle. Das heißt: ich muß den äußersten Grad von Einfachheit erreichen, wenn ich für Schüler schreiben und ihnen verständlich sein will. Aber bei aller Einfachheit muß ich doch mein Bestes und Höchstes geben. Im Theater kann ich zwar auch einen einfachen Stil schreiben, aber ich kann immer noch mit einer Unterstützung kunstvollerer und komplizierterer Mittel rechnen. Ich kann im Theater immer noch bis zu einem gewissen Grade »kunstvolle« Einfachheit darstellen, aber bei Kindern muß ich ganz streng in meiner Einfachheit bleiben.

Dr. Fischer: Dies gerade scheint mir der springende Punkt zu sein. Um Gotteswillen keine »kindliche Kindermusik«, von Erwachsenen für Kinder geschrieben, etwa wie der Große sich das Lied der Kleinen vorstellt... Solche Musik, die zum Kinde *herab*steigt, wollen die Kinder gar nicht. Die Musik soll einfach sein, aber nicht gewollt primitiv.

Kurt Weill: Sie haben recht. Die Einfachheit darf nicht zur konstruierten Primitivität werden, sondern es ist doch wohl so: entweder besitze ich diese Einfachheit oder ich habe sie nicht. Einfache Musik kann nur der einfache Musiker schreiben. Für ihn ist der einfache Stil kein Problem, sind die einfachen Werke keine Nebenwerke, sondern Hauptwerke.

Dr. Fischer: Leider gibt es noch nicht genügend solcher Hauptwerke der Einfachheit, die für die Schulen verwendbar wären.

Kurt Weill: Ja, und nicht nur für Schulen, sondern auch für andere Kreise. Es gibt für mich verschiedene Richtungen, mit einfacher Musik in die Breite – die nicht die »Tiefe« auszuschalten braucht – zu wirken. Die eine Richtung ist die Bewegung der *Arbeiterchöre*. In ihnen finde ich wirkliche Laien, für die es sich lohnt, einfache Musik zu schreiben. Ich würde es für keine

Schande für einen Komponisten halten, sogar mit solchen Sängern zu rechnen, die keine Note lesen können. Einfache Musik wird selbst von musikalischen Analphabeten verstanden werden. Eine weitere Möglichkeit bietet das *Theater*, obwohl es immer schwerer wird, hier in einer klaren Richtung vorwärts zu schreiten. Vielleicht wird auch einmal der *Tonfilm*, jetzt noch eine künstlerische Unmöglichkeit, in diese Richtung gehören. Das läßt sich aber im Augenblick noch nicht übersehen. Aber wohl läßt es sich übersehen, daß die *Schule* dem Komponisten ermöglichen wird, in die Breite zu wirken.

Dr. Fischer: Ein Einwand ist aber bei der Schule zu machen. Gewöhnlich rechnen Außenstehende mit der Schule als dem Begriff einer festen, in sich geschlossenen Gemeinschaft. Die Schule ist ja heute noch keine homogene Anstalt. Die Schüler sind in Gruppen gespalten, die sich heftig befehden. Mit einer einheitlichen Hörerschaft ist in der Schule heute auch nicht für die Musik zu rechnen, sondern nur mit einer durch und durch zwiespältigen.

Kurt Weill: Diesen Zwiespalt fürchte ich aber gar nicht, sondern er ist es, den ich als Gewinn betrachten möchte. Ich halte es gerade für einen Vorteil, daß in der Schule die Dinge *diskutiert* werden.

Dr. Fischer: Wenn ich recht verstehe, so wünschen Sie eine Auflockerung der Musik durch die Auseinandersetzung der Schülerschaft untereinander?

Kurt Weill: Ja, Musik soll *Gesprächsthema* sein, nur nicht erstarrtes Formgebilde, sondern etwas Lebendiges, um das sich die Ereiferung lohnt. Gerade weil die Schule aus verschiedenen Elementen, Kreisen und Begabungen zusammengesetzt ist, die gezwungen sind, aufeinander einzuwirken, hat sie die größten Vorteile. Es ist schwer, aber sehr lohnend, eine solche Vielheit der allmählich ausreifenden Meinungen und Ansichten im Schnittpunkt und noch in der Entwicklung zu treffen. Deshalb nannte ich vorhin, als ich die verschiedenen Möglichkeiten zur Verbreiterung der Musik aufzählte, *nicht* den Rundfunk. Denn im Rundfunk ist eine anonyme Gemeinschaft von Erwachsenen aus verschiedensten Kreisen vorhanden, mit der wenig anzufangen ist. Diesen Erwachsenen kann man nichts bieten, weil ihre Meinungen viel zu weit auseinandergehen. Da ist kein Schnittpunkt mehr vorhanden und keine Entwicklung mehr möglich. Selbst die Äußerung über die verschiedenen Ansichten ist hier fruchtlos, sie wird auch niemals ernstlich versucht. Kinder können einen Streit noch austragen, Erwachsene ihn nur begraben oder in Permanenz erklären.

Dr. Fischer: Sie sprechen hierüber so lebendig, daß ich annehme, daß Sie eigene Schulerinnerungen eben erzählt haben. Wie war es denn mit Ihrer Musikbetätigung in der Schule?

Kurt Weill: Der Gesangsunterricht war zwar schlecht, aber dafür hatten der Direktor meines Dessauer Gymnasiums und der Ordinarius der oberen Klassen das größte Interesse für Musik. Sie haben mich damals bereits stark gefördert. Ich komponierte für das Schülerorchester und schrieb – für mich heute wunderlich genug – sogar Kriegschöre.

Dr. Fischer: Waren Ihre Kompositionen damals schon, abgesehen von dem Stofflichen, einfach und volkstümlich?

Kurt Weill: Ja, sie waren einfach, aber noch ganz kindlich, ohne Stilwillen. Das erste Werk, aus dem der einfache Stil zu erkennen ist, war wohl das Ballett *Zaubernacht*. Ich studierte damals bei Busoni. Dieses Werk, das mein erster Auftrag war, schrieb ich für ein *Kinder*theater. (Ich habe es später in der Suite *Quodlibet* benutzt). In den folgenden Jahren überwucherten in meinen Werken artistische Versuche, gekennzeichnet durch das Ringen nach neuen harmonischen und melodischen Ausdrucksmitteln. Im *Mahagonny,* der in Baden-Baden aufgeführt wurde, kam der neue einfache Stil zum Ausbruch, in der *Dreigroschenoper* fand er wohl seine erste vollgültige Prägung. Im *Lindberghflug* dachten Bert Brecht und ich zum ersten Mal direkt an die Schulen. In meinem neuesten Stück, dem *Lehrstück vom Ja-Sager,* einer Schuloper, möchte ich diesen Weg weiterbeschreiten.

Dr. Fischer: Wie ist denn Ihr neuestes Werk, das *Lehrstück vom Ja-Sager,* in der Form gebaut? Enthält es geschlossene Formen?

Kurt Weill: Es ist gut, daß Sie darauf zu sprechen kommen. In dem *Lehrstück vom Ja-Sager* möchte ich keine ausgesprochenen Songs mehr bringen, sondern geschlossene musikalische Formen. Dabei will ich alles, was ich bisher als richtig erkannt habe, übernehmen, also z. B. das, was ich den Gestus in der Musik einmal genannt habe. Durch die Melodie soll bereits eindeutig der Gestus ausgedrückt sein. Klarheit, nicht Unklarheit soll über das herrschen, was der Komponist ausdrücken möchte. Und, wie gesagt, dieses Lehrstück soll ein vollwertiges Kunstwerk werden, kein Nebenwerk.

Dr. Fischer: Ich muß wieder einmal an die *Dreigroschenoper* erinnern. Was auf die Jungens so stark wirkt, ist dort der Rhythmus. Denn das musikalische Erleben der Jugend ist wesentlich auf dem Motorischen aufgebaut.

Kurt Weill: Gewiß, ich verzichte auch in der neuen Schuloper nicht auf die rhythmischen Wirkungen; aber es sind nicht mehr ausgesprochene Tanzrhythmen, sondern diese Rhythmen sind umgeformt, sind »verdaut«.

Dr. Fischer: Sie betonen, daß Sie eine absolut *ernst* zu nehmende Schuloper schreiben werden. Es war aber doch gerade das Parodistische, was den großen Erfolg bei der Jugend erzielt hatte. Ich möchte den Ausdruck parodistisch noch ergänzen. Ich meine nicht eine Parodie im Sinne einer Ulkerei, sondern eine Mischung von Ernst und Scherz.

Kurt Weill: Vielleicht sagen wir, es sei ein ernsthaft-ironischer Stil. Denn auch die Ironie in der *Dreigroschenoper* ist ernst gemeint. Es ist falsch, wenn die meisten Leute die *Dreigroschenoper* nur parodistisch, als Ulk aufgefaßt haben. Die modernen Komponisten sind ja überhaupt nicht so parodistisch eingestellt, wie es Publikum und Kritiker zu glauben pflegen. Es ist uns Ernst um Stoff und Musik. Die Kinder haben hierfür auch das rechte Verständnis. Sie glauben an den Ernst im Spiel. Es mag sein, daß nicht alle Texte der *Dreigroschenoper* für Kinder geeignet sind.

Dr. Fischer: Aber die Kinder merken das ja gar nicht. Selbst wenn sie etwas darum wüßten, so bedeutet es ihnen nichts.

Kurt Weill: Ja, das ist wahr und wunderbar. Aber wenn man das sagte, es würde einem niemand glauben. Man könnte sicher im Stoff eines Schülerstückes viel weiter gehen, aber dies wäre im Augenblick für die Praxis wohl undurchführbar.

Dr. Fischer: Wie ist denn der Text Ihrer neuen Schuloper?

Kurt Weill: Absichtlich habe ich als Text der ersten Schuloper einen ernsten Stoff gewählt. (Ein lustiges Stück wird als zweite Schuloper folgen.) Den Text zum *Lehrstück vom Ja-Sager* haben wir in einem alten japanischen Märchen *Der Wurf ins Tal* vorgefunden. Die Hauptfigur darin ist ein Knabe. Das schon brachte mich auf die Idee, dieses Stück auch von Schülern ausführen zu lassen. Der Inhalt ist kurz der: Der Knabe möchte mit dem Lehrer auf eine Wanderschaft gehen, um aus der Stadt Medizin für seine kranke Mutter zu holen. Die Reise ist gefahrvoll; deshalb will die Mutter den Jungen nicht gehen lassen. Auch der Lehrer rät ab. Der Knabe geht aber, um der Mutter zu helfen. Unterwegs, als man an die gefährlichste Stelle gekommen ist, macht er schlapp und gefährdet dadurch die ganze Reisegesellschaft. Man stellt ihn vor die Entscheidung: soll man umkehren oder soll man dem alten Brauch folgen, der befiehlt, Kranke in das Tal hinabzuwerfen? Der Knabe entscheidet sich für den Wurf ins Tal. »Er hat Ja gesagt« singt der Chor. Einiges an dem Text ist von Brecht anders motiviert worden, als es in dem japanischen Urtext vorlag. Vor allem haben wir eins hineingebracht: Wir haben uns überlegt, daß der Schüler aus einem Lehrstück auch etwas *lernen* soll. Deshalb haben wir den Satz über das Einverständnis hineingebracht, nämlich: »Wichtig zu lernen ist Einverständnis«. Das sollen die Schüler lernen. Sie sollen wissen, daß eine Gemeinschaft, der man sich angeschlossen hat, von einem verlangt, daß man tatsächlich die Konsequenzen zieht. Der Knabe geht den Weg der Gemeinschaft zu Ende, wenn er Ja zu dem Wurf in das Tal sagt.

Dr. Fischer: Der Text gefällt mir, auch vom Pädagogischen aus gesehen, sehr gut. Die Gefolgschaft, die vom Schüler verlangt wird, muß immer wieder betont werden. Sie kommt im Text sehr gut zur Geltung. Ebenso scheint mir pädagogisch wertvoll die Schilderung des Verhältnisses vom Schüler zum Lehrer zu sein. Ein drittes schönes Motiv im Text ist die Zeichnung der Liebe des Sohnes zur Mutter.

Kurt Weill: Die Motivierung mit der Medizin, die der Knabe für die kranke Mutter holen will, um sie zu retten, ist übrigens auch erst von Brecht in das Stück hineingebracht worden. Ich bin besonders froh darüber, daß auch Sie die Wichtigkeit der Gefolgschaft eben betont haben. Durch diese Tendenz des »Einverständnisses« wirkt das Lehrstück in einem höheren Sinne politisch, selbstverständlich nicht parteipolitisch.

Dr. Fischer: Wie denken Sie sich die szenische Ausgestaltung?

Kurt Weill: Einfach. Es kann in der Schulaula gespielt werden. Vorn auf dem Podium ist die Bühne. Auf dem Podium oder vor dem Podium sitzt der Chor. In der Mitte des Podiums ist ein Kreis gezogen, in der Mitte des Kreises befindet sich eine Tür (Zimmer der Mutter). Im zweiten Akt wird die Tür fortgenommen, auf der einen Seite des Kreises wird ein Podium mit einer Treppe aufgestellt, die den Berg darstellt. Sie sehen, Einfachheit ist das Prinzip dieser Schuloper. Auch im musikalischen Teil. Das Orchester und die Gesangspartien werden von Schülern ausgeführt. Als Besetzung des Orchesters denke ich mir Violinen (Bratschen *nicht*!), Celli, zwei Klaviere; Zupfinstrumente (Laute, Mandoline) und Kontrabaß *ad libitum*. Ferner Bläser (Flöten, Saxophon); eventuell auch Trompete. Alle Bläserstimmen können natürlich auch vom Harmonium ausgeführt werden. Halten Sie eine solche Besetzung für durchführbar?

Dr. Fischer: Sie ist durchführbar. Es gibt in vielen Schulen Saxophonbläser, Flötisten, ja, manche Schule hat ein eigenes großes Blasorchester. Schwerer sind nur Klarinettisten und Oboer zu finden. Es ist gut, daß Sie auf sie verzichten. Das Wichtigste aber scheint mir, daß die Freiheit der Besetzung gewahrt bleibt. Je nach den örtlichen Verhältnissen muß die Aufführungspraxis sich wandeln. So war es früher in der Schulmusik, so muß es wieder werden. In Süddeutschland gibt es z. B. viele Schüler, die Kontrabaß spielen, in Norddeutschland gehören sie zu den Ausnahmen. Man wird außerdem die Freude des Lehrers an dem Stück heben, wenn man ihm die Werkbesetzung freistellt. Wie steht es mit den Gesangspartien?

Kurt Weill: Alle vorkommenden Gesangpartien müssen von Schülern gesungen werden. Den Knaben denke ich mir von einem 10-12jährigen Schüler gesungen, den Lehrer von einem 16-18jährigen, die Mutter von einem 14-16jährigen Mädchen. Ebenso sind die drei Studenten, die die Wanderung mitmachen, von Schülern zu singen. Und schließlich hat auch der ganze Schülerchor mitzuwirken. Die Melodieführung ist einfach. Die Gesangstimmen sind an allen exponierten Stellen von der Begleitung gestützt. (Kurt Weill spielt den 1. Akt der Schuloper vor.)

Dr. Fischer: Ich habe mich an den eben gehörten Proben aus dem 1. Akt Ihrer neuen Schuloper überzeugen können, daß die Musik einfach ist und von den Schülern wohl ausgeführt werden kann. Die Schulmusik, die auf wirklich aufführbare Werke der Neuen Musik wartet, wird die Schuloper als neue festliche Form der Schulmusik sicher gern aufnehmen. Vielleicht werden wir bald wieder einen Aufschwung der Schuloper erleben, die im 16. und 17. Jahrhundert in den Lateinschulen Deutschlands bereits eine reiche Blütezeit erlebt hat. Die erste Aufführung des *Lehrstückes vom Ja-Sager* in Berlin im Juni d. J. wird uns weitere Klarheit geben, ob dieser Weg der rechte ist. Mein Wunsch ist der, daß Schulmusiker und Schaffender mehr als bisher *gemeinsam* am Ausbau der Schulmusik arbeiten möchten. Vielleicht kann schon unser Zwiegespräch in dieser Richtung klärend wirken.

(April 1930)

Die Bürgschaft

Sehr geehrter Herr Professor Mersmann!

Sie veröffentlichten im letzten Melos-Heft eine Reihe an mich gerichteter Fragen, die *Bürgschaft* betreffend.[1] Ich habe versucht, auf diese Fragen zu antworten. Das ist aber darum kaum möglich, weil diese Fragen nur eine andere Form *subjektiver Kritik* darstellen. Wenn die Anschauungen, die die Grundlage und selbstverständliche Voraussetzung eines Kunstwerkes bilden, vom Standpunkt der subjektiven Kritik bezweifelt oder geleugnet werden, so steht eben Behauptung gegen Behauptung.

Ich behaupte, daß der von uns formulierte Satz über die Verhältnisse, die die Haltung des Menschen ändern, richtig ist und der von Trantow formulierte falsch, weil wir keine Heroen oder Übermenschen zeigen wollten, sondern Menschtypen, deren »geistige Erkenntnisse und innerliche Erlebnisse« weniger wichtig sind als ihre Handlungsweise. Selbstverständlich gibt es »Verhältnisse« in unserem Sinne, die unsere Handlungsweise bestimmen. Vielleicht hilft es dem Fragesteller, wenn er die »wirtschaftlichen Verhältnisse«, wie wir sie meinen, als eine Konkretisierung dessen, was die Alten das »Schicksal« nannten, auffassen darf.

Ich behaupte, daß der Schluß der »Bürgschaft« sowohl tragisch als auch »lehrreich« ist. Allerdings liegt die Tragik weniger in dem Tod des Mattes als vielmehr in der Erklärung, die Orth in seinen Schlußworten gibt, und in der Trostlosigkeit dieser Erkenntnis liegt die »Lehre«, die der Zuschauer mit nach Haus

[1] siehe S. 203f. [Hrsg.]

nehmen kann.

Damit kommen wir zu dem »Hauptpunkt der Anklage«: zu dem Vorwurf der Negativität. Hier vergißt der Fragesteller offenbar, daß die gesellschaftskritische Kunst aller Zeiten sich bemühte, die Dinge, oft bis zur Überdeutlichkeit, so zu zeigen, wie sie sind, und nur durch die Art der Darstellung dem Zuschauer die Verurteilung dessen, was ihm gezeigt wurde, in den Mund zu legen. Sie begnügt sich damit, den Zuschauer mit dem Bewußtsein zu entlassen, daß bestehende Zustände geändert werden müssen, und sie sucht das zu erreichen, indem sie die Zustände in ihrer krassesten Gestalt und ohne Beschönigung aufzeigt. Dieser Weg wurde auch bei der *Bürgschaft* beschritten, zumal ja von Anfang an eine tragische Oper beabsichtigt war. Natürlich wäre es schön, auf dem gleichen weltanschaulichen Hintergrunde etwas Positives, Bejahendes zu gestalten, und ich wäre der erste, der mit beiden Händen zugreifen würde, wenn sich dafür eine Möglichkeit bietet. Diese Möglichkeit aber in der Gegend des »reinen Menschentums« zu suchen, halte ich speziell für die Oper für sehr gefährlich, weil ich glaube, daß die Aufgabe der Oper heute darin besteht, über das private Einzelschicksal hinaus zur Allgemeingültigkeit vorzudringen.

Zum Schluß noch eine Feststellung, die mir wichtig erscheint: die *Bürgschaft* ist kein Lehrstück, sondern eine Oper. Sie ist für das Theater geschrieben. Sie will nicht Lehrsätze beweisen, sondern, der Aufgabe des Theaters entsprechend, auf dem Hintergrund einer überzeitlichen Idee *menschliche* Vorgänge gestalten.

Und noch eins: in einer Zeit, da die einen sich mit artistischen Spielereien beschäftigen, während die anderen es vorziehen, überhaupt nicht zu produzieren, um nur nirgends anzuecken, unternimmt die *Bürgschaft* den Versuch, zu den Dingen, die uns alle angehen, Stellung zu nehmen. Ein solcher Versuch muß natürlich Diskussionen hervorrufen. Das ist ein Teil seiner Aufgabe. Aber für eine Diskussion wäre nötig, daß der Gegenstandpunkt genau und sorgfältig analysiert wird. Die Fragen, die Sie veröffentlichen, sind höchstens geeignet, zu den vorhandenen Mißverständnissen noch einige neue hinzuzufügen.

Mit den besten Grüßen
Ihr *Kurt Weill*
(Oktober 1932)

Krise

Rettet die Kroll-Oper

Gut. Die Kroll-Oper wird geschlossen.

Was bleibt? Ein Opernbetrieb in Charlottenburg, dessen Aufführungsniveau beträchtlich unter dem guter Provinzopern steht und dessen Spielplan immer deutlicher zum Vorkämpfer der musikalischen Reaktionsbewegung wird (Zuschuß etwa 2,8 Millionen aus öffentlichen Geldern), weiterhin die Staatsoper Unter den Linden, die durch ihren Leiter per Rundfunk verkünden läßt, die Oper sehe ihre Hauptaufgabe in der Darbietung von Stimmphänomenen und wolle im übrigen nichts anderes sein als ein »Prunk- und Schaustück« mit »zauberhaften Dekorationen« und schönen Stimmen, und das sei die »Kulturbedeutung der Oper« (Zuschuß etwa 2,5 Millionen aus öffentlichen Geldern).

Was wird zerstört? Nicht das, was die Kroll-Oper – offenbar unter ständigem Druck – heute geworden ist (und was noch immer viel ist, wenn man es mit den Leistungen der beiden anderen Häuser vergleicht), sondern das, was sie 1927 zu werden versprach: das musikalische Theater der lebendigen Gegenwart, das die Oper nicht mehr als museale Angelegenheit behandelte, sondern das seine Aufgabe in der Schaffung und Ausarbeitung eines neuen, dem Empfinden heutiger Menschen entsprechenden Opernstils, einer neuen Form musikalischen Theaters erblickte, ein Theater ohne Stars und Amerika-Urlaube, ein Theater der Arbeit, der Aktivität, der Disziplin.

Es genügt also heute nicht mehr zu verlangen, daß die Kroll-Oper als stärkstes künstlerisches Aktivum des Berliner Opernbetriebs erhalten bleibt, sondern wir müssen gleichzeitig verlangen, daß man ihr die Arbeitsmöglichkeit und die Bewegungsfreiheit gibt, die ihr die Durchführung ihres ursprünglichen Programms ermöglicht. Denn gerade dieses ursprüngliche Programm ist es, das ihr Weiterbestehen zu einer Notwendigkeit macht.

(15. November 1930)

Situation der Oper

Gespräch zwischen Kurt Weill und Heinrich Strobel

Frage: Was ist charakteristisch für die Situation der Oper in dieser Saison?

Weill: Charakteristisch für die gegenwärtige Situation des musikalischen Theaters ist das auffallend starke Zurückgehen von allen Stücken, die sich in irgendeiner neuen oder gar exponierten Art mit dem Form- und Inhaltsproblem der Oper auseinandersetzen. Wenn man die Spielpläne der großen Opernhäuser und Provinztheater ansieht, wenn man mit den Leitern großer Bühnen oder anderen führenden Persönlichkeiten des Musiklebens spricht, so bemerkt man, wie stark überall die Bestrebungen sind, das Operntheater zu einem musealen Unternehmen abzustempeln. Auch für diese Bewegung stellt sich, wie immer in solchen Fällen, schnell eine theoretische Begründung ein. Obwohl die Bewegung lediglich einer Rücksichtnahme auf bestimmte äußere Umstände entspringt, will man sie als innere Notwendigkeit, als zwangsläufiges Ergebnis einer Entwicklung hinstellen. Der Begriff Oper soll so einseitig im musealen Sinne stabilisiert werden, daß jede produktive Auseinandersetzung, daß jeder Versuch einer Auflösung dieses Begriffs von vornherein abgelehnt oder als in eine andere Kategorie gehörig bezeichnet wird.

Frage: Wie erklären Sie das Zurückgehen der modernen Werke in den Spielplänen dieser Saison?

Weill: Das Zurückgehen der modernen Opern ist zunächst einzuordnen in die allgemeine kulturelle Reaktion. Es ist wie alle Erscheinungen dieser Bewegung in erster Linie ein Ergebnis der sinnlosen Angstpsychose der maßgebenden Kreise, deren Aufgabe es ist, die Produktion an die Konsumenten heranzuleiten.

Meine Erfahrungen mit *Mahagonny* haben die Richtigkeit dieser Behauptung nach der positiven und nach der negativen Seite erwiesen. Die Frankfurter Stadtverordnetenversammlung hat sich nicht von einer Horde von Analphabeten, die unter Führung eines langgesuchten, bei dieser Gelegenheit abgefaßten Eisenbahndiebs gegen die epische Oper demonstrierte, ins Boxhorn jagen lassen, und seit der gestörten zweiten Aufführung haben zehn weitere ohne Störung stattgefunden. Dagegen suchten andere Theater ihre Ängstlichkeit hinter allen möglichen Ausflüchten zu verstecken. Sie unterwarfen sich freiwillig einer Zensur, die in Wirklichkeit noch nicht besteht und die, wenn sie wirklich kommen sollte, hauptsächlich auf diese Ängstlichkeit in einer Zeit des Übergangs wie der jetzigen zurückzuführen sein wird.

Frage: Glauben Sie, daß der Rückgang der modernen Opern in den Spielplänen auf ein Nachlassen der Produktion zurückzuführen ist?

Weill: Nein, erstens bin ich davon überzeugt, daß eine Reihe von Stücken vorhanden ist, die ausreichen würde, um ein zielbewußtes Theater auf zwei Jahre mit den nötigen modernen Werken zu versorgen. Und dann ist zu sagen, daß sich auch die künstlerische Produktion nach dem Gesetz von Angebot und Nachfrage richtet.

Frage: Hängt nicht vielleicht die künstlerische Situation mit der wirtschaftlichen Situation der Theater zusammen?

Weill: Es ist ziffernmäßig nachzuweisen, daß sich auch mit neuen Opern Erfolge erzielen ließen, die die gleichen Aufführungsziffern in einer Saison gewährleisten wie die meisten Neueinstudierungen von älteren Werken, soweit diese nicht ausgesprochene Publikumsreißer sind. Dazu kommt, daß die moderne Oper (wie überhaupt das moderne Theater) ihrer ganzen Bühnenform nach einen viel geringeren Aufwand an Kostümen usw. erfordert als etwa eine Neueinstudierung von Werken der Gattung »Prunk- und Schauoper«.

Ich kann mir auch nicht denken, daß beim Rückgang der modernen Werke in den Spielplänen der Opernhäuser die Tantièmenfrage eine Rolle spielen soll. Trotzdem hat es den Anschein. Man hört, daß große deutsche Opernbühnen von ihren vorgesetzten Behörden die Anweisung erhalten, sich möglichst auf tantièmenfreie Werke zu beschränken. Auch der bekannte Schritt des Bühnenvereins, der auf eine Herabsetzung der Autorenanteile hinzielt, ist in diesem Zusammenhang zu erwähnen. Dabei machen, wie ich in einer Statistik gelesen habe, die Summen, die an die Autoren abgeführt werden, etwa 2% des Gesamtetats eines Theaters aus. Es ist kaum möglich, daß die Wirtschaftskrise der deutschen Theater von diesen 2% abhängt, die einzig und allein die finanzielle Grundlage für die erstrebenswerte Weiterentwicklung der Opernproduktion sind.

Man kann auch nicht gerade die Produktion dafür verantwortlich machen, daß die deutschen Operntheater heute in einem Stadium der Um- und Neuorganisation angelangt sind und daß sich diese Umgruppierung nicht ohne Kämpfe vollzieht. Die Zusammenfassung mehrerer nahe beieinander liegender Opernbühnen, die, wie das Rheinland zeigt, immer greifbarer wird, ist auch für die Komponisten erstrebenswert. Auf den ersten Blick scheint eine solche Regelung die Aufführungsziffern neuer Werke ungünstig zu beeinflussen. Doch wird durch eine Zusammenfassung der zersplitterten Kräfte an einer zentralen Stelle zweifellos eine Niveausteigerung der Aufführungen erreicht, die bestimmt auch der Auswirkung der modernen Produktion zugute kommt, und dies um so mehr, als im Fall eines Erfolgs die Aufführungen in nah beieinander liegenden Städten nicht mehr durch den Konkurrenzneid der verschiedenen Bühnenleitungen behindert sind.

Frage: Da Ihnen also die wirtschaftlichen Schwierigkeiten nicht unüberwindlich scheinen, worin erblicken Sie dann den Grund für die gegenwärtigen Hemmungen?

Weill: Die moderne Oper entwickelt sich zu einem eigenen Typus hin. Die bisherigen Phasen dieser Entwicklung haben gewisse Stilelemente herausgebildet, die allein noch nicht den Begriff der neuen Oper ausmachen, sondern nur Teile einer Gesamtentwicklung bedeuten. Solche Stilelemente sind: die epische Aufrollung eines Vorgangs, der Verzicht auf illustrative Wirkung der Musik, die Desillusionierung der Szene, die Beseitigung des falschen Pathos, die dramaturgische Auswertung der absoluten musikalischen Form usw. Es ist typisch für die Verworrenheit der heutigen Situation, daß diese Elemente eines neuen Theaterstils einzeln herausgegriffen und entweder schon in sich verfälscht oder durch Vermengung mit anderen, überkommenen Stilformen mißverständlich angewendet werden. Besonders gefährlich sind derartige Bestrebungen, die man als modernistisch bezeichnen kann, dort, wo einzelne Stilelemente des neuen Theaters lediglich dazu benutzt werden, um Aufführungen klassischer Opern auf neu zu frisieren. Die einen predigen die Auflösung nach der schauspielerischen

Seite hin und machen dabei nichts anderes als jene älteren Opernregisseure, die aus Abneigung gegen die Musik jede musikalische Form durch eine schauspielerische Pointe oder durch eine Überfülle von »Regieeinfällen« zerstörten. Die anderen versuchen die Form des statuarischen Theaters auf ältere Werke anzuwenden, deren dramatische Impulse sie auf die Weise abtöten. Aber diese Versuche sind nur Ausflüchte. Man glaubt den Bestrebungen des modernen Theaters Genüge zu tun, wenn man seine Formelemente auf Werke anwendet, deren Aufführung im übrigen mit keinerlei Risiko verbunden ist. Es muß aber festgestellt werden, daß sich diese Elemente des neuen Theaters in ihrer Totalität nur an Werken des neuen Theaters überzeugend realisieren lassen.

Frage: Wie beurteilen Sie demnach die Aussichten der Oper?

Weill: Ich konstatiere zunächst, daß für die Oper immer noch ein ausgesprochenes Publikumsinteresse besteht, weil sie präzisere Leistungen bietet als das Schauspiel und weil mindestens ein Teil der Hörer ein fachmännisches Verständnis für die musikalischen und gesanglichen Leistungen hat. Ich habe immer den Standpunkt vertreten, daß die Oper mit dem zeitgenössischen Theater Schritt halten muß. Das war schwer in einer Zeit, als das moderne Theater auf die wirklichkeitsgetreue Darstellung aktueller Vorgänge gerichtet war. Denn diese Form des aktualisierten Theaters bot der Oper nur geringe Chancen. Heute, da wieder eine große Form des Theaters heraufkommt, eine Form, die in gehobener Sprache, in gesteigerter Realität die Ideen der Zeit den zeitlosen Ideen einordnen will, muß auch die Oper ihren soziologischen Raum finden, ja, es ist sogar anzunehmen, daß diese Form des Theaters keinesfalls auf die gestische Wirkung und auf die stilisierende Kraft der Musik verzichten kann. Dazu ist allerdings eine Musik nötig, die den Hörer nicht berauscht, sondern ihn zum Mitdenken veranlaßt, die daher selbst mitdenkt und die, unter Ausnutzung der formalen Kräfte der Musik, von sich aus die Dramaturgie des Werkes bestimmt, um auf ihre absolute Wirkung zu verzichten.

(Februar 1931)

Wirklich eine Opernkrise?

Es gibt eine Krise der Oper, von der in stärkstem Maße die Operntheater und, in Wechselbeziehung dazu, natürlich auch die Produzenten betroffen sind. Die Krise der Operntheater besteht darin, daß die Werke, die sich bei dem speziellen Opernpublikum als zugkräftig erweisen (Wagner, Strauss), einen außerordentlich großen Apparat erfordern, daß aber andererseits dieses spezielle Publikum nicht stark und zahlungskräftig genug ist, um die Kosten des Apparates decken zu können, und daher ständige Subventionen nötig sind, die in den meisten Fällen die Leistungskraft der Geldgeber in der heutigen Krise übersteigen. Es wäre also, um die wirtschaftliche Krise der Oper zu beheben, nötig, weiteste Publikumskreise zu erfassen, das heißt, nicht auf das spezielle Opernpublikum beschränkt zu bleiben. Hier kommen wir allerdings in die Nähe jener Krise, von der keineswegs die Operntheater allein, sondern das Theater überhaupt betroffen ist.

Ich neige nicht dazu, für diese allgemeine Theaterkrise das Publikum verantwortlich zu machen. Ich glaube, daß in fast allen Städten ein Publikum vorhanden ist, das für wertvolle Theaterleistungen ein genügendes Interesse mitbringt. *Es kommt nur darauf an, das Publikum wirklich zu interessieren.* Natürlich ist es am leichtesten – wie es heute zahlreiche Bühnen im Reiche tun –, das Publikum mit dem *Weißen Rößl* anzulocken. Ich bin Optimist genug, um anzunehmen, daß wir heute in Deutschland noch immer nicht auf einen so barbarischen Kulturzustand gekommen sind, der die Oper – seit jeher ein wesentlicher Bestandteil der deutschen Kultur – durch die flachste Gattung des Theaters ersetzt.

Vielmehr glaube ich, daß die volle Verantwortung für diesen Zustand diejenigen trifft, deren ständiger Druck aus den deutschen Intendanten heute ängstliche, übervorsichtige Geschäftsleute macht. Natürlich taucht in diesem Zusammenhang auch die Frage auf, ob denn eine Opernproduktion vorhanden ist, die dem Theaterleiter eine Balancierung seines Etats auch unter höchsten künstlerischen Aspirationen ermöglicht. *Es ist meine feste Überzeugung, daß diese Produktion vorhanden ist,* oder zumindest sofort vorhanden wäre, wenn sie durch ein mutiges, entschlossenes Mitgehen der Theaterleitungen angefeuert werden würde, wenn nicht zahlreiche Theaterleiter sich immer wieder einer unsichtbaren Zensur unterwerfen würden, die es in Wirklichkeit gar nicht gibt.

Zu allen Zeiten, sogar in Epochen allgemeinen Wohlstandes, in denen sich eine leichtere Lebensauffassung durchzusetzen vermochte, hat ein großer Teil des Publikums im Theater mehr als eine bloße Unterhaltung gesucht, und es ist nicht einzusehen, warum in einer so bewegten Zeit wie heute, in der das Interesse des einzelnen für die Frage der Gesamtheit zu einem Höchstmaß gesteigert ist, das Publikum jene Theaterabende meiden soll, die zu den großen Fragen des Tages Stellung nehmen. Natürlich spielt dabei die Form dieser Stellungnahme eine entscheidende Rolle, denn die Zaghaftigkeit der Theaterleiter ist zum Teil eine Reaktion auf jene *falsch verstandene Aktualität, die in der Dramatisierung halb wichtiger Teilprobleme des heutigen Lebens* die Aufgabe des modernen Theaters erblickte. Heute aber sind wir auf dem Wege zu einer Theaterform, welche die großen tragenden Ideen der Zeit auf einfache, typische Vorgänge projiziert und die damit wieder zu der ursprünglichen Aufgabe des Theaters: der Darstellung menschlicher Verhaltensarten, zurückführt.

Selbstverständlich können die Theaterleiter mit Recht von der Produktion verlangen, daß sie ihren allzusehr betonten l'art-pour-l'art-Standpunkt aufgibt und sowohl in der Wahl ihrer Themen als auch in der Form und der musikalischen Sprache zu einer Kunstform gelangt, die alle etwas angeht und geeignet ist, ein breiteres Interesse hervorzurufen. Es kann sich also auch in der Oper nicht mehr darum handeln, irgendwelche privaten Liebesverhältnisse, Schauer der Renaissancezeit oder Familienkonflikte auf die Bühne zu bringen. Unsere Zeit verbirgt in sich eine Fülle von großen Ideen, von menschlichen oder allgemein gültigen Stoffen, und wenn man sich dazu entschließt, die Oper aus dem Bereich des naturalistischen Theaters herauszulösen und gerade in ihr jene gesteigerte Form des Theaters zu erblicken, die am besten geeignet ist, die großen Ideen der Zeit in eine überzeitliche, menschliche Form umzusetzen, so ergibt sich ganz von selbst ein neuer Glaube an die Zukunft der Oper.

(8. Juli 1932)

USA

Oper in Amerika

Die Entwicklung der Oper in Europa, die nach dem Kriege einen großen Aufschwung genommen hatte, befindet sich seit einigen Jahren in einem Zustand vollkommener Stagnation. Es hat mich daher, als ich vor etwa 20 Monaten nach Amerika kam, lebhaft interessiert, die Situation des amerikanischen Theaters kennenzulernen und durch praktische Arbeit zu erfahren, ob ähnliche Bewegungen, wie wir sie in Europa hatten, in diesem Lande existieren und welche Möglichkeiten bestehen, die in Europa gesammelten Erfahrungen hier zu verwerten.

Es trifft für Amerika in viel stärkerem Maße zu, was wir seit Jahren erkannt hatten: daß wir den Begriff »Oper« nicht mehr in dem engen Sinne des Wortes auffassen dürfen, der sich während des 19. Jahrhunderts ausgebildet hatte. Wenn wir an Stelle des Wortes »Oper« den Begriff »musikalisches Theater« einführen, so erkennen wir viel deutlicher die Entwicklungsmöglichkeiten in einem Lande, das nicht mit einer Operntradition belastet ist und daher ein offenes Feld für den Aufbau einer neuen (oder den Wiederaufbau einer klassischen) Form bietet.

Das musikalische Theater ist so alt wie das Theater selbst. Die alten Kulturen, aus denen unser Theater hervorgegangen ist, das griechische Theater, das japanische Theater, die Mysterienspiele des Mittelalters versuchten und vollendeten, jedes in seiner Art, jene Verbindung von Wort, Ton und Bewegung, die später zur Schaffung der Opernform führte. Da das Theater in seinen Ursprüngen eine Volkskunst war, benötigte es die Musik, die seit jeher die natürlichste, »populärste« künstlerische Ausdrucksform war. Die Oper entstand im 16. Jahrhundert im Zusammenhang mit den Versuchen einer Wiederbelebung des antiken Theaters, und die ersten Opern waren »musikalisches Theater« im besten Sinne, weil sie eine logische Verbindung von Drama und Musik fanden und das Drama in vollendetes Gleichgewicht mit der musikalischen Form brachten. Von hier an ging die Oper ihren eigenen Weg. Sie entwickelte sich zu einer selbständigen Kunstform, die sich mehr und mehr vom Theater entfernte, weil die Musik mehr und mehr dem Drama übergeordnet wurde. Die

Oper wurde eine typisch europäische Erscheinung, da sie sich entsprechend den gesellschaftlichen Bedingungen in Europa entwickelte. Sie blieb lange Zeit eine Art von Privatvergnügen der Fürstenhöfe und der aristokratischen Mäzene. Dadurch wurde sie das typische Beispiel einer subventionierten Kunst. Da sie nicht um ihr Leben zu kämpfen hatte, wurde sie verwöhnt, verfeinert, anspruchsvoll, ihren Launen folgend und allgemeine Gesetze mißachtend. Die großen Opernkunstwerke *(Don Juan, Figaro, Fidelio)* entstanden dort, wo ein Komponist erfolgreich gegen diese Gefahr der Isolierung ankämpfte und eine allgemeingültigere Form der Oper anstrebte, wie sie eigentlich der Absicht der Auftraggeber gar nicht entsprach. Je mehr sich die Oper ihrer Sonderstellung als subventionierte Kunst bewußt wurde, desto mehr begab sie sich auch in eine künstlerische Sonderstellung, desto mehr verlor sie den Kontakt mit dem Theater und mit dem Theaterpublikum.

Es ist ein sonderbares Ding um die sogenannte künstlerische Freiheit. Der schaffende Künstler sucht die Unabhängigkeit, er will sein Werk frei und unbeeinflußt von äußerem Zwang konzipieren. Auf der anderen Seite braucht er eine Kontrolle, die ihn daran hindert, sich in abstrakte Gebiete zu verlieren. Er muß wissen, für wen er schafft, denn nur im Gedanken daran, wohin er sein Werk projiziert haben will, findet er die geistigen Hintergründe, ohne die jede Kunst nur ein leeres Spiel mit Formen ist. Nur so können wir verstehen, daß die meisten großen Kunstwerke als Aufträge, für bestimmte Zwecke und Abnehmerkreise entstanden sind, d. h. an der Reibungsfläche zwischen äußerem Zwang und innerer Freiheit, zwischen Müssen und Wollen.

Die Oper geriet mehr und mehr in Gefahr, weil ihre Existenz zu gesichert war, weil sie für ein eng umgrenztes Publikum bestimmt war. Sie wurde rein äußerlich so teuer in den Aufführungskosten, daß sie ohne hohe Subventionen nicht existieren konnte. Das hatte aber, im Laufe der Zeit, einen nachteiligen Effekt auf die innere Struktur der Oper. Der Inhalt der Librettos entfernte sich vollkommen von der Realität des Lebens, von den einfachen, natürlichen Beziehungen zwischen Menschen, und verlor sich in unechte, verlogene Gefühle, in eine bedeutungslose Welt von Königen, Rittern und Prinzessinen oder in reinen Symbolismus. Gleichzeitig wurden die musikalischen Ausdrucksmittel immer komplizierter. Man versuchte die Melodie, die seit jeher das stärkste Ausdruckselement des musikalischen Theaters war, durch eine übersteigerte Harmonik und durch orchestrale Effekte zu ersetzen. In einer fast krankhaften Sucht, musikalisch originell zu sein, vergaß man vollkommen das eigentliche Problem des musikalischen Theaters: Wort und Ton gleichberechtigt nebeneinander bestehen zu lassen, ohne von der musikalischen Intensität etwas zu opfern. Während der musikalische Apparat in der Oper immer mehr ausgebaut und verfeinert wurde, vernachlässigte man die Operndarstellung so sehr, daß sie oft ans Lächerliche grenzte und ein beliebtes Objekt für Parodie wurde. Die steifen, unnatürlichen Bewegungen der Sänger, die altmodischen Bühnenbilder, die sinnlose Einschaltung von Balletten – das sind die traurigen Merkmale einer Epoche, in der die Oper den Kontakt mit dem Theater verloren hatte und ein museumsartiges Dasein führte, mühselig am Leben gehalten von ihren Liebhabern.

Neben der subventionierten Oper gab es aber auch eine andere Art von Oper, die auf einer viel gesünderen Basis aufgebaut war: das ist jener Zweig der Opernproduktion, der ein Teil der »Vergnügungsindustrie« war. Es fanden sich Unternehmer, die das Bedürfnis der breiten Massen für musikalisches Theater erkannten und zu befriedigen suchten. Die Opernwerke, die aus diesem Bedürfnis entstanden sind, werden von Musikern sehr oft in ihren künstlerischen Werten unterschätzt, weil sie populär, allgemein verständlich und von unmittelbarer Wirkung auf das Publikum sind. Mozarts *Zauberflöte* ist im Auftrag und unter Mitarbeit eines »kommerziellen« Theaterunternehmers entstanden und das beste Beispiel einer idealen Verbindung von populärer Musik und höchster künstlerischer Intensität. Die Blütezeit der italienischen Oper im 19. Jahrhundert brachte in Verdi einen neuen Höhepunkt der volkstümlichen Oper, deren Musik in der melodischen Erfindung und in der technischen Meisterung der Ausdrucksmittel nur mit den großen Meisterwerken der Musik zu vergleichen ist, die aber trotzdem beim Publikum solchen Anklang fand, daß sie aus sich heraus selbständig existieren konnte. Die Situation, in der Verdi seine Opern schrieb, war die gesündeste Theatersituation: es gab eine Reihe von Impresarios, die Opern in Auftrag gaben. Jeder von ihnen hatte eine Reihe hervorragender Sänger unter Kontrakt, und wir wissen aus Verdis Briefen an seine Librettisten, daß jede neue Arbeit von der

Überlegung ausging, für welche Sänger man Rollen zu schreiben hatte. Es war ein direkter Anlaß für die Schaffung von Opern vorhanden, und jedes neue Werk wurde von einem begeisterten Publikum erwartet.

Es ist bezeichnend, daß das Aufblühen einer neuen Opernkultur in Europa in der Zeit nach dem Kriege Hand in Hand ging mit einer großen Verdi-Renaissance, die, von Busoni lange angekündigt, in den Verdi-Übersetzungen Werfels ihren Ausgang nahm und in der berühmten *Maskenball*-Aufführung der Berliner Städtischen Oper (in der Inszenierung Eberts, mit Caspar Nehers Bühnenbildern) ihren Höhepunkt fand. Die Musiker, die Kritiker und das Publikum erkannten plötzlich, welche ungeahnten Werte in dieser Musik verborgen waren, wie das Formproblem der Oper hier in einzigartiger Weise gelöst war. Der Einfluß dieser Verdi-Erneuerung auf die Komponisten der Nachkriegszeit lief parallel mit der Erkenntnis, daß die Oper den Anschluß an das Theater wiederfinden muß und zu diesem Zweck zu einer vereinfachten, klaren, direkten musikalischen Sprache zurückkehren muß. Schon während des Kriegs schrieb Busoni eine Oper *(Arlecchino)*, die einen Schauspieler in der Hauptrolle verwendet, Strawinskys *L'histoire du soldat* machte einen Sprecher zum Träger der Handlung, die *Dreigroschenoper* wurde für singende Schauspieler geschrieben. Die großen Dramatiker der Zeit begannen, sich für die Oper zu interessieren. Jean Cocteau, André Gide, Paul Claudel, Georg Kaiser, Bert Brecht schrieben Opernbücher. Moderne Inszenierungsideen fanden ihren Eingang in die Oper, die Sänger wurden schauspielerisch geschult und fanden einen einfachen menschlichen Darstellungsstil, der plötzlich auch die klassischen Opern in einem neuen Lichte erscheinen ließ. Die Komponisten dieser Epoche fanden im Theater ihre stärkste Ausdrucksform. In der Auswahl der Themen versuchten wir, aktuelle Ideen und Tagesereignisse in Opernform zu behandeln, was sich aber nicht als dauerhaft erwies. Aus dem Bestreben, große überzeitliche Stoffe in ihren Beziehungen zu den großen Ideen unserer Zeit zu behandeln, entstand die Choroper, die von den Theaterkomponisten der Epoche ausgebaut wurde und eine Reihe wertvoller Resultate zeitigte. Alle diese Bestrebungen blieben aber nicht auf die Opernhäuser beschränkt. Wir versuchten, in die verschiedensten Gebiete und Abnehmerkreise einzudringen. Wir erkannten, daß dort, wo wirklich Musik gebraucht wurde, wo Musik einen »Marktwert« hatte, oft ausschließlich minderwertige Musik verwendet wurde. So versuchten wir, in die Vergnügungsindustrie einzudringen (musical comedy, nightclub, popular song). Die Gattung des »Stück mit Musik« (»play with music«) wurde eine der erfolgreichsten Theaterformen der Zeit, man schrieb Werke für Radio, Opern für Schulen, szenische Chorwerke für Massen-meetings, und man begann, sich mit den Problemen des musikalischen Films auseinanderzusetzen.

Diese ganze Entwicklung ist durch die politischen Vorgänge in Zentraleuropa plötzlich abgebrochen worden, und bei der gegenwärtigen Situation im alten Weltteil ist kaum zu hoffen, daß sie in annehmbarer Zeit wiederaufgenommen werden kann. Ich glaube nun nicht, daß diese Bewegung im europäischen Musiktheater hier in Amerika einfach fortgesetzt werden kann. Die Voraussetzungen für einen künstlerischen Aufbau sind hier ganz verschieden von denen in Europa. Ich glaube aber, daß hier bereits eine Entwicklung begonnen hat, die der europäischen parallel läuft und die, obwohl oder weil sie sich auf einer ganz neuen, den Verhältnissen dieses Landes entsprechenden Ebene abspielt, die von uns angestrebten Ziele mit größerer Konsequenz erreichen kann, als es uns in Europa möglich war.

Amerika ist heute neben Rußland das einzige Land, in dem das Theater einen aktiven, lebendigen Bestandteil des Kulturlebens bildet. Es herrscht, nicht nur in New York, sondern auch in anderen Städten des Landes ein echtes Interesse für Theater. Jede Saison hat eine Anzahl von ausgesprochenen Erfolgen, von viel diskutierten Theaterabenden. Die amerikanischen Dramatiker stehen an Können und an Ideen heute an erster Stelle, und es ist ein günstiges Zeichen, daß es einen großen Nachwuchs von jungen Dramatikern gibt, die sich nicht nur mit den Ideen der Zeit auseinandersetzen, sondern auch nach einer neuen dramatischen Form suchen. Überall sieht man die Tendenz, sich von dem realistischen Theater der letzten Jahrzehnte loszulösen und eine gehobene, poetische Form des Theaters zu finden, die neben dem Film ihre Existenz behaupten kann. Diese Tendenz ist besonders wichtig, weil ja das poetische Theater dem musikalischen Theater sehr nahe ist. Dazu kommt das außerordentlich hohe Interesse für Musik in jeder Form beim amerikanischen Publikum. Ich kann aus meiner eigenen Erfahrung sagen, daß ich selten ein so starkes, unmittelbares Reagieren auf Musik im Theater gefunden habe wie in New York. Es scheint, daß der musikalische Geschmack des großen Publikums hier besser ist als in vielen anderen Ländern, weil sich die populäre Musik auf einem höheren Niveau befindet und weil die Jazzmusik, die tief in das Bewußtsein des Volkes eingedrungen ist, das musikalische Empfinden mehr kultiviert hat als die flache, unzeitgemäße populäre Musik anderer Länder.

Alle diese Anzeichen sprechen dafür, daß hier ein günstiger Boden für die Entstehung eines musikalischen Theaters ist. Was auf diesem Boden entstehen wird, ist schwer zu sagen, da es ja keinerlei Traditionen auf diesem Gebiete gibt. Das große Publikum außerhalb der großen Städte weiß wenig oder gar nichts über Oper, aber man sagt mir, daß reisende Operntruppen mit Aufführungen Verdis großen Erfolg haben, und ich bin überzeugt, daß das Radio, das eine der größten Mächte in diesem Land ist, günstige Vorarbeit leisten kann. Ob das, was entstehen wird, Oper im europäischen Sinne sein wird oder musikalisches Theater im weiteren Sinne, eine neue Verschmelzung von Wort und Ton als Träger einer neuen Idee – das eine ist sicher, daß es ein aktiver, lebendiger Teil des heutigen Theaters sein muß, daß Dramatiker und Komponisten an seiner Schaffung beteiligt sein werden, daß aus dem reichen Material junger Sänger eine Generation von Sänger-Darstellern heranwachsen wird.

Auch die Frage, auf welchem Boden diese Opernform erwachsen kann, ist schwer für mich zu beantworten. Mag sein, daß ein musikalisches Theater aus dem Broadwaytheater heraus entsteht. Es gab ja bereits mehrere Ansätze für eine neue Form der musikalischen Komödie hier, und Gilbert-Sullivan in England, Offenbach in Paris, Johann Strauß in Wien haben bewiesen, daß auf dem Gebiete der heiteren Musik eine neue musikalische Theaterkultur von hohen Werten entstehen kann. – Es ist auch möglich, daß die wenigen bestehenden Operninstitute die Führung übernehmen und eine ähnliche Entwicklung starten, wie wir sie in den deutschen Opernhäusern der Nachkriegszeit erlebt haben. Vielleicht ist der große Aufschwung, den die Metropolitan in den letzten Jahren genommen hat, das erste Anzeichen einer Entwicklung, die es den amerikanischen Komponisten erlauben würde, Opern im Geiste unserer Zeit für das großartige Sänger-Ensemble dieses Instituts zu schaffen. – Die Möglichkeiten der

Entstehung einer neuen Form des musikalischen Dramas scheint mir am stärksten im Federal Theatre gegeben. Diese junge Organisation, die sich in kurzer Zeit zu einem der bedeutendsten und aussichtsreichsten Faktoren des Theaters und der Musik in diesem Lande aufgeschwungen hat, besitzt nicht nur die äußeren Mittel, sondern auch den inneren Antrieb, um die Lösung dieser Aufgabe in Angriff zu nehmen. Dieses großangelegte Unternehmen, das aus einer Notwendigkeit heraus entstanden ist, liegt in den Händen der Jugend und besitzt einen fortschrittlichen Geist wie nur wenige Theaterunternehmungen in der Welt. Es hat den großen Vorteil, daß es über das ganze Land verbreitet ist und die praktischen Mittel besitzt, Dramatiker, Komponisten, Schauspieler, Sänger, Chöre und Orchester zu einem großen, einheitlichen Kunstwerk zusammenzufassen. Vielleicht aber sind alle diese Ideen noch zu sehr in der Tradition befangen. Vielleicht wird gerade in Amerika aus dem neuen Medium des Films das neue musikalische Kunstwerk entstehen. Denn nirgends so wie hier hat der Film eine technische Vollendung und eine Popularität erreicht, die den Weg für eine neue künstlerische Form ebnen kann.

(Mai 1937)

›Lunch Time Follies‹

Mein Leben mit den »Lunch Time Follies« begann an einem schönen Tag im Frühjahr 1942. Ich saß mit Moss Hart beim Lunch, und wir sprachen über das eine Problem, das in jener Zeit jeden beschäftigte: wie kann ich meinen Platz in den Kriegsanstrengungen der Nation finden? Wir hatten das ungewisse Gefühl, daß die, die jung genug waren, um in den Streitkräften dienen zu können, zumindest einen winzigen Vorteil hatten, weil jemand anderes für sie entschied, was sie für das Land tun konnten. Wir mußten selber alles durchdenken und einen Platz finden, wo wir von Nutzen sein konnten. Moss Hart erzählte mir, daß er zusammen mit Aline MacMahon und George Heller eine Zeitlang die Arbeit der ENSA (Entertainment's National Service Association), des staatlichen Unterhaltungsdienstes der englischen Regierung, studiert hatte, die Unterhaltungsprogramme nicht nur für die Streitkräfte, sondern auch für die Arbeiter in

Rüstungsbetrieben vorsah, und daß ein deutlicher Produktionsanstieg das Ergebnis dieser Unterhaltungsprogramme in den Fabriken war. Es war im Frühling 1942 ziemlich offenkundig, daß der Sieg ebenso von den Kämpfern im Overall wie von den Kämpfern in Uniform abhing. Wenn wir, durch Unterhaltung, den Arbeitseifer in den Betrieben verbessern und die Arbeiter aus Müdigkeit und Monotonie reißen könnten, würden wir der Welt des Entertainments eine ganz neue Möglichkeit von Kriegseinsatz erschließen. Nach einigen Wochen voll Gesprächen und Komitee-Sitzungen hatte Moss Hart entschieden, daß der einzige Weg, diese Idee auszuprobieren, war, eine Show in einem Rüstungsbetrieb aufzuführen. Er hatte die Genehmigung der US-Navy erhalten, eine Show während der Mittagspause in der Wheeler Werft in Brooklyn zu geben, und stellte nun eifrig gemeinsam mit Harold Rome und Kermit Bloomgarden ein kleines Unterhaltungs-Programm zusammen. Er fragte mich, ob ich helfen wolle. Ein paar Tage später kamen wir mit einer Gruppe von etwa zehn Darstellern auf der Werft an. Die Arbeiter hatten eine kleine Freilichtbühne auf einem Platz mit Ausblick auf das Meer aufgebaut. Hintergrund war ein »Victory«-Schiff, das gerade zum Stapellauf bereit lag. Es war einer der aufregendsten Momente meines Theaterlebens, als um Mittag, auf den Klang

der Fabrikpfeife, etwa 1400 Männer auf den Platz strömten und unsere Aufführung ansahen, wobei sie ihr Lunch aßen. Die Show bestand aus einigen Gesangs- und Tanznummern und dem Sketch »The man who came to Russia« von Kaufmann und Hart als Kernstück. Wir spürten sofort, daß die Idee das war, was man am Broadway »a natural« genannt hätte. Sie hatte die Zwanglosigkeit, die unverfälschte Volkstümlichkeit und den unmittelbaren Kontakt zwischen Publikum und Darstellern, den man erlebt, wenn ein Wanderzirkus in eine kleine Stadt kommt. Merkwürdig genug, aber immer wenn ich seitdem mit einer unserer Shows herauskam, erlebte ich dieselbe Erregung beim Lärm der Pfeife, dasselbe Gefühl, daß dies im ältesten und besten Sinne Theater war, vergleichbar dem Theater der Griechen, dem der Chinesen oder dem Mysterienspiel des Mittelalters. Aber noch wichtiger war für uns: den Leuten gefiel es, sie waren dankbar und glücklich, und sie summten noch Harold Romes Melodie »Gee, but it's cold in Russia« und lachten noch über David Burns' Hitler-Karikatur, als sie wieder an die Arbeit gingen.

Einige Wochen später spielten wir für 5000 Arbeiter in einer anderen Schiffswerft Brooklyns. Repräsentanten des American Theatre Wing waren anwesend und fanden einmütig, daß hier eine wichtige neue Aufgabe für das Entertainment gefunden war, und beschlossen, das Unternehmen zu unterstützen. Wir begannen, unseren Aufführungsdienst für Rüstungsarbeiter zu organisieren. Moss Hart gab uns ein Büro im obersten Stock des Lyceum Theatre und einen Namen: »Lunch Time Follies«. Das Büro haben wir noch, aber wir mußten den Namen ändern, als wir entdeckten, daß verschiedene Schichten verschiedene Essenszeiten hatten und daß wir uns darauf einrichten mußten, unsere Aufführungen um Mittag, um 8 Uhr morgens und um 4 Uhr nachmittags zu geben. (Dies war unsere Zeiteinteilung in einer großen Zahl von Fabriken.) Ein sorgfältiges Studium der Arbeit der ENSA zeigte uns, daß unsere Probleme in zwei Punkten ziemlich verschieden von denen waren, mit denen es die Briten zu tun hatten. ENSA ist eine von der Regierung getragene Organisation aller englischen Bühnen- und Unterhaltungsschaffenden. Die Regierung bestellt die Aufführungen und bezahlt sie, und ein englischer Darsteller muß sich für zwei volle Jahre vertraglich binden, um eine ganze Tournee durch Armee und Rüstung mitzumachen. Wir mußten in die Betriebe gehen, um engagiert zu werden, und mußten einen Betrag berechnen, der für Auslagen und minimale Gagen der Darsteller ausreichte. Der andere wichtige Unterschied zwischen unserem Unternehmen und der englischen Schwesterorganisation war psychologischer Art. England war schon einige Jahre im Krieg und hatte sehr viel Leid und Not durchgemacht. Dieses Land dagegen war langsam in den Krieg verwickelt worden und hatte ausgesprochene Schwierigkeiten mit dem Kampfgeist. Unsere »Follies« mußten zugleich anfeuern und unterhalten, und wir mußten die rechte Balance zwischen »Inhalt« und »vergnüglicher Darbietung« finden.

Diese beiden Probleme bildeten den Hintergrund für alle Schwierigkeiten, mit denen »Lunch Time Follies« während des ersten Jahres ihres Bestehens zu kämpfen hatte. Um überhaupt Aufführungen machen zu können, mußten wir zuvor viel erzieherische Vorarbeit leisten. Die Arbeiter mußten lernen, daß wir nicht kamen, um Propaganda zu treiben und Kampfparolen zu verbreiten. In einigen Fällen dachten sie, wir steckten mit irgendwelchen Geldleuten, die ihre Rendite vermehren wollten, unter einer Decke, und sie konnten nicht verstehen, daß wir von ihnen nichts anderes verlangten, als sich zu entspannen, etwas Musik zu genießen und über ein paar Späße zu lachen. Wir mußten die Manager überzeugen, daß wir einen Beitrag zu den Kriegsanstrengungen leisteten. Manchmal waren wir schockiert, festzustellen, wie viele Leute sich weigerten, Theater ernst zu nehmen. Wir stießen aber auch häufig auf Ablehnung aus praktischen Gründen. Da beschränkten wir die technischen Voraussetzungen für unsere Darbietung auf eine Bühne von etwa 8 auf 4 Meter, ein Klavier und zwei Mikrophone, doch selbst diese einfachen Anforderungen wurden in gewissen Betrieben nicht erfüllt. In einigen Fällen fanden wir, daß die Unternehmensleitung eine bestimmte Art Show wünschte, während die Arbeiter, die unser Publikum waren, eine ganz andere Art verlangten. Und trotzdem fuhren wir angesichts dieser Schwierigkeiten fort, unsere Shows in Rüstungsbetrieben von New York, Baltimore, New Jersey und im nördlichen Teil des Staates New York zu geben. Wir bekamen die volle Unterstützung des War Production Board, der Labor Management Committees und der Gewerkschaften, und wir hoffen, daß wir eines nicht allzu fernen Tages genügend Aufführungsverträge haben, um unsere Ensembles jeweils eine Zeitlang quasi auf Tournee durch die verschiedenen Betriebe schicken zu können. Gleichzeitig haben wir mit den Vorbereitungen zu einer abendfüllenden Show für Rüstungsarbeiter begonnen, die wir in Theatern und Sälen in den wichtigsten Rüstungszentren aufführen wollen.

Das Regie-Team, das für Programmgestaltung, Material und Besetzung verantwortlich ist, war von Anfang an mit dem zweiten dieser beiden Probleme, von denen ich gesprochen habe, konfrontiert. Die Frage des Inhalts in unseren Shows wurde Gegenstand endloser Diskussionen, Ursache zahlreicher Experimente. Wir hatten mit ausschließlich unterhaltenden Shows keinen Erfolg, und genauso wenig brachte eine Überdosis an Aussage ein befriedigendes Ergebnis. Das Problem bestand darin, den richtigen Ausgleich zwischen den beiden Elementen zu finden. Wir mußten unsere Programmgestaltung auch mehrfach ändern, um Änderungen in der allgemeinen Lage des Landes oder auch um besonderen Bedingungen in verschiedenen Rüstungszentren Rechnung zu tragen. Unser Hauptproblem war (und ist es noch), Stoff für den propagandistischen Teil des Programms zu finden. Im Anfang, als die Mittagspause noch 30 Minuten dauerte, konnten wir es uns leisten, in jedes Programm einen ernsten Sketch aufzunehmen, und wir hatten großen Erfolg mit Dramatisierungen von berühmten Briefen von Soldaten der Vereinten Nationen, insbesondere Maxwell Andersons Dramatisierung von Commander Sheas Brief an seinen kleinen Sohn. Heutzutage dauert die Mittagspause in den meisten Betrieben nur noch 20 Minuten, und wir mußten ein neues Schema für diese 20-Minuten-Shows entwickeln. Unsere erfolgreichsten Aufführungen sind natürlich die, in deren Mittelpunkt ein Conferencier steht. Um diese Conferenciers mit speziellem Stoff zu versehen, schickten wir einen unserer Autoren ein paar Wochen vorher in die Betriebe, so daß unser Darsteller seine Zuschauer mit einer intimen Kenntnis ihrer besonderen Probleme, ihren eigentümlichen Redeweisen, der einen oder anderen Persönlichkeit und ihren Lieblingswitzen überraschen kann. Doch sind wir immer knapp mit Szenen und Sketchen und haben große Schwierigkeiten, Autoren zu finden, die unseren Problemen genügend Zeit widmen möchten. Etwas glücklicher sind wir mit Songs daran, denn Harold Rome, der zu einer Art Hauskomponist der »Lunch Time Follies« wurde, schrieb eine Anzahl Songs speziell für uns. Sein

Drückeberger-Song »On Time« war lange Zeit der herausragende Schlager der »Follies«. – Kopfzerbrechen bereitet uns auch das Darsteller-Problem. Solange wir nicht in der Lage sind, unsere Ensembles für längere Zeit auf Tournee zu schicken, müssen wir jedes Mal, wenn wir einen neuen Termin ergattert haben, eine neue Show herausbringen. Jedes Mal müssen wir eine Besetzung von ein oder zwei Sängern, sechs Tänzern und eine erstklassige Komikerszene dabeihaben. Wir hoffen, daß die National Conference of Entertainment Industry for War Activities, die letzte Woche zum ersten Mal zusammentrat, rasch handeln wird, um einen Pool von Künstlern zu schaffen, der auch für unsere Zwecke zur Verfügung steht.

Es gibt wahrscheinlich wichtigere und bestimmt spektakulärere Aufgaben in diesem Krieg, aber wir haben den Eindruck, daß wir auf unsere eigene Weise unseren Beitrag leisten, wenn wir eine Idee erfolgreich am Leben halten, die sich als gesund und nützlich erwiesen hat und die vielleicht für das Theater in Friedenszeiten völlig neue Perspektiven eröffnet.

(1944?)

Musikalisches Theater

Ich bin überzeugt, daß die Oper im traditionellen Sinne mit Wagner, Strauss und deren Nachfahren ihr Ende gefunden hat. Man muß selbstverständlich das Beste der vergangenen Epoche konservieren; man kann den Weg aber nicht weiter fortsetzen. Wir haben »Oper«, »Operette« und »Singspiel«. Die mir vorschwebende *neue* Form ist richtiges, lebendiges, modernes »Musikalisches Theater«, in dem die Musik nach Ausdehnung und innerer Bedeutung gleichberechtigter Partner ist. [...]

(16. Januar 1942)

III. Rundfunk: Massenpublikum und Sonderinteressen

Kulturpolitik

Der Mittelweg

An beiden Osterfeiertagen veranstaltet die Funk-Stunde religiöse Morgenfeiern, die neben einer Ansprache verschiedene Musikstücke kirchlichen Charakters enthalten. Der Ostersonntag sowie der darauffolgende Mittwoch bieten Aufführungen der Sendespielbühne. Im übrigen ist die Woche nicht gerade ergiebig zu nennen, und besonders wenn man sie mit den Leistungen der Karwoche vergleicht, läßt sich eine gewisse Dürftigkeit des kommenden Wochenprogramms in rein künstlerischer Beziehung feststellen.

Wir geben zu, daß es sehr schwer ist, zwischen der Durchführung künstlerischer Ideen und den scheinbar notwendigen Zugeständnissen an den Geschmack der Menge den richtigen Mittelweg zu finden. Aber vielleicht ist dieser Mittelweg gar nicht das richtige, vielleicht ist es unmöglich, allen Ansprüchen gerecht zu werden, vielleicht ist die Verfolgung einer Geschmacksrichtung – mag sie auch zunächst als Einseitigkeit angedeutet werden – viel wertvoller und fruchtbringender als dieses Hin- und Herpendeln zwischen Philharmonie und Café Vaterland. Es ist der alte Fehler: man glaubt volkstümlich zu sein, wenn man dem Volke das gibt, was es immer gehabt hat; dabei ist man aber überzeugt, daß das, was man gibt, auf gewisse Instinkte des Volkes spekuliert, die man selbst verachtet, und auch darüber ist man sich klar: daß diese Darbietungen der moralischen und seelischen Gesundung des Volkes – die doch das einzige Ziel einer Unterhaltungs-Institution auf so breiter Basis sein dürfte – keineswegs zuträglich ist. Dabei schätzt man die kulturhistorische Bedeutung des Rundfunks noch immer zu tief ein. Warum war die italienische Renaissance die fruchtbringendste, kostbarste Epoche in der Entwicklung der abendländischen Kultur? Weil hier das Volk aus sich heraus eine überwältigende Fülle großer Geister in Kunst, Wissenschaft und Politik gestaltete. Weil hier durch lange Vorarbeit der Boden im Volke bereitet war, aus dem große Menschen und große Taten erwachsen können, weil dieses Volk nicht mehr leben konnte ohne die Schönheit, weil es sich die Schönheit erkämpfte mit allen Mitteln, die ihm zu Gebote standen. Diese Bereitung des Bodens, die für die großen Epochen der Menschheit die Vorarbeit leistet, fehlt heute. Die Dimensionen sind zu groß, das Verhältnis von Mensch zu Mensch erkaltet, die Maschine im Vordergrund der Interessen. Der Rundfunk aber hätte die Mittel, diese Pionierarbeit zu leisten, wenn er sich ganz, rückhaltslos, ohne Konzessionen zur Kunst bekennen würde, wenn er mit neuen Mitteln auch neue Taten vollbringt – wenn der einheitliche Wille eines wirklich künstlerischen Menschen Unterhaltungsprogramm von erlesenem Geschmack gestalten würde. Das Volk geht schon mit, wenn es spürt, daß es gefördert wird. Daß es möglich ist, Programme von anderen, reineren Gesichtspunkten aus zu gestalten, das beweist die Arbeit des Frankfurter Senders. Die Möglichkeiten sind hier [in Berlin] wie dort die gleichen. Ist es Mangel an Kühnheit?

(12. April 1925)

Der Berliner Sender

Die Klagen über die Berliner Programmbildung lassen nicht nach. Zugegeben: es ist nicht leicht, den Berliner zufriedenzustellen. Andere Sender haben es leichter. Stuttgart kennt genau den Geschmack seiner Schwaben, Hamburg ist ein feststehender Begriff, Frankfurt günstigster Boden einer Kulturentfaltung. Der Berliner hat kein Gesicht. Er ist leichtsinnig und verbissen, zynisch und enthusiastisch, schlagfertig und hilflos. Er will unterhalten sein, ohne dabei auf die innere Förderung zu verzichten, er sucht die Probleme, aber ihre Lösung beschäftigt ihn nicht lange. Er ist rasch im Entschluß und unentschlossen in der Ausführung. Er liebt das Schöne, aber er liebt es nicht um des Schönen selbst willen (wie die südlichen Völker es tun), sondern er bezieht es stets auf sich; es ist eine egoistische Liebe. Er pflegt das Schöne mit aller Sorgfalt, aber nicht mit jener Impulsivität, die ihn jede Spekulation vergessen ließe. Das künstlerische Interesse ist groß, aber es wird dadurch eine außergewöhnliche Schärfe des Intellekts gefährdet – und gefördert. Eine angeborene Bequemlichkeit kann bis zur Denkfaulheit ausarten, kann aber auch durch die flüchtigste Anregung in regste Interessiertheit umschlagen. Diese gespaltene Mentalität des Berliners, diese zwei Seelen, die seine Brust bewohnen, sind etwas tief Moralisches. Gerade ihr Schwanken zwischen den Extremen macht diese Stadt so sympathisch. Gerade ihre Charakterlosigkeit gibt ihr ihren eigenen Charakter, dem Rechnung zu tragen der tiefere Sinn einer zielbewußten Programmbildung sein müßte. Es ist mehr als Vogel-Strauß-Politik, es ist ein völliger Trugschluß, zu sagen: unser Publikum hat keinen ausgeprägten, festgelegten Charakter – also machen wir ihm charakterlose Programme.

Man darf doch nicht vergessen, daß Frankfurt und Hamburg, Rom und London auf eine tausendjährige kulturelle Entwicklung zurückblicken, während Berlin von allen europäischen Weltstädten die jüngste ist. Mangel an Tradition kann doch für eine Einrichtung von so umwälzender Wirkung wie der Rundfunk nur ein Vorteil sein. Man muß am Anfang stehen, um Schöpfer zu sein. Auf frischem, ungepflegtem Boden, unbeschwert von der Vergangenheit, ließe sich Neues errichten. Die schöngeistige Freiheit und Ungebundenheit machte diese Stadt vor dem Krieg zu einem der führenden Kulturzentren der Welt, sie war es, die führende Geister der Kunst und Wissenschaft immer wieder nach Berlin zog. Der Rundfunk müßte helfen, uns selbst und das Ausland wieder an das vielgepriesene Berlin der Vorkriegszeit zu erinnern, nicht durch pietätvolle Reminiszenzen, sondern durch jenes rastlose Weiterstreben, durch jene ungehinderte Entfaltung auf allen Gebieten, die das ehemalige Berlin auszeichnete.

Der Vorwurf, der – von diesem Standpunkt aus gesehen – dem vergangenen Wochenprogramm gemacht werden muß, lautet: Einseitigkeit. Die Veranstaltungen standen fast alle auf recht respektabler Höhe, sie machten – jede für sich – einen geschlossenen Eindruck, und auch die einzelnen Programme wahrten ein anständiges Niveau. Aber – sechs ernste Konzerte sind ein bißchen zuviel für Berlin. Es ist bezeichnend, daß Rom überhaupt nichts anderes als Konzerte sendet, mit gemischten Programmen, die sich in ständigem Kreislauf um dieselben Namen und Werke drehen. Den Italiener kann aber auch dieselbe Verdi-Arie, von demselben Sänger geschmettert, zwanzigmal nacheinander zur gleichen Begeisterung entflammen. Das wäre in Berlin unmöglich. Natürlich muß auch hier die Musik den Hauptbestandteil der Radioprogramme bilden. Aber sie müßte durch stärkere Abwechslung, durch möglichste Wahrung einer gewissen Stileinheit schmackhafter gemacht werden. Ist es denn nötig, in einer Woche gleich zwei Chorkonzerte und zwei Abende mit Orchesterwerken Beethovens zu veranstalten? Dafür vernachlässigt man allerdings die Kammerspiele und den Humor, der noch immer zu sehr von anderen Gebieten entlehnt wird, anstatt die zahlreichen komischen Möglichkeiten des Rundfunks auszunützen.

Kleine Anfrage: Welcher dringenden Notwendigkeit entsprang das Engagement des »Dortmunder Madrigalchors«? Brauchte man ihn, um ein paar konventionelle Chorgesänge, die zum Repertoire jeder Liedertafel gehören, zum Vortrag zu bringen? Oder wollte man zeigen, wie ein Chor im Rundfunk nicht klingen darf? Dazu die Geschmacklosigkeit, zwei Sätze eines Mozart-Violinkonzerts mit Klavier spielen zu lassen. Hatte der nicht unbegabte Heinz Schmidt-Reinecke keine Originalkompositionen mit Klavier auf der Walze?

(30. April 1925)

Berliner Jahresbeginn

Ein neues Jahr beginnt. Es ist unverkennbar, daß im deutschen Unterhaltungsrundfunk noch alles im Werden ist. Wie könnte das auch anders sein bei der Jugend dieser Einrichtung? Die Gefahr für jede in der Entwicklung befindliche Institution, besonders auf künstlerischem und pädagogischem Gebiete liegt darin, daß man geneigt ist, eben das *Entwicklungsmäßige* zu vergessen, daß man sich bereits am Ziele glaubt, wo doch vieles kaum begonnen ist. Gerade beim Rundfunk handelt es sich ja um den Aufbau einer neuen Gattung künstlerischer Unterhaltung, wie sie auf so breiter Basis noch nie geboten wurde. Die allmähliche Entstehung einer solchen Einrichtung hängt aufs innigste zusammen mit der Entstehung einer *neuen Gesellschaft,* und zwar ist dieser Zusammenhang ein wechselwirkender. Der Rundfunk ist entstanden aus einer wenigstens geistigen Annäherung von Schichten, die sich früher fremd waren, und nun, da sich bisweilen wieder eine tiefe Kluft zwischen den Gesellschaftsschichten aufzutun droht, kann der Rundfunk wieder als gesellschaftsbindendes Element hohe Bedeutung erlangen. Da aber bei uns alle Vorbedingungen einer Gesellschaftsbildung in diesem Augenblick noch ganz im Werden sind, so muß auch der Rundfunk, der ja von der wirtschaftlichen und geistigen Beschaffenheit der Bevölkerung abhängig ist, als in der Entstehung begriffen angesehen werden. Unter diesem Gesichtspunkt müssen wir die Ausdehnung, den Inhalt und die Wirkungsmöglichkeiten der Sendeprogramme betrachten. Und darum kann unser Neujahrswunsch für die Funk-Stunde nur so lauten: Die allgemeine Entwicklung zur Bildung einer hochstehenden, möglichst viele Schichten umfassenden Gesellschaft möge so günstig verlaufen, daß sie dem Rundfunk eine ernste, künstlerisch gefestigte, ethisch tendierte Einstellung erlaubt.

(3. Januar 1926)

Zur Psychologie der funkischen Programmbildung

Wenn wir Gelegenheit hätten, die große Masse des Rundfunkpublikums einmal auf ihre Aufnahmefähigkeit hin zu beobachten, so würden wir sicher zu dem Resultat kommen, daß die gegenwärtige Handhabung des Unterhaltungsrundfunks noch kein endgültiges Ergebnis darstellen kann. Ein ausgesprochenes Rundfunkpublikum gibt es vorläufig noch nicht. Der Hörerkreis an allen Sendestationen setzt sich zum größten Teil aus jenen Kreisen zusammen, welche die Sportpaläste, die Kinos und Revuetheater bis auf den letzten Platz füllen. Daher haben die meisten Programmleiter der Sendegesellschaften längst eingesehen, daß es unmöglich ist, bei künstlerischen Darbietungen den gesamten Hörerkreis an die Empfangsgeräte zu bringen. Es muß aber das Bestreben der Sendeleiter sein, möglichst viele Veranstaltungen zustande zu bringen, die das gesamte Rundfunkpublikum interessieren. Solche Veranstaltungen, die auf dem noch ziemlich unentdeckten Gebiete einer eigenen reinen Rundfunkkunst liegen, die vor allem aber durch das lebendige Geschehen um uns bestimmt werden, sind in unseren Programmen noch äußerst selten. Man hat sich zunächst einmal die rein kulturelle Aufgabe gestellt, die Kunst und das Wissen ins Volk zu tragen. Wer aber die Psyche der breiteren Massen kennt, wird zu der Überzeugung gelangen, daß man an diese Aufgaben nur mit der äußersten Vorsicht herangehen kann. Das Volk will nicht belehrt sein, es verträgt in keinem Falle die laute Absicht und die öffentliche Bekundung einer kulturellen Förderung. Wenn die Sendegesellschaften also einen kulturellen Einfluß gewinnen, wenn sie ihrem Publikum neue geistige Werte zuführen wollen, so müssen sie es unabsichtlich tun, so dürfen sie diese eigentliche Aufgabe niemals betonen oder unterstreichen. Die anspruchsvollen künstlerischen Darbietungen müssen auch dem großen Publikum zu einem Ereignis werden, dessen Stellung über dem Durchschnitt der gewöhnlichen Unterhaltungskunst mit voller Selbstverständlichkeit zu erkennen ist. So bedeutet es also letzten Endes eine Verkennung der eigentlichen Absichten des Rundfunks, wenn man die künstlerischen Pläne zu sehr in den Vordergrund rückt. Der Sendebetrieb muß ein lockeres, möglichst wenig fixiertes Gebilde sein, dessen neuartige Wirkung hauptsächlich in dem Tempo, in der bunten Aufeinanderfolge verschiedenster Darbietungen beruht, und die künstlerischen Veranstaltungen können in diesem Gebilde nur einen bestimmten Raum einnehmen, der wahrscheinlich um so geringer wird, je mehr das neue, rein funkische Element in den Vordergrund tritt.

Von diesem Gesichtspunkt aus betrachtet, liegt eine gewisse Gefahr in der Veröffentlichung der Programmpläne, wie sie verschiedene deutsche Sendegesellschaften zu Beginn dieser Saison entworfen haben. Der gesamte Arbeitsplan eines Sendebetriebs läßt sich ja unmöglich festlegen, weil er zu sehr von den Ereignissen des Tages, von der Stimmung im Hörerkreise, von der Entwicklung des Unterhaltungsrundfunks selbst und schließlich auch von zahlreichen Imponderabilien abhängig ist. Im einzelnen betrachtet, haben wir in den wenigen Wochen seit Beginn der Spielzeit schon die Erfahrung gewonnen, daß die Ankündigung der künstlerischen Pläne entweder ganz allgemein gehalten oder auf eng begrenzte Spezialgebiete beschränkt bleiben muß. Die Ankündigungen gewisser zyklischer Veranstaltungen, deren Themen eigentlich eine Selbstverständlichkeit darstellen, können verwirrend und abschreckend wirken. Vielleicht sind solche Programmentwürfe überhaupt nicht für die breitere Öffentlichkeit bestimmt, sondern gewinnen nur für den inneren Betrieb der Sendegesellschaft zur Orientierung und zur Materialsichtung eine Bedeutung.

Von den Programmentwürfen, die uns vorliegen, ist der von Königsberg (über den bereits früher berichtet wurde) ganz allgemein gehalten und dient wohl in der Hauptsache den Zwecken der Propaganda in den Kreisen des Publikums. Der Leipziger

Sender veröffentlicht in kluger Selbsterkenntnis nur einen musikalischen Arbeitsplan, der in so freier Form gehalten ist, daß man ihn mit Leichtigkeit einschränken oder erweitern kann. Neben einem groß angelegten Beethoven-Zyklus, der auch selten gespielte Chorwerke des Meisters sowie die Urform des *Fidelio* enthält, erwähnen wir aus diesen Programmentwürfen: Pfitzners *Christelflein* (unter Leitung des Komponisten), die Chorsymphonie *Romeo und Julia* von Berlioz, mehrere symphonische Dichtungen von R. Strauss sowie neuere und neueste Werke von Bartók, Busoni, Casella, Milhaud, Respighi und Strawinsky. Daneben Opernsendespiele sowie Opernübertragungen aus Leipzig, Dresden, Weimar, Berlin und München. An dem Programmplan der schlesischen Sender fällt vor allen Dingen ein selten zu findendes Ineinanderarbeiten der musikalischen und der literarischen Programmleitung auf. Die Zyklen, die der Breslauer Sender plant, bleiben ausschließlich auf bestimmte, fest umrissene Spezialgebiete beschränkt. So gibt es einen musikalischen Zyklus, der die symphonische Dichtung in vier Abschnitten behandelt, nämlich Landschaftsschilderungen, Burlesken, Eindrücke von Gemälden und von Dichtungen. Ein Thema, das den Forderungen des Rundfunks besonders stark entgegenkommt, ist das eines gleichmäßig musikalischen und literarischen Zyklus »Gestalten der Menschheit im Spiegel der Künste«, in dessen Rahmen Zarathustra, Faust, Don Quichotte, Till Eulenspiegel, Don Juan, Parsifal und Ahasver behandelt werden. Dagegen birgt der andere Zyklus »Das Drama der Weltliteratur« die gleichen Gefahren in sich, von denen wir oben gesprochen haben. Schließlich ist, wie bereits mehrfach erwähnt, auch der Berliner Sender zu Beginn dieser Spielzeit mit einem Gesamtarbeitsplan an die Öffentlichkeit getreten, dessen Reichhaltigkeit und Vielseitigkeit dem künstlerisch eingestellten Menschen eine wahre Freude bieten muß.

Aber schon jetzt, nachdem wir kaum die Frühsaison hinter uns haben, beginnen sich die Gefahren einer solchen Festlegung zu zeigen. Zunächst einmal haben doch die Ankündigungen bestimmter Richtlinien immer etwas Doktrinäres, das gerade beim Rundfunkpublikum eine gewisse Verstimmung auslösen kann. Gewiß soll der Rundfunk auch in seinen künstlerischen Darbietungen belehrend oder sagen wir lieber: bildungsfördernd wirken, aber er soll es unauffällig tun, er soll eine unmittelbare und suggestive Einflußsphäre schaffen, in der weniger mit Ankündigungen als mit überraschenden künstlerischen Taten gearbeitet wird. Natürlich kann eine zyklische Programmidee, die sich (wie z. B. »Stunde der Lebenden«) auf ein sachlich umgrenztes Spezialgebiet beschränkt, für das Publikum eine rein orientierende Bedeutung haben. Aber alle weiter gefaßten Themen sind für die Hörer nutzlos, weil sie eher verwirrend als ordnend wirken, und bergen darüber hinaus für den Veranstalter große Gefahren in sich. Programmbilden ist bis zu einem gewissen Grade ein schöpferischer Prozeß, es erfordert Phantasie, Einfälle und Spürsinn nicht nur für die Bedürfnisse der Masse, sondern auch für die nächstliegenden Aufgaben einer kulturellen Aufbautätigkeit. Das ist es, was wir an der Leistung der Programmbüros oft vermissen. Wir übersehen keineswegs die Fülle von wertvollen künstlerischen Leistungen, die uns schon der Anfang der Saison beschert hat. Aber wenn wir die Programmbildung als Gesamtheit betrachten, so fehlt ihr eben die wirklich schöpferische Potenz, die mit einer tief begründeten Sachkenntnis, mit Instinkt und Ideenreichtum wirklich fruchtbar für das Kunstleben unserer Tage werden könnte. Wir können uns wohl denken, daß ein Programmleiter sich zur eigenen Erleichterung in großen Zügen eine Einteilung, eine Materialsichtung entwirft, die dann aber für die Öffentlichkeit nur mittelbares Interesse hat. Er könnte z. B. die ernsten Konzerte einer Saison unter folgende Gesichtspunkte einordnen: die künstlerisch unterhaltenden Programme (die den größten Teil der im gegenwärtigen Sendebetriebe gebotenen Musik umfassen würde), die belehrenden Programme (die einem allerdings kleineren Teil der Hörerschaft ein anschauliches Bild von der Entwicklung der Musik entwerfen müßten) und die »festlichen« Programme (die, weit aus dem Tagesbetrieb herausragend, in Auswahl der Ausführenden und der Werke tatsächlich als künstlerische Ereignisse zu gelten hätten). Eine derartige Einteilung, die nur eine von zahlreichen Möglichkeiten darstellt, würde vor allem verhindern, daß die Musik bei noch so einwandfreier Darbietung zu einer Tagesware erniedrigt wird. Dagegen ist ein Titel wie »200 Jahre Orchestermusik« nicht nur überflüssig (weil er nichts als die Ausschaltung vorklassischer Musik ausdrückt), sondern auch schädlich (weil er Gelegenheit gibt, hinter der Maske einer Phrase gleichgültig zu werden). Und es gibt zu denken, daß ein viel klarerer und eindeutiger Titel wie die

»Gegenüberstellung von Dichterpersönlichkeiten« bereits beim zweiten Versuch (Kleist–Kaiser) in der Versenkung verschwunden ist.

(14. November 1926)

Unterhaltungsprogramm in Berlin

Als ich über meine Wochenbesprechung im vorigen Heft die Überschrift: »Letzte Sommerprogramme« setzte, hatte ich noch nicht die Sendefolge der vergangenen Woche angesehen, die jetzt zu besprechen ist. Eine solche Anhäufung von reinen, unverfälschten Unterhaltungsprogrammen haben wir hier selten erlebt. Es fällt dem Programmbüro der Funk-Stunde scheinbar sehr schwer, von dem leichten, unterhaltenden Sommerbetrieb Abschied zu nehmen. Natürlich braucht auch der Rundfunk Unterhaltungsprogramme. Aber glaubt man mit diesen ewigen wiederholten Operettenmelodien wirklich noch jemanden zu unterhalten?

Die Sendefolge der größten deutschen Station zu Beginn der Herbstsaison sieht so aus: Sonntag Operetten-Ouvertüren und Entre-actes, am Montag »Zur Unterhaltung« (mit gut artikulierten und klug pointierten Rezitationen von Edith Herrnstadt-Öttingen), am Mittwoch die Wiener Walzerkönige, am Donnerstag ein Operetten-Sendespiel, am Freitag ein Chorkonzert mit volkstümlichem Programm und am Sonnabend als erste Übertragung von der Funk-Ausstellung ein »Garten-Konzert«; bleibt also nur der Goethe-Abend am Dienstag, der aber in seiner unbegründeten Gegenüberstellung von Beethovenscher (anstatt von Mozartscher) Musik mit Goetheschen Dichtungen einen recht konventionellen Eindruck machte.

(7. September 1928)

Was wir von der neuen Berliner Sendesaison erwarten

Wir standen eben im Begriff, an dieser Stelle in großen Zügen darzustellen, was wir uns von den Berliner Rundfunkprogrammen im kommenden Winter versprechen, da veröffentlicht die

Funk-Stunde gleichzeitig mit dem Beginn der Großen Deutschen Funkausstellung einen Programmentwurf für die beginnende Saison. Wir können von vornherein mit Genugtuung feststellen, daß diese Programmerklärung der Funk-Stunde sich in vielen Punkten mit dem deckt, was wir als Forderung für den soeben beginnenden Abschnitt im Leben des Berliner Rundfunks aufstellen wollten. Zum erstenmal nimmt die Leitung der Funk-Stunde hier ganz offiziell Stellung zu den theoretischen Erörterungen über die soziologischen und künstlerischen Grundlagen und über die Aufgaben des Rundfunks. Wir sehen einen außerordentlichen Fortschritt darin, daß die Funk-Stunde in aller Öffentlichkeit die Behauptungen bestätigt, die von der fortschrittlichen Fachpresse in Deutschland seit Jahren immer wieder ausgesprochen werden. Aus der bisherigen Einstellung der Berliner Sendeprogramme konnte man nicht ersehen, ob die Berliner Rundfunkleitung die Notwendigkeit der Entwicklung zu einer freieren Programmgestaltung als richtig erkannt hat. Indem die Funk-Stunde nun in einer offiziellen Erklärung einige allgemeingültige Betrachtungen ausspricht, die durchaus den Forderungen der Stunde entsprechen, eröffnet sie auch die Aussichten auf eine praktische Umorientierung des Berliner Sendebetriebes.

So ist für uns der wichtigste Satz in der Berliner Programmerklärung derjenige, in dem die Funk-Stunde zu der Erkenntnis gelangt, »daß der Rundfunk und sein Betrieb eine *durchaus eigene Erscheinungsform des öffentlichen Lebens* darstellt und sich bewußt und in vollem Maße von den übrigen, ihrem Wesen nach anders gearteten Erscheinungsformen (des Theaters und des Konzertsaals) zu emanzipieren hat.« – Mit dieser Erklärung trägt die Funk-Stunde der allgemeinen Lage der Kunst in unserer Zeit Rechnung. Man beginnt einzusehen, daß es nicht die Aufgabe des Rundfunks sein kann, die im Absterben begriffenen Formen der bisherigen Kunstausübung weiter zu pflegen. Das Konzertwesen der vergangenen Jahrzehnte und die Erscheinungsformen des gesellschaftlichen Theaters haben durch die Umschichtung der Gesellschaft ihre soziologischen Grundlagen verloren, und eine Kunst, die in unserer Zeit Geltung besitzen will, darf nicht mehr für einen Ausschnitt der oberen Gesellschaftsschichten berechnet sein, sondern muß wenigstens die Möglichkeit einer Wirkung auf breitere Massen in sich tragen. An diesem Entwicklungsprozeß ist gerade der Rundfunk in hohem Maße beteiligt, und es wäre eine völlige Verkennung der wirklichen Aufgaben des Rundfunks, wenn man gerade an dieser Stelle die Formen der aristokratischen Kunstpflege aufnehmen oder fortsetzen wollte.

Die Funk-Stunde zieht aus dieser Erkenntnis, zu der sie nun ebenfalls gelangt ist, einige, wenn auch längst nicht alle Konsequenzen. So ist man entschlossen, das System der abendfüllenden Programme, die den Gepflogenheiten des Konzertlebens folgten, endgültig aufzugeben und an Stelle der großen, langen Konzertveranstaltungen gemischte Abendprogramme zu setzen, die nacheinander den Interessen der verschiedenen Hörerkreise Rechnung tragen. Daß man dabei auch auf die verschiedene Tageseinteilung der einzelnen Hörerschichten Rücksicht nimmt, zeigt ebenfalls das Bestreben, dem Rundfunk seine breite Wirkungsbasis zu erhalten. Was die Funk-Stunde im einzelnen an künstlerischen Darbietungen verspricht, bedeutet keine grundlegende Erweiterung der bisherigen Sendetaktik. Die Opern-, Operetten- und Schauspielabende sollen in der bisher üblichen Weise fortgesetzt werden und sollen neben dankbaren Publikumsstücken auch solche Werke bringen, die in den Spielplänen der Theater nicht zu finden sind. Die Hörspielversuche sollen ebenfalls fortgesetzt werden, und mit der jüngsten Literatur und Musik will man sich in jeder Woche einmal auseinandersetzen. Neben den bisher üblichen Übertragungen aus Berliner Theatern und Opernhäusern verspricht man uns auch Übertragungen aus Konzertsälen, und wir dürfen erwarten, daß die wichtigsten Abende der großen Berliner Konzertzyklen unter Furtwängler, Klemperer, Kleiber und Walter sowie die Konzerte großer auswärtiger Künstler von internationalem Ruf an die Rundfunkhörer weitergegeben werden.

In zwei Punkten, die für uns von besonderer Bedeutung sind, erscheint uns der Berliner Programmentwurf noch zu wenig eindeutig. Es wird zwar in einem Satz angedeutet, daß die Versuche des internationalen Programmaustauschs fortgesetzt werden sollen; aber wir hätten es für durchaus angebracht gehalten, wenn die Funk-Stunde durch einen großzügigen Übertragungsplan sich an die Spitze dieser Bewegung gestellt hätte. Die Übertragungen wichtiger Veranstaltungen deutscher und vor allem auch ausländischer Sender dürfen nicht mehr die Rolle gelegentlicher Experimente spielen, sondern müssen zu einem regelmäßigen und wichtigen Bestandteil der Sendeprogramme werden. Wir wissen, daß die Verwirklichung dieser Idee noch auf technische Schwierigkeiten stößt, aber wir haben gesehen, daß sich im vergangenen Sommer bei den Veranstaltungen des internationalen Programmaustauschs Berlin–Wien–Prag–Warschau die Übertragungstechnik im großen und ganzen gut bewährt hat, und wir halten daher eine regelmäßige Wiederkehr von Übertragungsdarbietungen für durchaus möglich. Wir brauchen an dieser Stelle nicht zu wiederholen, welchen Anreiz dem Rundfunkpublikum aller Schichten gerade die Möglichkeit bietet, an künstlerischen und aktuellen Ereignissen ferner Länder teilnehmen zu können.

Das andere Gebiet, das uns in dem Programmentwurf der Funk-Stunde noch nicht entschlossen genug behandelt zu sein scheint, ist das der *aktuellen Übertragung*. Die Versprechungen der Funk-Stunde in diesem Punkte gehen nur wenig über das hinaus, was man bisher auf diesem Gebiete geleistet hat. Man will allerdings jetzt auch in Berlin Wanderungen mit dem Mikrophon durch die Unterhaltungsstätten und durch die Arbeitszentren der Großstadt unternehmen. Auch gibt uns die Funk-Stunde die Zusicherung, daß sie bei einschneidenden Ereignissen des öffentlichen Lebens schneller als bisher zur Stelle sein will. Doch beschränkt man diese Übertragungspläne wieder nur auf die Gebiete der Kunst, Wissenschaft und des Sports. Zwei große Interessengebiete, die heute die Öffentlichkeit am stärksten in Anspruch nehmen, die Politik und die Kriminalistik, läßt man völlig außer acht. Die ängstliche Zurückhaltung der deutschen Rundfunksender auf dem gesamten Gebiete der Politik erscheint uns weit übertrieben. Der Rundfunk kann unmöglich die aktuelle Bedeutung erlangen, die ihm seiner ganzen Struktur nach zukommt, wenn er sich auf politischem Gebiete so indifferent verhält wie bisher. Natürlich kommt eine einseitige Stellungnahme des Rundfunks für oder gegen irgendeine politische Idee nicht in Frage. Aber ebenso wie auf kulturellem Gebiete jeder im Rundfunk zu seinem Rechte kommen soll, müßten auch die Angehörigen aller großen politischen Richtungen im Rundfunk Bestätigung ihrer Ansichten, Aufklärung wichtiger politischer Probleme und vor allem die Anregung zu jenem politischen Denken finden, das einem großen Teil des deutschen Volkes noch immer fehlt. Auch könnte der Rundfunk durch Einführung von Zwiegesprächen zwischen großen politischen Gegnern zu irgendeinem aktuellen Ereignis dem politischen Leben selbst eine wertvolle Bereicherung bringen, ohne dabei seine eigene Überparteilichkeit zu gefährden.

Von stärkster Anziehungskraft für die Hörer aller Kreise wäre aber auch eine Berücksichtigung kriminalistischer Aktualitäten im Rundfunk. Sollte es wirklich unmöglich sein, die Mikrophone einmal einer Razzia, einer Verbrecherverfolgung, einer Verhaftung beiwohnen zu lassen? Wer weiß, ob wir nicht doch eines Tages dahin kommen, daß auch Gerichtssitzungen, die doch ohnehin der Öffentlichkeit zugänglich sind, auch auf den Sender übernommen werden? Das wäre eine Großtat des aktuellen Rundfunks, deren Auswirkung beim Publikum nicht hoch genug eingeschätzt werden kann. (14. September 1928)

Politik

Verfassungsfeiern

Die Verfassungsfeier, die in der kommenden Woche von den meisten deutschen Sendern übernommen wird, lenkt unsere Aufmerksamkeit von neuem auf das Thema »Politik im Rundfunk«. Vom ersten Anfang des deutschen Sendedienstes an haben die leitenden Stellen eine solche Ängstlichkeit gegenüber den politischen Tagesfragen gezeigt, daß die Behandlung politischer Probleme heute zu den heikelsten Themen des gesamten Sendedienstes zählt. Da sich das Rundfunkpublikum aus allen Kreisen der Bevölkerung und damit auch aus Angehörigen aller Parteirichtungen zusammensetzt, besteht natürlich die Gefahr, daß man einen Sender der Parteilichkeit bezichtigt, wenn er irgendeinen Politiker zu Worte kommen lassen würde. Das berechtigt aber die deutschen Sender keineswegs dazu, nun das ganze Gebiet der Politik vom Rundfunk auszuschließen. Es ist auf die Dauer ein unhaltbarer Zustand, daß die wichtigen außen- und innenpolitischen Fragen, von denen oft die Geschicke Deutschlands abhängen und die auch vielfach in das Privatleben des einzelnen hineinspielen, im Rundfunk so gut wie gar nicht berücksichtigt werden und höchstens einmal nachträglich in Form eines Vortrages behandelt werden, wenn sie längst nicht mehr aktuell sind. *Ist es richtig, daß der Rundfunk sich prinzipiell dem Kampf der Parteien fernhalten muß?* Die Politik gehört heute zu den wenigen großen Gebieten, die von den breitesten Massen der Bevölkerung mit großer Aufmerksamkeit verfolgt werden.

Es ist freilich ein Nachteil für das politische Leben in Deutschland, daß hier ein wirklich inneres, leidenschaftliches Interesse für die Politik nur bei einem geringen Prozentsatz der Bevölkerung zu finden ist und daß daher die wichtigsten Probleme, die die Tagespolitik mit sich bringt, niemals zu jener Volkstümlichkeit gelangen, die in anderen Ländern ein politisches Ereignis zu einem starken Erlebnis des ganzen Volkes machen kann. Eine der schönsten Aufgaben des Rundfunks könnte darin bestehen, die breiten Massen des deutschen Volkes, an die ja nur er herankommt, zu einer realen politischen Denkweise hinzuführen. Dazu wäre es nötig, die ständig wechselnden Ereignisse der Tagespolitik sofort, d. h. wenn sie noch im Brennpunkt des Interesses stehen, von allen Seiten zu beleuchten, um so dem Hörer Gelegenheit zu bieten, die Dinge von den Schlagworten loszutrennen und die größeren Zusammenhänge zu betrachten. Eine solche *Einbeziehung der Politik in die Rundfunkprogramme mit dem Ziele einer politischen Ertüchtigung des deutschen Volkes* könnte mit Leichtigkeit so durchgeführt werden, daß die Angehörigen *aller* Parteien zu ihrem Rechte kämen. Man müßte dann Vertreter aller Parteien veranlassen, zu dem betreffenden politischen Tagesproblem Stellung zu nehmen, und zwar ohne den Standpunkt nach irgendeiner Seite zu nivellieren oder der Meinung des »allgemeinen Publikums« anzupassen. So würde sich hier zum ersten Male die Gelegenheit bieten, einen der schwersten Fehler des politischen Lebens, die Unkenntnis des Standpunkts der Gegenpartei, zu beseitigen.

Vom Standpunkt des Rundfunks wäre es noch interessanter, diese politischen Erörterungen in die Form einer Diskussion zwischen prominenten Vertretern der Parteien zu kleiden und auf diese Weise den Hörer unmittelbar an den Schauplatz politischer Kämpfe heranzuführen. Bei solchen Veranstaltungen, in denen jeder Politiker seinen Standpunkt mit voller Eindeutigkeit vertreten könnte, wäre es unmöglich, dem Rundfunk den Vorwurf der Parteilichkeit zu machen.

Im Falle der Verfassungsfeier liegen die Dinge allerdings einfacher. Hier handelt es sich um eine öffentliche Kundgebung des Staates, nicht um eine brennende politische Tagesfrage, die zur

Stellungnahme zwingt. Daher ist die Verfassungsfeier der Reichsregierung, der Preußischen Staatsregierung und der Stadt Berlin weniger in das Gebiet der Politik als in das der aktuellen Ereignisse einzureihen. Dieser Festakt, der von den meisten deutschen Sendern übernommen wird, findet in der Staatsoper am Platz der Republik statt. Der Berliner Oberbürgermeister Dr. Böß wird die Festrede halten; die musikalische Umrahmung wird von den Philharmonikern gemeinsam mit dem Symphonieorchester und dem Kittelschen Chor unter der Leitung von Prof. Furtwängler und dem Komponisten Waldemar von Baußnern ausgeführt, und zum Schluß zieht ein Fackelzug, vom Lustgarten ausgehend, an den Ehrengästen der Verfassungsfeier vorüber, die auf einem Podium am Platz der Republik den Zug erwarten. Die Berliner Funk-Stunde überträgt außerdem am Sonnabendmittag eine Verfassungsfeier aus dem Reichstag, in der u. a. der Reichskanzler Müller sprechen wird. Am Tage vorher übernimmt der Berliner Sender aus der Deutschen Hochschule für Politik eine Veranstaltung, die für die Bestrebungen in Richtung auf eine politische Erziehung der deutschen Jugend von großer Bedeutung ist. Man folgt hier dem Beispiel Amerikas, das schon seit längerer Zeit alljährlich einen Redewettbewerb von Schülern veranstaltet, die am Verfassungstage zu irgendeinem allgemein politischen Thema Stellung nehmen. So hat jetzt die Deutsche Hochschule für Politik einen Preis ausgesetzt für die beste Rede eines Schülers über das Thema »Einigkeit und Recht und Freiheit in der deutschen Verfassungsgeschichte«. 142 Primaner und Primanerinnen beteiligen sich an diesem Wettbewerb, unter ihnen werden die fünf besten ausgewählt, um am 10. August ihre Reden öffentlich vorzutragen, und einem von diesen fünf fällt dann der Preis zu, der in einer Reise nach Amerika und in der Beteiligung an dem internationalen Schülerwettbewerb über Verfassungsfragen besteht. Die Eröffnung dieser wertvollen Neueinrichtung wird vom Berliner Sender übernommen. (3. August 1928)

Kommunisten-»Attentat«

Der Berliner hat Humor genug, um über einen so amüsanten Zwischenfall wie das Kommunisten-»Attentat« auf den Berliner

Sender[1] zunächst einmal einen Tag lang gehörig zu lachen und ihn dann ziemlich rasch wieder zu vergessen. Immerhin hat für den aufmerksamen Beobachter dieser Vorfall doch recht ernste Hintergründe, auch wenn man von den inneren Organisationsfehlern der Berliner Sendestelle absieht. Wieder einmal wurde ein Beweis geliefert für die Richtigkeit unserer Behauptung, daß die Haltung der deutschen Sender gegenüber den politischen Fragen auf die Dauer nicht durchführbar ist. Wir haben hier erst vor kurzem wieder nachzuweisen gesucht, wie notwendig es ist, dem Rundfunk dieses wichtige Interessengebiet in viel stärkerem Maße zu erschließen. Der kecke Handstreich, durch den ein Rundfunkredner am Sprechen verhindert worden ist, ist ja nicht um des Witzes willen durchgeführt worden. Ein Mann vertritt eine Idee, eine Bewegung, die im politischen Leben dieser Tage viel erörtert wird. Er sieht keine Möglichkeit, zu den Hunderttausenden von Hörern zu sprechen, und verschafft sich daher gewaltsam Eintritt in den Senderaum. Wäre es nicht viel richtiger gewesen, wenn der Berliner Sender das Thema, für das nun in einer ungebührlichen Form agitiert worden ist, von sich aus zur Diskussion gestellt und den Angehörigen der verschiedenen Parteien, den Freunden und Gegnern der Idee, das Wort erteilt hätte? Haben die Rundfunkhörer kein Anrecht darauf, von dieser umfassendsten Nachrichtenstelle aus über die wichtigsten und aktuellsten politischen Tagesfragen unterrichtet, in ihren Anschauungen bestätigt und in ihren Irrtümern geheilt zu werden? Es hat sich jetzt deutlich erwiesen, daß sich der Rundfunk von dem Vorwurf der Parteilichkeit nur befreien kann, wenn er seine völlig ablehnende Haltung gegenüber den politischen Erörterungen aufgibt, wenn er allen Parteien gibt, was sie zu hören wünschen, wenn er mit den Mitteln des Rundfunks eine völlig neue Art politischer Betrachtungsweise zu schaffen versucht.

(19. Oktober 1928)

Wiederkehr des Revolutionstages

Die Politik im Rundfunk – dieses Thema ist in letzter Zeit durch das Husarenstückchen der Berliner Rundfunkkommunisten wieder akut geworden. Freilich hat man noch keineswegs eine prak-

[1] siehe S. 216f.

tische Lösung dieser Frage gefunden, und von einer wirklich politischen, d. h. politisierenden Tätigkeit des Rundfunks, die innerhalb des politischen Lebens unserer Zeit tatsächlich eine Rolle spielen könnte, kann noch lange nicht die Rede sein. Wenn man sich auch vorläufig noch davor hütet, zu den akuten Tagesfragen der Innen- und Außenpolitik vom Parteistandpunkt aus Stellung zu nehmen, so scheint man doch den mehr repräsentativen Ereignissen nicht mehr so ängstlich aus dem Wege zu gehen. Doch hat sich die Taktik des Rundfunks in dieser Beziehung nur insofern geändert, als die Umschichtung der Parteiverhältnisse im heutigen Deutschland andere Anlässe für politische Sendungen gibt als früher. Zum ersten Male seit seinem Bestehen feiert der Rundfunk diesmal den 9. November, die Wiederkehr des Revolutionstages, durch eine besondere Veranstaltung. Eine gewisse Konsolidierung der innerpolitischen Verhältnisse in Deutschland bringt es mit sich, daß diese Feier des zehnjährigen Bestehens der deutschen Republik mit größerer Einmütigkeit als bisher begangen wird, und es ist ein nicht ungünstiges Zeichen für die gegenwärtige Situation, daß auch der Rundfunk, der in solchen Fällen immer eine übertriebene Vorsicht zeigt, sich dieser Feier anschließt.

Diese Feier des 9. November wird von der Berliner Funk-Stunde im Rahmen ihres Freitag-Abendprogramms durchgeführt. Die Festansprache hält der Reichsminister Severing. Als musikalische Umrahmung spielt das Funkorchester unter Seidler-Winklers Leitung zwei klassische Werke. Dieses Programm einer politischen Feier ist allerdings reichlich konventionell. Was hat, fragt man sich, Beethovens *Egmont*-Ouvertüre und gar Schuberts *H-Moll-Symphonie* mit der Revolution vom 9. November zu tun? Bei solchen offiziellen Anlässen könnte der Rundfunk einmal seine Fähigkeit erproben, die künstlerische Produktion unserer Zeit zur Behandlung aktueller Ereignisse zu ermutigen. Es wäre ein leichtes gewesen, für eine solche Feier in Form eines Preisausschreibens ein der Bedeutung des Tages entsprechendes musikalisches und literarisches Werk zu bekommen. Dieses ganze Gebiet einer unmittelbaren Anregung der schaffenden Künstler durch den Rundfunk ist vorläufig noch reichlich vernachlässigt worden. Dem Rundfunk stehen die Mittel zur Verfügung, die bedeutendsten Musiker und Dichter unserer Zeit mit der Schaffung von spezifischen Rundfunkwerken zu beauftragen und durch Ausschreiben von Preisen die künstlerische Produktion in eine engere Beziehung zu den Interessen des Publikums zu bringen.

(2. November 1928)

Musik

Konkurrenz

Drei von den Konzertveranstaltungen der vergangenen Woche sind – jede in ihrer Art – als durchaus gelungen zu bezeichnen. Aber nur einer ist eine wirkliche Bedeutung zuzumessen. Ein künstlerisches Niveau in der Zusammenstellung der Werke, in der Wahl der Mitwirkenden und in der Art der Ausführung ist schon erreicht. Aber es fehlt der ethische Hintergrund, es fehlt der Wille zur Vertiefung, es fehlt die pädagogische Einstellung. Seit Wochen einmal ein Abend von erzieherischer Wirkung – tastender Versuch eines Weitergehens. Alles übrige: gute, sogar beste Unterhaltung. Soll nun die Entwicklung die sein: daß die künstlerischen Ereignisse von wirklichem Interesse, von aufbauendem Wert den Konzertsälen vorbehalten bleiben und der Rundfunk diejenigen Kreise, denen zum Konzertbesuch entweder der Wille oder die Mittel fehlen, mit guter Unterhaltung versorgt? Das würde natürlich zu einer völligen Versandung des ganzen Funkbetriebes führen; denn die Flachheit eines noch so hochstehenden Unterhaltungsrepertoires muß auf die Dauer jedes Publikum langweilen. Eine kommende Generation wird für jene Art Unterhaltung, welche die vorige in populären oder in Gala-Konzerten gefunden hat, keinerlei Verständnis mehr haben, und schon der unvoreingenommene Mensch von heute sehnt sich nach anderer Kost, als man ihm nun seit Jahrzehnten vorgesetzt hat. Man könnte einwerfen, daß ja das Konzertleben auf dem gleichen Punkte angelangt ist, daß – unter Tausenden von Veranstaltungen in unseren Konzertsälen – solche von wirklich kultureller Bedeutung an den Fingern einer Hand abzuzählen sind. Aber gerade darin liegt ja die tiefere Bedeutung der Radiobewegung. Eine so umwälzend neue Institution wie der Rundfunk erfordert auch eine ganz neue Einstellung in künstlerischen und kunstwirtschaftlichen Fragen. Daß der Konzertbetrieb, wie er jetzt besteht, nicht genug gesellschaftbildende Kraft mehr besitzt, um in dieser Art noch lange zu existieren, ist feststehende Tatsache. Vielleicht – vielleicht! – könnte der Rundfunk einen Teil dieses Betriebs ersetzen, vielleicht könnten die breiten Massen, denen der Rundfunk gehört, die Basis für einen neuen Musikbetrieb bilden.

Jeder, der etwas weiter als bis zum nächsten Tag zu sehen versucht, wird zugeben, daß hier die einzig mögliche Zukunft des künstlerischen Rundfunks liegt: er muß innerhalb des Musiklebens eine eigene, vollwertige Aufgabe bekommen, die ihm von keiner anderen Kunstinstanz streitig gemacht werden kann. Auf dem Wege dahin ist erste Voraussetzung: Ausschaltung aller abgespielten, zu Tode gehetzten Musik, die in den Konzertsälen ein abgewirtschaftetes System zu Grabe geleitet – und sei sie auch von Beethoven; dafür Heranziehung der besten genug oder gar nicht bekannten alten Musik aller Epochen und vor allem die gute *neue Musik jeder Richtung.* Solange der Rundfunk ein Nebenbuhler des Konzertbetriebs ist, kann er keine vollwertige Kunstinstitution sein. Im Gebiet der Kunst ist Raum für alles, was Eigenleben besitzt; wo Konkurrenz beginnt, hört die Kunst auf.

(26. April 1925)

Der Rundfunk und die Umschichtung des Musiklebens

In erstaunlich kurzer Zeit ist der Rundfunk einer der wesentlichsten Faktoren des öffentlichen Lebens geworden. Er ist heute in allen Kreisen der Bevölkerung und in allen Organen der öffentlichen Meinung eines der meistbesprochenen Themen. Es sind aber besonders gewisse am Unterhaltungsrundfunk unmittelbar beteiligte Kreise, für die diese neue Einrichtung ein ganz überraschendes Problem darstellt, mit dessen Lösung man aufs eifrigste beschäftigt ist. Denn dieser Rundfunk hat als »Kunstindustrie« bereits jetzt eine Bedeutung erlangt, wie sie niemals vorher eine ähnliche Einrichtung besessen hat, und auch jene Vertreterschaften der Künstler, die es bisher noch versucht hatten, die künstlerische und wirtschaftliche Bedeutung des Rundfunks zu negieren, müssen jetzt wohl oder übel zu dieser bedeutsamen Frage des Kunstlebens Stellung nehmen. Der »Allgemeine deutsche Musikverein«, jene wichtige Vereinigung schaffender und nachschaffender Künstler, der sich seit seiner Gründung durch Liszt alljährlich zu einem Musikfest versammelt, um die junge Produktion vorzuführen und sich über wichtige Fragen zu unterhalten, tagte in diesen Tagen in Chemnitz, und es war vorauszusehen, daß diese starke Musikerorganisation sich hierbei einmal vor der Öffentlichkeit ausführlich mit dem Rundfunkproblem auseinandersetzen mußte. Leider scheint der Referent, der in einer außerordentlichen Versammlung dieses Thema behandelte, von vornherein mit jener negativen Einstellung an die Rundfunkfragen herangegangen zu sein, die heute noch in gewissen Musikerkreisen zum guten Ton gehört. Es ist uns nicht recht ersichtlich, warum man den Rundfunk als einen so gefährlichen Gegner der schaffenden oder ausübenden Künstler ansehen soll. Was zunächst die künstlerischen »Gefahren« anbetrifft, so müssen wir zugeben, daß der Rundfunk in technischer und organisatorischer Beziehung noch mancher Verbesserungen bedarf. Aber man soll nicht ungeduldig sein. Die ganze Radiobewegung steht noch in den Anfängen. Erst langjährige Erfahrungen werden dem Unterhaltungsfunk seine eigentlichen Wege weisen. Es wird sich eine besondere Technik des Singens und Spielens für Funkzwecke entwickeln, man wird über kurz oder lang damit beginnen, besondere Instrumentationen und neue Orchesterkombinationen eigens für die akustischen Erfordernisse des Senderaums zu erfinden, und es ist nicht abzusehen, welche neuen Arten von Instrumenten und Klangkörpern auf diesem Boden noch entstehen können. Wahrscheinlich wird man in späteren Zeiten alles, was wir heute machen, als bloße Experimente betrachten. Immerhin sind in der einwandfreien Wiedergabe gewisser künstlerischer Darbietungen schon einige Ziele erreicht, und es unterliegt schon jetzt keinem Zweifel mehr, daß hier die Voraussetzungen zur Entstehung einer selbständigen und ebenbürtigen Kunstgattung gegeben sind, die weit über eine mehr oder weniger vollkommene »Reproduktion« früherer Kunstleistungen hinausgeht. Wir können die künstlerische Bedeutung des Rundfunks nur in der Entwicklung zu dieser eigenen Radiokunst, keineswegs in einer Fortsetzung des bisherigen

Konzertwesens erblicken. Denn das wichtigste und schwerwiegendste Argument der Rundfunkgegner ist das Fehlen des persönlichen Fluidums zwischen Künstler und Hörer. In der Rundfunkkunst der Zukunft müßte diese persönliche Wechselbeziehung vom Podium zum Saal, die im Konzertsaal allerdings unentbehrlich ist, völlig bewußt und absichtlich ausgeschaltet werden. Dann steht einer rein künstlerischen Entwicklung des Rundfunks nichts im Wege.

Noch weniger stichhaltig sind die Gründe, die man gegen die wirtschaftliche Bedeutung des Rundfunks geltend macht. Es gibt heute nur noch sehr wenige ganz prominente Künstler, die dem Rundfunk noch nicht zur Verfügung stehen. Sie betonen (mit Recht), daß sie zur vollen Entfaltung ihrer Fähigkeit die persönliche Beziehung zum Publikum brauchen, die ihnen im Senderaum fehlt. Alle übrigen, Scharen von Schauspielern, Sängern und Instrumentalisten aller Art, drängen sich zur Mitwirkung im Senderaum. Viele ernähren sich vollständig von der Rundfunktätigkeit, für viele bietet sie eine unentbehrliche Ergänzung dessen, was Konzert und Theater ihnen einbringt. Sehr oft hört man Klagen über ungenügende Bezahlung, und es scheint dringend nötig, daß die Besoldung der Mitwirkenden wie auch die Art der Engagements eine gründliche Neuregelung erfahren. Aber das Angebot an Ausführenden steigt beständig, und die Fälle sind nicht selten, wo Künstler von Ruf und Namen zu gefährlichen künstlerischen Konzessionen bereit sind, um nicht auf die Einkünfte einer Sendebetätigung verzichten zu müssen.

Das stärkste Vorurteil der Künstler gegen den Rundfunk kommt aber daher, daß man in ihm den stärksten Feind der Podiumkunst sieht, daß man ihn auch für den Rückgang des Konzertbesuchs verantwortlich macht. Dabei vergißt man vollständig, daß die leeren Bänke der Konzertsäle nur ein Symptom der gewaltigen Umschichtung der kunstwirtschaftlichen Verhältnisse sind, die sich gegenwärtig vollzieht. Jene intellektuelle Bevölkerungsschicht, aus der sich das Konzertpublikum rekrutierte, ist kaum noch in der Lage, die Säle zu füllen, und begnügt sich damit, in einigen wichtigen Veranstaltungen des Winters die Weiterentwicklung der Musik zu beobachten. Der Ausscheidungsprozeß hat sich zum Teil schon vollzogen, wirklich wertvolle Konzerte beginnen wieder besseren Besuch aufzuweisen. Aber jene Art des Konzerts, die nur als Aushängeschild für ein gesellschaftliches Ereignis diente, geht ihrem Ende entgegen. Die gesellschaftbildende Kraft der Musik beginnt sich bei der Masse auszuwirken. Die Konzerte sollen nicht mehr »Treffpunkt der eleganten Welt« sein, sondern erhebende Feiertagsstunden für die Menge eines Volkes, das musikliebend veranlagt ist. Hier allerdings ist der Punkt, wo der Rundfunk an dieser Umschichtung unmittelbar und in stärkstem Maße beteiligt ist. Denn nur der Rundfunk kann jene mehr äußerlich gerichteten Prunkkonzerte, die überflüssig geworden sind, durch eine hochwertige und wirklich fruchtbare Massenkunst ersetzen, nur er kann jener breitesten Allgemeinheit, die das Kunstpublikum der Zukunft bildet, die Mitwirkung erster Kräfte, die Darbietung hervorragender Leistungen sichern. (Das ist ja der Grund, warum wir von den Leitern der Sendegesellschaften immer wieder fordern, daß sie sich nur von den höchsten und ernstesten künstlerischen Grundsätzen leiten lassen – weil eben das Rundfunkkonzert den neuen, schöneren Ersatz für das frühere »Elitekonzert« bilden soll.) Für die Musikpflege im Konzertsaal bleibt noch genug zu tun übrig: es bleibt die Pflege der guten Tradition, es bleibt die Übermittlung höchster individueller Leistungen, es bleibt die stillste und intensivste Kunstbetätigung, die den musikalischen Kulturboden zu erhalten und neuzuschaffen berufen ist, es bleibt vor allem das ungeheure Gebiet der neuen Musik. Der Rundfunk darf nicht eine Konkurrenz, sondern muß ein wertvoller Teil des öffentlichen Musiklebens sein. Daran mitzuarbeiten, sei gerade die vornehmste Aufgabe der bedeutenden Künstlerorganisationen.

(13. Juni 1926)

Musikalische Analyse

Man ist immer von neuem darüber erstaunt, in wie geringem Maße die Programmbüros der meisten Sender bemüht sind, den Stoffkreis ihrer Darbietungen zu erweitern. Von all den Perspektiven, die sich beim Entstehen des Rundfunks eröffneten, von allen Möglichkeiten einer völlig neuen künstlerischen und aktuellen Vermittlungsstelle ist bisher nur ein Teil erfüllt worden. Vieles von dem, was wir uns damals in den Anfängen des Rundfunks von der Entwicklung dieser erstaunlichen Einrichtung erträumten, ist bisher weder in Aussicht genommen noch zur Diskussion gestellt worden. Statt dessen hat man sich in ein ruhiges und ungefährliches Fahrwasser begeben, wo man gleichmäßig und ohne große Störung weiterschwimmt. Außer dem Frankfurter Sender, der tatsächlich ständig an einer Erweiterung der Stoff- und Darstellungsgebiete des Rundfunks arbeitet und der auch eine der wichtigsten taktischen Fragen des Rundfunks, die Übertragungsverbindung mit anderen Sendern, in energischer Weise vorwärtsgetrieben hat, begnügen sich heute fast alle deutschen Programmbüros mit einer allzu schematischen und festgelegten Sendefolge, die auch durch die Starrheit der Tageseinteilung stark gehemmt ist.

Eines der wesentlichsten Stoffgebiete, deren Erschließung man vom Rundfunk erwartet hatte, ist z. B. eine neue Art instruktiven Musizierens. Die Deutschen sind ein musikliebendes Volk, und viele Menschen aller Schichten haben das Bedürfnis, über die inneren Gesetze der Musik und ihre Erfüllung in den Meisterwerken aufgeklärt zu werden. Es hat sich längst herausgestellt, daß trocken wissenschaftliche Theoriebücher den Wissensdurstigen der deutschen Musikgemeinde keine Befriedigung gewähren, und auch die musikalischen Volksbildungskurse besitzen nicht die nötige Ausbreitungsfähigkeit. Hier liegt eine der wesentlichsten Aufgaben des Rundfunks, die allerdings nicht durch einfache Vorträge populärer Art durchgeführt werden kann. Die musikalische Analyse muß im Rundfunk ihre Pflegestätte finden. Man lasse den Hörern ein klassisches Werk vorspielen und lasse dabei durch eine Sprechstimme die musikalische Satzentwicklung, die Themeneinsätze, die kontrapunktischen Führungen und die harmonischen Gesetzmäßigkeiten erläutern. Dann spricht man ein paar allgemein interessierende Sätze über das betreffende Werk, seine Entstehung und seine Bedeutung, und schließlich läßt man das ganze Werk noch einmal ohne Unterbrechung auf den Hörer wirken. Man braucht daraus nicht wieder einen groß angelegten Zyklus mit anspruchsvollem Titel zu machen, sondern man kann in zwangloser Folge und in lockeren Abständen von Zeit zu Zeit in ein Frühabendprogramm eine halbe Stunde einschieben, in der man irgendein Kammermusikwerk in dieser Form behandelt.

Die Formen instruktiver Musikaufführungen, wie man sie etwa beim Berliner Sender manchmal versucht hat, waren wirkungslos. Denn für den Hörer bedeutet es gar nichts, wenn man eine

Reihe von Konzertveranstaltungen unter einem meist sehr unklaren und allgemein gehaltenen Sammelbegriff vereinigt. Auch Musikgeschichte muß lebendig gemacht werden durch Vorführung von Stilproben, und die müßten wieder theoretisch erörtert werden. Diese Erläuterungen musikalischer Werke dürften aber keineswegs mit unverständlichen musiktechnischen Ausdrücken arbeiten, sondern sie müßten in einer hübschen erzählenden Form die Hörer auf die Vorgänge, und zwar auf die musikalischen, nicht auf irgendwelche hineingedeutete literarische Vorgänge, aufmerksam machen. Wir sind überzeugt, daß solche Darbietungen, die dem Hörer Belehrung in unterhaltender Form geben, in weiten Kreisen des Rundfunkpublikums Interesse finden könnten. Es müßte aber eine Form gefunden werden, die dem Wesen des Rundfunks vollkommen entspricht.

(13. April 1928)

Dirigenten

Hans Pfitzner als Sendespieldirigent

Die Berliner Funk-Stunde kündigt an, daß Professor Hans Pfitzner seine Oper *Der arme Heinrich* als Sendespiel einstudieren und dirigieren wird. Man kann ohne Übertreibung sagen, daß diese Veranstaltung rein taktisch eines der bedeutsamsten Ereignisse in der bisherigen Geschichte des Berliner Senders darstellt. Gerade Pfitzner ist derjenige unter den lebenden Musikern, der in Wort und Schrift immer am eifrigsten die Heiligkeit der Kunst gepredigt hat, der mit wahrem Fanatismus gegen den neuen Geist, gegen den Einfluß moderner Ideen auf die Musik gekämpft hat, der stets die weltferne Abgeschiedenheit und Einsamkeit des Künstlers als höchste Forderung aufgestellt hat. Wenn es nun der Funk-Stunde gelingt, den letzten romantischen Musiker (im Sinne des 19. Jahrhunderts) zur tätigen Mitwirkung am Rundfunk zu gewinnen, so liefert sie damit einen schlagenden Beweis für die künstlerische Bedeutung des Rundfunks, so nimmt sie denjenigen Musikern, die in der Gefolgschaft Pfitzners sich gegen eine neuzeitliche »Mechanisierung« der Kunst wehrten, das wichtigste und wertvollste ihrer Argumente.

Abgesehen von dieser taktischen Bedeutung, müssen wir dieser Veranstaltung natürlich auch eine hohe künstlerische Bedeutung beimessen. Hans Pfitzner ist ja nach Richard Strauss einer der repräsentativsten Vertreter der Musik der Vorkriegszeit. Durchaus dem 19. Jahrhundert entwachsend, sucht er in ganz persönlicher Weise eine Verbindung zwischen der Romantik Robert Schumanns und der Richard Wagners. Die starke Konzentration auf dieses Ziel und ein starker Wille zur Erreichung des Höchsten mußte im Schaffen dieses Mannes zu einigen starken Höhepunkten führen, die wir denn auch in seinem *Armen Heinrich,* in *Palestrina* und in der Kantate *Von deutscher Seele* erreicht sehen.

(7. Februar 1926)

Franz Schreker und Professor Gatz

Im Zyklus »200 Jahre Orchestermusik« dirigierte Franz Schreker sein *Vorspiel zu einem Drama* mit jenem feinen Klangsinn, der alle seine Dirigentenleistungen auszeichnet. Die übrigen Werke von Schreker und Julius Bittner klangen unter Leitung von Prof. Gatz auffallend stumpf und unpräzis, und es drängt sich die Frage auf, warum dieser durchaus drittrangige Dirigent schon wieder im Berliner Senderaum erscheint.

(13. März 1927)

Hermann Scherchen

Das wichtigste Ereignis in der jüngsten Entwicklung ist die Berufung Hermann Scherchens als Leiter des Musiklebens der Stadt Königsberg und als musikalischer Oberleiter des Ostmarken-Rundfunks. Scherchens Name ist in den letzten Jahren zu außerordentlicher Berühmtheit gelangt. Aus Berlin stammend, wirkte Scherchen in jungen Jahren als Bratschist in Berliner Orchestern. Im Krieg geriet er in russische Gefangenschaft, und als er 1918 nach Berlin kam, setzte er sich sofort mit einer solchen Vehemenz für die moderne Musik ein, daß die Orchesterkonzerte, die er damals veranstaltete, zu den sensationellen Ereignissen des Berliner Musiklebens der Nachkriegsjahre gehörten. Unterdessen hatte sich Scherchen zu einem hervorragenden Dirigenten entwickelt, dessen Präzision und dessen musikalische Gewissenhaftigkeit nicht nur neuen Werken zugute kam, sondern auch eine dem Geist unserer Zeit entsprechende Ausdeutung der klassischen Werke ermöglichte. Nach vorübergehender Tätigkeit in Leipzig wurde Scherchen 1922 als Leiter der Museumskonzerte nach Frankfurt berufen, mußte aber diese Stellung schon ein Jahr später aufgeben und betätigte sich in den nächsten Jahren auf ausgedehnten Gastspielreisen, die seinem Namen internationale Geltung verschafften.

Es gehörte zu den schwersten Mißständen im deutschen Musikleben, daß man diesem überragenden Dirigenten bisher noch nicht die Stellung zugewiesen hatte, die ihm seinem Können und seinen bisherigen Leistungen nach zukommt. Es wurde daher von allen Musikfreunden mit großer Freude begrüßt, daß die Stadt Königsberg diesen Mann nun an die Spitze ihrer Symphoniekonzerte berufen hat und daß damit die wertvolle Kraft Scherchens sich an so wichtiger Stelle auswirken kann. Für den deutschen Rundfunk gewinnt dieses Ereignis erhöhte Bedeutung, weil hier zum ersten Male ein wirklich bedeutender Dirigent die musikalische Leitung eines deutschen Sendebetriebes übernimmt. Dieses überaus wichtige Amt wurde bisher bei den deutschen Sendern von tüchtigen Fachleuten verwaltet, die aber über den allgemeinen Dirigentendurchschnitt nicht herausragten. Gerade in Deutschland, wo ja die öffentliche Musikpflege auf einem sehr hohen Niveau steht, sind es die Sendeleitungen sich schuldig, wirklich geniale Persönlichkeiten mit der musikalischen Oberleitung zu betrauen. Von einem Mann wie Scherchen können wir mit Bestimmtheit erwarten, daß er der musikalischen Programmbildung im Rundfunk, die sich in letzter Zeit zu einer gefährlichen Schematisierung ausgewachsen hatte, ein völlig neues Gesicht gibt und daß er besonders die Einordnung der gesamten wertvollen modernen Musik in die Sendeprogramme nach neuen Gesichtspunkten regelt. (Übrigens hat Scherchen vor einigen Jahren bereits am Frankfurter Sender durch seine Vorträge mit orchestralen Erläuterungen wertvollste Pionierarbeit geleistet.)

Aber noch aus einem anderen Grunde müssen wir diese Ernennung aufs wärmste begrüßen. Es geschieht hier zum ersten Male, daß die Stellung eines städtischen Generalmusikdirektors mit der des musikalischen Leiters der Sendegesellschaft verbunden wird. Das ist einer der entscheidendsten Schritte auf jenem Wege, der auf eine sinngemäße und zukunftssichere Einordnung des musikalischen Rundfunks in das öffentliche Musikleben hinzielt. Überall drängt heute die Frage zur Entscheidung, ob der Rundfunk den unmittelbaren Anschluß an die wertvollsten Stellen des öffentlichen Musiklebens aufnehmen will oder ob er seinen eigenen, meist stark populär gehaltenen Musikbetrieb weiterführen will. Gerade in den großen deutschen Musikstädten, wo die öffentliche Musikpflege von einer bestimmten Stelle aus geregelt wird, bedeutet es eine schwere Belastung, daß neben der musikalischen Oberleitung der Stadt noch ein eigenes musikalisches Zentrum beim Rundfunk existiert. Die Annäherung dieser beiden Gruppen muß voraussichtlich zu einer allmählichen Verschmelzung führen, und wir sind überzeugt, daß die neuartige Lösung dieser Frage durch die Vereinigung beider Stellungen im Falle Scherchen die notwendige Klarheit über diesen Punkt schaffen wird.

(4. Mai 1928)

Komponisten

Arnold Schönberg

Die »Stunde der Lebenden«, die wieder Kompositionen unserer Tage bringt, macht die Rundfunkhörer mit einem der führenden Meister der jungen Musik bekannt. Arnold Schönberg, der bisher im Rundfunk nur selten zu Worte gekommen ist, gilt weiten Kreisen des Publikums noch immer als Abschreckungsmittel, als der verabscheuungswürdige Urheber der heutigen ›Korruption‹ in der Musik. Diese schlechte Meinung beruht auf Mißverständnissen der wütenden Opposition seiner zahlreichen Gegner. Denn das Werk Schönbergs erwächst ganz organisch aus der Musik des 19. Jahrhunderts; er zieht nur die letzte Konsequenz aus dem Stil der Wagnerschen Chromatik, die er bis zur feinsten Differenzierung steigert; er gelangt so zu einer ›Farbmelodie‹,

die in zartesten Tönungen den Ablauf einer Stimmung wiedergibt. Das führt er allerdings mit der konzessionslosen Unbeirrbarkeit des Fanatikers durch, der einen Erfolg zu Lebzeiten fast als einen Rückschritt seiner Kunst betrachtet. Selbst seine Gegner müssen in ihm die reinste, edelste Künstlerpersonalität und die stärkste Geistigkeit des heutigen Musiklebens anerkennen.

(28. Februar 1926)

Max Trapp und Wolfgang Stresemann

Am Freitagabend spielte Professor Havemann das *Violinkonzert* von Max Trapp, mit dem er in vielen deutschen Städten großen Erfolg hatte. Diese Musik verleugnet niemals ihre Herkunft von Brahms, aber sie zeigt immer die geschickte Hand des Könners, sie ist vortrefflich für die Geige geschrieben, sie birgt einige vornehme melodische Einfälle und große klangliche Schönheiten.

Es folgte die Symphonie eines 22jährigen, eine Schülerarbeit, von der man kaum viel mehr sagen kann, als daß ihr Schöpfer noch gewaltig viel lernen muß. Die wenigen Einfälle, die Wolfgang Stresemann hat, kann er noch nicht verwerten. Melodisch und harmonisch steht der junge Komponist vollkommen im Banne von Richard Strauss; hier zeigen sich Ansätze, die durchaus entwicklungsfähig sind. Aber rhythmisch ist er noch gar zu armselig und begnügt sich mit Aneinanderreihungen von achttaktigen Perioden. Formale Mängel sind mit jugendlichem Alter zu entschuldigen. Stresemann müßte sich ein wenig der Musik unserer Zeit nähern. Kurz fassen! Weg mit den ewigen Quart-Sext-Akkorden! Strengen Satz arbeiten! Und dann mit kühnem Sprung hinein ins 20. Jahrhundert! Seidler-Winkler und dem Funkorchester gebührt für ihre Leistung uneingeschränktes Lob. Im übrigen begrüßen wir es, daß die Funk-Stunde jungen Anfängern Gelegenheit geben will, ihre Werke zu hören. Es besteht nicht der geringste Anlaß, Wolfgang Stresemann anderen begabten Anfängern gegenüber den Vorzug zu geben.

(25. April 1926)

Gustav Mahler: *9. Symphonie*

Am Dienstag [6. Juni] folgte ein Orchesterabend, dessen Programm eines der bedeutsamsten Ereignisse seit dem Bestehen des Berliner Senders enthielt: die Aufführung von Mahlers *Neunter*. Dieses gewaltige Werk nimmt eine Sonderstellung in der Entwicklung der Symphonie ein. Man könnte vielleicht Mahlers *Achte* als den riesenhaften Gipfelpunkt der Symphonie des 19. Jahrhunderts bezeichnen. Die *Neunte* dagegen ragt weit hinein in unser Zeitalter. Sie nimmt bereits das meiste von dem voraus, was die musikalische Entwicklung in den letzten Jahren erreicht hat. Die wundersame Durchflechtung ausdrucksvollster melodischer Linien, die bisweilen bis zur letzten Konsequenz durchgeführte Entfesselung der Harmonien, die solistische, fast kammermusikalische Behandlung des Orchesters, die jenseitigen Klänge von nie geahnter Schönheit hervorzaubert, dazu die vollkommen neue, aus eindeutiger Gestaltung tiefster Inhalte erwachsende Formgebung – das alles sind die Grundlagen für die heutige Musik geworden. Das Schaffen großer Künstler gelangt bis zu einem Punkte, wo sie über sich selbst hinauswachsen, wo Todesahnung ihnen die Hand führt, wo der prophetische Blick des sterbenden Geistes ferne Länder umfaßt. Die blühende Schönheit des Rückschauens, die völlige Stille, die selbst die Resignation weit hinter sich läßt, löst in uns eine Erschütterung aus, die uns tagelang in ihrem Banne hält. Die beiden langsamen Ecksätze dieser Symphonie atmen die Ruhe eines Menschen, der die irdische Zeit nicht mehr kennt, den die Ewigkeiten bereits aufgenommen haben.

Wir wissen dem Dirigenten Seidler-Winkler Dank für den Überzeugungsmut, mit dem er sich für diese schwierige Musik einsetzte. Er hat mit dieser Tat auch die eingefleischtesten Pessimisten von der Leistungsfähigkeit des Rundfunks überzeugt. Seiner großen Routine und Energie gelang es auch, das Orchester (das über einige vortreffliche Bläser verfügt) zu äußerster Kräfteanspannung hinzureißen, eine saubere Aufführung zustande zu bringen und Klangschattierungen von selten gehörter Feinheit zu erzeugen. Freilich ist Seidler-Winkler nicht die Persönlichkeit, eines der bedeutendsten symphonische Werke der Weltliteratur zu letzter Wirkung zu gestalten, die menschlichen und geistigen Inhalte dieser Musik zu erfühlen und nachzugestalten. Vielleicht hat er auch die Schwierigkeiten unterschätzt, ein Orchester, das sich mit den ungleichwertigsten Werken beschäftigen muß, vor eine solche Aufgabe zu stellen. So ist es nicht seine Schuld allein, wenn sich nicht die gleiche tiefgehende Wirkung einstellte, die wir bei früheren Aufführungen des Werkes beobachteten. Aber noch einmal: schon für den Willen sind wir dankbar!

Rudolf Kastner sprach die einleitenden Worte mit jener Ergriffenheit, mit der der Musikmensch von heute diesem Werk gegenübertritt. Er verstand es ausgezeichnet, dem Hörer in kürzester Zeit eine vollständige Handhabe zum Verständnis dieser Musik zu bieten. Leider litt der Abend unter ungünstiger Programmbildung. Wozu mußte man die ziemlich blasse, unpersönliche und konventionelle Darstellung von Beethovens *C-Moll-Konzert* durch Rudolf Schmidt beigeben? Überhaupt stellt die allzu häufige Heranziehung dieses Pianisten eine Zurücksetzung seiner Kollegen dar, die ihm teilweise weit überlegen sind.

(20. Juni 1926)

Albert Lortzing

Zu seinem 125. Geburtstag

Die meisten deutschen Sender begehen in der kommenden Woche den 125. Geburtstag des deutschen Komponisten Albert Lortzing. Gerade der Unterhaltungsrundfunk hat Anlaß genug, diesen Tag besonders feierlich zu begehen, denn es gibt wohl kaum einen Komponistennamen, der in den Rundfunkprogrammen aller deutschen Sender so häufig wiederkehrt wie der Lortzings. Diese gewaltige Popularität, die seine Werke alle Stürme der Zeit überdauern läßt, verdankt der Meister der Einfachheit und Eingänglichkeit seiner Melodien, die, aus dem Boden des deutschen Volksliedes erwachsen, doch so weit in die Sphäre der Kunst gehoben sind, daß sie, jedenfalls innerhalb des deutschen Geisteslebens, einen gewissen Ewigkeitswert besitzen. Schlager kommen und Schlager gehen. Vorgestern war es »Puppchen«, gestern »Bananen«, heute »Valencia« und morgen ein anderes. Aber daneben gibt es andere Melodien, die auch in aller Munde sind, nur mit dem Unterschied, daß sie es schon vor fünfzig Jahren waren und wohl in fünfzig Jahren noch sein werden. Diese seltene Volkstümlichkeit ist die hervorstechendste Eigenschaft von Lortzings Schaffen. Daneben aber gebührt ihm das musikhistorische Verdienst, aus einer Verbindung des Ideengehaltes des deutschen Volksstücks mit dem formalen Reichtum der französischen komischen Oper die deutsche Spieloper geschaffen zu haben. Innerhalb der Grenzen, die ihm seine eigene kluge Selbsterkenntnis gezogen hatte, gelang es ihm schon vor Wagner, aus seiner reichen Theatererfahrung und als sein eigener Textdichter eine einheitliche, umfassende Opernform zu schaffen, die nicht nur als Ausdruck ihrer Zeit, sondern auch als Gattung an sich immer Geltung behalten wird.

(17. Oktober 1926)

Schönberg: *Pelleas und Melisande*

Professor Arnold Schönberg, der große Neuschöpfer auf dem Gebiete der musikalischen Komposition, der sich nach Jahrzehnten des Kampfes und der Mißachtung erst jetzt zu der ihm gebührenden Anerkennung durchgerungen hat, dirigierte im Rundfunk seine große symphonische Dichtung *Pelleas und Melisande.* Dies grandiose Werk, das trotz seiner Abhängigkeit von Wagner für die Zeit seiner Entstehung einen gewagten Vorstoß in unbekanntes Neuland darstellt, hat erst vor wenigen Wochen bei der Aufführung durch Kleiber starke Beachtung gefunden. Unter Schönbergs eigener Leitung gewinnt das Funkorchester eine wundervolle Durchsichtigkeit und einen fast kammermusikalisch klaren und zarten Klang, dessen Wirkung um so größer ist, als Schönberg alle Ausdrucksmittel des modernen Orchesterapparates heranzieht. Es war eine wahrhaft musikalische Feierstunde.

(17. Mai 1927)

Schönberg: *Pierrot Lunaire*

Der Frankfurter Sender beweist von neuem durch die besondere Art seiner Bußtagsfeier seinen Ideenreichtum, seine fortschrittliche Gesinnung und damit seine überragende Bedeutung innerhalb des deutschen Sendebetriebs. Er läßt nämlich am Mittwoch Arnold Schönbergs *Pierrot Lunaire* aufführen, dessen entscheidende Bedeutung für die musikalische Entwicklung der letzten Jahrzehnte selbst von den Gegnern Schönbergs anerkannt worden ist. Dieses Werk, das eine neue Epoche der Musikgeschichte geschaffen hat, zeigt eine eigenartige Verbindung einer Sprechgesangstimme mit wenigen Instrumenten. In der Knappheit seiner Ausdrucksweise und in der ungeheuren Intensität der musikalischen Sprache ist es besonders für eine Rundfunkaufführung stark geeignet.

(11. November 1927)

Strawinsky

Am Freitagabend folgt dann ein Symphoniekonzert, dessen interessantes Programm zeitgenössischen Komponisten gewidmet ist. Igor Strawinsky, der große russische Komponist, den man vielleicht als den meist genannten und erfolgreichsten Musiker nach Richard Strauss bezeichnen kann, ist auch den Rundfunkhörern längst kein Unbekannter mehr. Die verschiedenen großen Stilwandlungen, die dieser Komponist durchgemacht hat, sind richtunggebend geworden für einen großen Teil der westlichen Musiker. Man neigt dazu, das groteske, ironische Element, das bei Strawinsky zweifellos stärker als bei irgendeinem anderen vertreten ist, allzusehr in den Vordergrund zu rücken. Die bedeutendsten Werke, die wir diesem Meister verdanken, weisen aber nichts von jenen Verzerrungen auf, die ihm in anderen Werken so viel Vorwürfe und so viel Begeisterung eingebracht haben. Schon die *Frühlingsweihe,* die *Geschichte vom Soldaten* und das *Bläser-Oktett* sind Offenbarungen seiner überragenden Begabung auf dem Gebiete der absoluten Musik. Vollends aber in seinen jüngsten Werken, die die Spuren einer intensiven Beschäftigung mit Bach aufweisen, hat sich Strawinsky restlos von jener negativen Einstellung abgewandt, die für seine Jünger in Frankreich und Italien noch heute als höchstes Ziel ihres Schaffens gilt.

(22. Juni 1927)

Max Reger: *Streichquartett op. 109*

Von den musikalischen Veranstaltungen der neuen Sendefolge erwähnen wir zunächst eine Kammermusikstunde am Dienstagabend, die ausschließlich das große *Es-Dur-Quartett* Max Regers enthält. Gerade die Kammermusik Regers ist es, die sich immer deutlicher einen dauernden Platz in unseren Konzertsälen erobert. In ihr zeigt sich der Meister nicht nur in einer ungewöhnlichen Beherrschung der Form und der kammermusikalischen Struktur, sondern auch in einer eigenen Sprache der Melodie und der Harmonie, die eine bedeutende Erweiterung der Ausdrucksmöglichkeiten der vorangegangenen Jahrzehnte darstellt. Die Kammermusik war es denn auch, die jüngst auf dem großen Reger-Fest in Frankfurt am Main auf alle Hörer den tiefsten Eindruck ausübte.

(29. Juni 1927)

Leoš Janáček

Im musikalischen Programm der Funk-Stunde finden wir einige Kammermusikveranstaltungen, auf die besonders hingewiesen sei. Das Andenken des vor kurzem verstorbenen tschechischen Komponisten Leoš Janáček feiert die Funk-Stunde durch die Aufführung einer *Violinsonate,* die von Gustav Havemann mit Lydia Hoffmann-Behrendt am Klavier gespielt wird. Mit Janáček ist unzweifelhaft einer der größten Komponisten unserer Zeit dahingegangen. Das Erstaunliche an diesem Musiker war, daß er sich bis in sein hohes Lebensalter hinein so jung erhalten hat. Er hat die Stilwandlungen, die die junge Musik in den letzten Jahrzehnten durchgemacht hat, keineswegs, wie viele seiner Altersgenossen, abgelehnt oder übersehen, sondern er hat sie in seiner Art verarbeitet und hat erreicht, daß er als Greis noch der jüngsten Musik zuzuzählen war. Jahrzehntelang lebte Janáček in Brünn als ein wenig bekannter Musiker, dessen Name über die Grenzen seines Heimatlandes kaum hinausgedrungen ist. Plötzlich, mit 60 Jahren, gelangte er zu Weltruf. Seine Oper *Jenufa,* ein einzigartiges Beispiel einer großen künstlerischen Gestaltung volkstümlicher Elemente, wurde mit einem Schlage ein Opernereignis von internationaler Auswirkung, nachdem sie

20 Jahre vorher einmal ohne Erfolg aufgeführt worden und seitdem völlig unbeachtet geblieben war. Seit diesem durchschlagenden Erfolg kennt und schätzt man Janáček als den größten Meister der tschechischen Musik und als einen der großen Musiker unserer Zeit, und die lebhaften Ovationen, die man ihm in der vorigen Saison anläßlich der Berliner Aufführung seiner *Sinfonietta* in einem Klemperer-Konzert gebracht hat, sind uns allen noch unvergeßlich. Wir werden in der kommenden Saison in Berlin die beiden letzten Bühnenwerke Janáčeks, *Die Sache Makropulos* und *Aus einem Totenhaus* kennenlernen.

(7. September 1928)

Schubert-Feiern

Die Feier von Franz Schuberts 100. Todestag beschäftigt in der kommenden Woche alle deutschen und ausländischen Sender. Die Bedeutung dieses Tages wird an anderer Stelle [...] gewürdigt. Hier sei nur noch gesagt, daß Schubert zu den ganz wenigen künstlerischen Erscheinungen zählt, die den unmittelbaren Anschluß an das große Publikum gefunden haben, trotzdem sie in ihrer Kunst das Höchste geleistet haben, was einem Menschen erreichbar ist. Die Vereinigung von wirklicher Volkstümlichkeit mit höchster künstlerischer Vollendung ist selten in dem Maße erreicht worden wie bei Schubert. Seine Melodien sind von einer vornehmen, fast philosophischen Haltung, aber sie haben Eingang gefunden in das Herz des Volkes, weil sie eben doch aus volkstümlichem Empfinden hervorgegangen sind. Vielleicht ist das das Höchste, was ein Künstler erreichen kann, und die Gesetzmäßigkeit, nach der sich dieser Prozeß einer allmählichen Fruchtbarmachung künstlerischer Werte vollzieht, söhnt uns mit vielen Ungerechtigkeiten aus, die wir im Leben und in der Kunst beobachten können. Das glückliche Zusammentreffen von volkstümlicher Ursprünglichkeit mit einer ungewöhnlichen künstlerischen Gestaltungskraft macht Schubert auch zum bevorzugten Komponisten des Rundfunks, der in einer so fundierten Kunst das Ideal erblicken muß. Es ist daher zu begreifen, daß der Rundfunk an diesem Tage dem Komponisten Franz Schubert, einem seiner stärksten Helfer, seinen Dank abstattet.

(16. November 1928)

Neue Musik, Unterhaltungsmusik

Möglichkeiten absoluter Radiokunst

Vor einigen Wochen trat eine Berliner Vereinigung junger Künstler, die Novembergruppe, mit Experimenten an die Öffentlichkeit, die, obwohl an anderen Orten längst vorbereitet und begonnen, hier doch zu einem ersten, abschließenden Ergebnis gelangten. In einem großen Ufa-Theater wurde einem illustren Auditorium von Wissenschaftlern, Gelehrten, Künstlern, Kritikern der *absolute Film* vorgeführt, soweit er bis jetzt gediehen ist. Dieses Ereignis gibt erneuten Anlaß, den oft angewandten und allzu oft mißbrauchten Vergleich zwischen Film und Rundfunk einmal zu Ende zu denken. Wenn man diese beiden gewaltigen technischen Errungenschaften als bloße Unterhaltungsinstitutionen wertet, so liegen die Vergleichsmöglichkeiten auf der Hand. Beide werden dann aus Quellen gespeist, die außerhalb ihres eigenen Bereiches liegen: der Film aus Theater und Varieté, der Rundfunk aus Musik und Sprechkunst. Beide bilden, vom Standpunkt der Bewirtschaftung aus gesehen, eine neue Prägung der alten Volksvergnügungen, eine Art neuen, amüsanten Journalismus. Beide besitzen aber auch Eigenwerte, die ihnen allein gehören und die durch allmähliche Entwicklung zu einer besonderen Gattung von Kunst heranreifen können. Eine neue Kunst kann erst dann entstehen, wenn die neue Technik zur Selbstverständlichkeit geworden ist. Das heißt: die neue Kunst bringt sich die technischen Neuerungen, die sie erfordert, schon als fertige Errungenschaften mit. Der Kuppelhorizont war da, als die naturalistische Bühne ihn brauchte. Die Klarinetten waren erfunden, als mit Mozart ein neues Zeitalter des Orchesters anbrach. Die Technik wartet auf ihre Verwertung in der Kunst, die selbst nicht vom Material abhängig sein darf. Bestes Beispiel: die Vierteltonmusik, die, in ihren heutigen Anfängen noch als bloße Technik gewertet, erst zu einer wirklichen Kunst führen kann, wenn mehrere Generationen sich damit beschäftigt haben, wenn der Vierteltonklang der Allgemeinheit ein vertrauter Begriff geworden ist.

Die Anfänge des Films bestanden in einem Tasten nach den neuen Möglichkeiten. Mit Kolportage begann es. Die ersten kriminellen Sherlock-Holmes-Filme aus Amerika, die sentimentalen Liebesgeschichten, die Paris sandte, spekulierten auf einfachste Instinkte. Dann folgte die Anlehnung an die Literatur: die Verfilmung von Dramen und Romanen aller Arten, aller Sprachen. Die Natur mußte als Kulisse dienen. Länder wurden durchforscht nach neuen, sensationellen Szenerien. Probleme des Lebens, der Wissenschaften, der Politik wurden herangezogen. Schließlich begann man die eigenen Wege, die besonderen Möglichkeiten dieser Filme auf zwei Gebieten zu erkennen: zunächst in einer Fortsetzung und Vollendung des Bühnennaturalismus; die Literatur gab die genaue Schilderung des realen Lebens an den Film ab, dem ja technisch alles zu Gebote stand; der grausame Realismus der großen historischen Filme ist vielleicht die letzte Steigerung dieser Gattung. Dann aber sah man das andere Ziel des Films in der Darstellung des Phantastischen, Geheimnisvollen, Übersinnlichen, wie es nur die Tricks der Glashäuser vor unserm Auge erscheinen lassen können. *Dr. Caligari, Sumurun,* der Traum in Chaplins *The Kid* sind schönste Ergebnisse dieser Richtung. Immer mußte es aber angenehm unterhaltend oder allenfalls belehrend sein. In der geistreichen Verbindung beider Arten, im amerikanischen Groteskfilm, dämmerte zuerst der Begriff einer wirklich eigenen Filmkunst, die ihre besonderen Ausdrucksmittel, ihr Tempo, ihre Dynamik besitzen könnte. Einige Pariser Maler (Léger u. a.) entwarfen Filme, die, unter völligem Verzicht auf Handlung, Thema oder auch nur inneren Zusammenhang, etwa das tolle Durcheinanderwirbeln von Gedanken und Vorstellungen im Gehirn eines modernen Großstadtmenschen darstellen. Dabei kann es – ähnlich wie bei Chaplins ergreifender Komik – fast ans Tragische grenzen, wenn mitten im Getobe der großen Boulevards, mitten im Gerase der Eisenbahnkondukte, immer wieder ein einsamer Strohhut auftaucht. Bei den Deutschen Ruttmann, Eggeling usw. führten die Bestrebungen einer eigenen Filmkunst zur völligen Abstraktion. Ein geometrisches »Thema« wird aufgestellt und wird dann in allen möglichen Umgestaltungen, nach rein musikalischen Gesetzen verarbeitet. Diese abwechslungsvolle Aneinanderreihung rein optischer Gestaltungskräfte, dieses kontrapunktische Ineinandergehen von Linien und Kreisen, zu denen schließlich auf dem Höhepunkt als ausdrucksvollste Komponente die Farbe hinzukommt – das alles vermag wohl den äußeren Eindruck eines Musikstücks zu erwecken, aber es bietet nur die Umrisse, nur die Konturen der Musik, es kann wohl einen Ausdruck vermitteln, aber das, was ausgedrückt werden soll, fehlt: die Seelenhaftigkeit, der innere Gesang. Dieser Mangel am Wesentlichen macht den absoluten Film zum Kunstgewerbe. Aber auch als solches hat er seine Berechtigung.

Es ist nicht schwer vorauszusagen, daß sich die Entwicklung des Rundfunks in ganz ähnlichen Bahnen vollziehen wird. Nur daß die Abhängigkeit von anderen Kunstzweigen hier noch viel stärker ist. Denn vorläufig ist der Rundfunk als Unterhaltungsmittel nur eine neue Institution, die der Vermittlung der großen Meisterwerke der Musik und Literatur dient. Wesentliches leistet er als Belehrungsstätte für Millionen von Wissensdurstigen. Aber künstlerisch ist seine Bedeutung zunächst mehr eine quantitative als eine qualitative. Unendlich viel ist schon erreicht durch die Möglichkeit, die Kunst in die Masse zu tragen, das Vorhandene sich auf breitester Ebene auswirken zu lassen, dem kleinen Mann wie dem besitzenden nicht nur die großen Schöpfungen der Musik, des Theaters, sondern auch deren meisterlichste Darstellungskräfte ins Haus zu senden. Auch die Natur beginnt man akustisch darzustellen: der Londoner Sender überträgt den Gesang von Nachtigallen und das Wogen der Flut an Englands Küste. Das wird – genau wie in der Entwicklung des Films – zu einer strengen Scheidung führen zwischen dem Rundfunk und anderen Kunstinstitutionen, die ihn vorläufig noch als Konkurrenz empfinden. Die Künste werden Teile ihres Gesamtkörpers abstoßen, deren Übermittlung dann dem Mikrophon allein überlassen bleibt. Es wird sich dabei natürlich wieder um solche Erscheinungen handeln, deren Darstellung durch die Errungenschaften der Radiotelephonie besonders gestützt oder gar erst ermöglicht werden. Wahrscheinlich werden für dieses Stadium hauptsächlich solche Werke in Betracht kommen, bei denen die Unsichtbarkeit des ganzen Apparates eine große Rolle spielt, bei denen es vielleicht unumgänglich nötig ist, die Tätigkeit des Auges auszuschalten. Auf dem Gebiete des Sendespiels beschäftigt man sich bereits mit diesem Problem. Man spricht schon davon, das Hörspiel gänzlich vom herkömmlichen Theater loszutrennen, es als eine nach den eigenen Gesetzen und mit den eigenen Zielen des Senderaums orientierte Kunstgattung auszubauen. Auch innerhalb des Musikbetriebes wird der Rundfunk einen besonderen Raum einnehmen, der ihm allein gehört – wahrscheinlich durch das allmähliche Verschwinden des Starwesens, durch eine Betonung der intimen, privaten Musikpflege. Aber daneben wird sich auch die Technik vervollkommnen, und zwar weniger auf seiten des Empfangsapparates als im Senderaum. Das Ziel wäre zu niedrig gesteckt, wenn man es nur in einer möglichst idealen Übermittlung von Musikstücken oder Rezitationen erblicken würde. Was der Film an Neuem gebracht hat: den fortwährenden Szeneriewechsel, die Gleichzeitigkeit zweier Geschehnisse, das Tempo des wirklichen Lebens und das überlebensgroße Tempo der Persiflage, die marionettenhafte Wahrhaftigkeit des Trickfilms und die Möglichkeit, eine Linie von ihrer Entstehung bis zu ihrem Übergang in andere Formen zu verfolgen – all das – auf akustische Verhältnisse übertragen – muß das Mikrophon auch schaffen. Wie der Film die optischen Ausdrucksmittel bereichert hat, so müssen die akustischen durch die Rundfunktelephonie ungeahnt vermehrt werden. Die »akustische Zeitlupe« muß erfunden werden – und vieles andere. Und all das könnte dann zu einer *absoluten Radiokunst* führen.

Die Schwierigkeit für den absoluten Film besteht darin, daß unser Gesichtsorgan zu sehr an die Übertragung auf Vorstellungen aus Natur und Leben gebunden ist, um eine rein »melodische« Kunst aufnehmen zu können. Auch der Expressionismus der bildenden Künste, der ähnliche Ziele verfolgte, ist letzten Endes daran gescheitert, daß die Beschauer und oft sogar die Maler selbst diese abstrakten Gebiete zu sehr als Symbol irgendeines Geschehens auffaßten. Diese Gefahr schaltet sowohl für die Musik als auch für die Wortkunst aus. Die dilettantische Anschauung, daß man sich bei jedem Tonstück »etwas denken« müsse, daß der Musikgenuß mit irgendwelchen Vorstellungen dramatischer oder idyllischer Art verknüpft sei, wird durch die Praxis immer von neuem widerlegt. Das unverbildete, von Vorurteilen unbeschwerte Publikum wird Musik stets als Musik an sich empfinden, als jenes zauberhafte Ineinandergehen von Melodien und Harmonien, das vom inneren Erleben des Schöpfers durchleuchtet ist wie der nächtliche Wald vom klaren Silbermond. Nun können wir uns sehr gut vorstellen, daß zu den Tönen und Rhythmen der Musik neue Klänge hinzutreten würden, Klänge aus anderen Sphären: Rufe menschlicher und tierischer Stimmen, Naturstimmen, Rauschen von Winden, Wasser, Bäumen und dann ein Heer neuer, unerhörter Geräusche, die das Mikrophon auf künstlichem Wege erzeugen könnte, wenn Klangwellen erhöht oder vertieft, übereinandergeschichtet oder ineinanderverwoben, verweht oder neugeboren werden würden. Um das Wichtigste nochmals zu betonen: ein solches Opus dürfte kein Stimmungsbild ergeben, keine Natursymphonie mit möglichst realistischer Ausnutzung aller vorhandenen Mittel, sondern ein absolutes, über der Erde schwebendes, seelenhaftes Kunstwerk mit keinem anderen Endziel als dem jeder wahren Kunst: Schönheit zu geben und durch Schönheit den Menschen gut zu machen und gleichgültig gegen die Kleinlichkeiten des Lebens.

Ob all das eine Utopie bleiben wird, hängt von den Fortschritten der Technik ab. Bei dem heutigen Stand der Rundfunktelephonie ist an ein derartiges Unternehmen gar nicht zu denken – aber schließlich wäre im Jahre 1910 auch der absolute Film technisch unzulänglich oder gar unmöglich gewesen. Die ganze Rundfunkbewegung ist noch zu jung, um schon an die Verwirklichung ihrer Endpläne heranzugehen – was uns aber nicht verhindern soll, schon jetzt alle Eventualitäten in Betracht zu ziehen. Zunächst – um an früher Gesagtes anzuknüpfen – gilt es, den Rundfunk für die breiten Massen, für das Volksempfinden zu einer Selbstverständlichkeit, zu einem Lebensbestandteil zu machen. Erst auf dem Boden eines feststehenden Begriffs, einer wohlvertrauten und beliebten Gegebenheit läßt sich etwas Wesentliches errichten. Rein klanglich können wir uns schon jetzt ein derartiges Kunstwerk vorstellen. Wir können uns sogar ausmalen, daß dabei eine gewisse Empfindung zum Ausdruck gebracht wird, die vielleicht mehr an der Oberfläche liegt als die Inhalte musikalischer Komposition, die aber doch einem tiefen seelischen Erleben entspringen könnte. Nur von der Spannung, von dem Angefülltsein, von der Form eines solchen künstlerischen Geschehens können wir uns noch keinen Begriff machen. Von allen Künsten war bisher die Musik die einzige, die ausschließlich an einen zeitlichen Ablauf gebunden war. Das Bild und die Plastik unterliegen nur räumlichen Gesetzen, sind einmalig vorhanden und von einer stetigen Wirkung. Der Eindruck einer Dichtung ist durch die Lesbarkeit und Begrifflichkeit ihrer Gedanken jederzeit jedem zugänglich. Nur die Musik wirkt sich auf einer zeitlichen Ebene aus, aber sie verfügt über das schönste von allen künstlerischen Bildungsmitteln: die Melodie ist der Atem, ist das pulsierende

Leben der Musik, und die Vieldeutigkeit der Melodien schafft einer Komposition erst die Form. Wie soll sich aber die Melodie vollziehen bei einer absoluten Hörkunst, die nicht Musik heißt, welche Geräusche oder Laute könnten die Melodie in so vollendetem Maße ersetzen, daß eine Spanne Zeit mit intensivstem Erleben erfüllt werden kann? Hier hört unsere Vorstellungskraft auf, hier wird die neuschöpferische Kraft der Persönlichkeit einsetzen, die alle voraufgegangenen Versuche aus den Niederungen des Experiments in die gereinigte Sphäre der Kunst heben wird.

(28. Juni 1925)

Tanzmusik, Jazz;
Analyse (Bartóks *1. Streichquartett*)

Ein Zweig musikalischer Rundfunkdarbietungen, der zu den ständigen Einrichtungen aller Sender der ganzen Welt gehört, ist an dieser Stelle noch nie seiner ganzen Bedeutung nach gewürdigt worden. Wie alle großen europäischen Sender gibt auch die Berliner Funk-Stunde allabendlich nach Abschluß ihres Abendprogramms Tanzmusik. In unseren Tagen, wo für den Großstadtmenschen der Tanz zu den wenigen Dingen gehört, die ihn über den Alltag hinwegzuheben vermögen, kommt natürlich der Tanzmusik eine Bedeutung zu, die sie in früheren Zeiten nicht besaß. Das hat einerseits zu einer kunstfremden Industrialisierung des leichten Musikbetriebes geführt: das unbekümmerte Zigeunertum der Tanzspieler früherer Zeiten hat einem krassen Geschäftsgeist Platz gemacht. Andererseits aber drückt ein bestimmter Zweig der Tanzmusik den Zeitgeist unserer Tage so vollkommen aus, daß er sogar auf einen bestimmten Teil der ernsten Kunstmusik einen vorübergehenden Einfluß gewinnen konnte. Der Rhythmus unserer Zeit ist der *Jazz*. Die Amerikanisierung unseres ganzen äußeren Lebens, die sich langsam aber sicher vollzieht, findet hier ihren merkwürdigsten Niederschlag. Die Tanzmusik gibt ja nicht – wie die Kunstmusik – die Empfindung überragender Persönlichkeiten wieder, die über der Zeit stehen, sondern sie spiegelt den Instinkt der Masse. Und ein Blick in die Tanzsäle aller Kontinente beweist, daß der Jazz genauso der äußerliche Ausdruck unserer Zeit ist wie der Walzer der des ausgehenden 19. Jahrhunderts. So müssen selbst eingefleischte Gegner dieses »Zeitgeistes« zugeben, daß in einer Institution, die allabendlich Tanzmusik sendet, der Shimmy den weitaus überwiegenden Teil einnehmen muß. Aber: es entsteht noch keine Jazzmusik, wenn man einen synkopierten $^{2}/_{2}$-Takt herunterspielt. Die Negermusik, die den Ursprung der Jazzband bildet, ist voll einer Kompliziertheit des Rhythmus, von einer harmonischen Sorgfalt, von einem klanglichen und modulatorischen Reichtum, wie ihn die meisten unserer Tanzkapellen einfach nicht aufbringen können. Nun haben wir einige Wochen lang eine wirkliche Jazzband allabendlich im Rundfunk gehört: die Jazz-Symphoniker Ernö Rapées. Wenn man sie an den herrlichen Jazzbands der Negerrevuen mißt, so fehlt es auch dieser Vereinigung noch an letzter Differenziertheit. Aber sie weist doch schon jenes stampfende Durcheinander von Saxophonen, Jazztrommeln und gedämpften Trompeten, jenen losgelösten Rhythmus, jenen improvisierten Humor auf, der die Jazzband einzig erträglich macht.

Alles andere, was uns die Funk-Stunde an Tanzmusik bietet, ist nur ein Surrogat. Die Tanzkapelle Franz v. Szpanowskys verfügt nicht über die instrumentalen Mittel, um Rapée nachzuahmen, was sie neuerdings vergeblich anstrebt, das Blasorchester Woitschach gibt biedere Polkarhythmen zum Besten, und wenn gar die »Kapelle der 3. Nachrichtenabteilung« einen der schönsten Shimmys Warrens im Stil eines Militärmarschs herunterleiert, so ist das Maß des Erträglichen längst überschritten. London bietet allabendlich die Jazzmusik aus dem Savoy-Hotel, Rom die aus dem Hotel di Russia – kein großer Sender verzichtet auf Jazzbands modernster Gattung. Auch die Berliner Funk-Stunde muß ihren Programmen die Darbietung erstklassiger Tanzmusik als ständige Einrichtung einverleiben. Für weite Kreise des Berliner Publikums war die Tanzmusik von Rapées Jazz-Symphonikern stärkster Anziehungspunkt der Radioprogramme. Neben Rapée stehen eine Anzahl vorzüglicher Kapellen zur Verfügung (Julian Fuchs, Etté, Marek Weber usw.). Und wenn sie nicht im Senderaum erscheinen können, so schicke man eben das Mikrophon zu ihnen.

Nun zu den Ereignissen der kommenden Woche. In der Unterhaltungsmusik am Sonntagvormittag wirkt u. a. der ungarische Musiker Dr. v. Szilagyi mit, der vor einiger Zeit uns schon eine Auswahl aus seiner interessanten Sammlung alter Volkslieder seiner Heimat geboten hatte. Die anschließende »Stunde der Lebenden« ist ebenfalls einem ungarischen Musiker gewidmet, dem in Budapest lebenden, gerade 45jährigen Bela Bartók, den man als eine der hervorragendsten Erscheinungen der heutigen Musik bezeichnen kann. Der Schreiber dieser Zeilen wird vorher den Versuch machen, in Gestalt einer formalen Analyse weiteren Kreisen der Rundfunkhörer das Verständnis eines neuzeitlichen Musikstückes zu erleichtern. Die mehr oder weniger laute Ablehnung, die die moderne Musik bisweilen findet, beruht zumeist darauf, daß es einfach unmöglich ist, ein Werk nach einmaligem Hören zu beurteilen. Diesem Mißstand soll nun auf die Weise abgeholfen werden, daß dem Hörer das *1. Streichquartett* Bartóks zunächst einmal nach dem genauen Ablauf der musikalischen Entwicklung »auseinandergesetzt« werden soll, bevor es dann im Zusammenhang vorgeführt wird. Es ist gut, daß man für diesen Zweck zunächst einmal ein Werk gewählt hat, das nicht der allerjüngsten Richtung angehört, sondern eher als Grundstein für die heutige Entwicklung gelten kann.

(14. März 1926)

Kompositionsaufträge

Von größter aktueller Bedeutung für die künstlerische Entwicklung des deutschen Rundfunks ist eine Veranstaltung des Breslauer Senders, die von allen deutschen Stationen übernommen wird. Als im vorigen Sommer von der Reichs-Rundfunk-Gesellschaft die Erteilung von Kompositionsaufträgen der Rundfunksender angeregt wurde, da war man sich in allen Kreisen der Rundfunkfreunde darüber einig, daß hier eine überaus glückliche und fruchtbare Idee Verwirklichung finden konnte. Es ist oft gesagt worden, daß die moderne Kunst, solange sie noch nicht eine Angelegenheit der breiten Massen ist, unter dem Mangel eines wirklich großzügigen Mäzenatentums zu leiden hat. Da der Staat die weitgehenden Verpflichtungen, die die Fürsten gegenüber den Künstlern eingegangen waren, nicht auf sich genommen hat, war hier für die Künstler eine empfindliche Lücke entstanden. Seit der Entstehung des deutschen Rundfunks war immer wieder darauf hingewiesen worden, daß hier eine der vornehmsten Aufgaben des Rundfunks liegt; denn der Rundfunk ist nicht nur materiell in der Lage, Kunst »anzukaufen«, sondern für ihn ergibt sich immer deutlicher die Notwendigkeit, die künstlerische Produktion unserer Zeit zur Mitarbeit heranzuziehen. Damit ist beiden Teilen geholfen. Für den Künstler ergibt sich eine wesentliche Erweiterung seines Aufgabenkreises und damit eine größere wirtschaftliche Sicherstellung, der Rundfunk aber wird auf diese Weise in die Lage versetzt, sich seine eigene, nur ihm gehörende Kunst zu schaffen. Die Bestrebungen gehen dahin, regelmäßig in gewissen Abständen bei den verschiedenen Sendestellen Werke herauszubringen, die von den betreffenden Funkgesellschaften bei einem Komponisten bestellt werden und die von dem Musiker unter Berücksichtigung der künstlerischen Forderungen des Rundfunks und der besonderen akustischen Bedingungen des Senderaums geschaffen werden sollen. Bekanntlich hat ja der Frankfurter Sender damit schon vor längerer Zeit den Anfang gemacht, indem er bei Paul Hindemith ein Rundfunk-Orgelkonzert bestellte. Jetzt sollen also regelmäßig solche Aufträge erfolgen, und zwar macht Breslau den Anfang, indem es ein dem Breslauer Sender gewidmetes Werk von Franz Schreker, eine *Kleine Suite für Kammerorchester,* zur Uraufführung bringt. Schreker wird das Werk, für dessen Niederschrift er seine Erfahrungen als Hörer und als Rundfunkdirigent verwertet hat, persönlich leiten und wird anschließend einige Orchestergesänge bringen, die von der Sängerin Maria Peschken vorgetragen werden.

(11. Januar 1929)

Der Rundfunk
und die neue Musik

Die allmähliche Aktualisierung des deutschen Rundfunks, die zweifellos in den letzten Monaten Fortschritte gemacht hat, mußte auch dazu führen, daß der Rundfunk seine Stellung zur neuen Musik aus der einer freundlichen Passivität in die einer aktiven Förderung änderte. Die neue Musik ist ja dem Rundfunk gegenüber in der angenehmen Lage, daß sie nicht nur voller Dankbarkeit die materielle Förderung entgegennimmt, die ihr der Rundfunk zuteil werden läßt, sondern daß auch sie selbst ihrerseits dem Rundfunk etwas bieten kann, das er unbedingt braucht. Die ganze Einstellung des Rundfunks gegenüber den Fragen des Tages und den Fragen der Kunst und die damit verbundene Personalpolitik, die die leitenden künstlerischen Stellungen fast immer mit »unbeschriebenen Blättern« besetzt hatte, nicht zuletzt auch die übertriebene Rücksichtnahme auf die Meinungsäußerungen eines Teiles der Hörerschaft – all das hatte es mit sich gebracht, daß zwischen dem Rundfunk und der neuen Musik nicht gerade ein Zustand intimer Freundschaft bestand. Einige Sendestationen hatten die Musik von heute überhaupt vollständig aus ihren Programmen ausgeschlossen, größere Sender hatten die moderne Musik in eine ungewollte Isolierung hineingetrieben, indem sie Aufführungen neuer Werke ausschließlich im Rahmen besonderer Veranstaltungen neuer Musik boten, und selten kam es vor, daß ein modernes Musikstück in ein richtiges Abendprogramm eingereiht wurde. Darin hat sich nun nach und nach schon vieles geändert, und besonders die ungemein fruchtbare Tätigkeit Hermann Scherchens am Königsberger Sender hat das Beispiel einer gesunden Pflege neuer Musik gegeben, an dem die übrigen Sender nicht vorübergehen konnten.

Zwei Ereignisse der jüngsten Zeit liefern einen deutlichen Beweis dafür, daß sich tatsächlich eine gegenseitige Annäherung des Rundfunks und der neuen Musik zu vollziehen scheint. Der Rundfunk selbst tritt durch die Erteilung von Kompositionsaufträgen in eine neue Aktion ein. Man hatte vor längerer Zeit auf einem anderen Gebiete des Rundfunks versucht, die neue Produktion zur Mitarbeit heranzuziehen, indem man ein Preisausschreiben für die Schaffung eines Hörspiels erließ. Doch hatte sich weder die Form des Preisausschreibens noch ihre Durchführung in diesem speziellen Fall als geeignet erwiesen, eine Zusammenarbeit der wertvollen produktiven Kräfte mit dem Rundfunk herbeizuführen. Darum scheint uns die Idee einer regelmäßigen Auftragserteilung wesentlich günstiger. Der Rundfunk veranlaßt die Komponisten unserer Zeit, sich mit dem Problem einer eigenen Rundfunkmusik eingehend zu beschäftigen. Die Musiker sollen auf praktischem Wege untersuchen, wie die formalen Grundlagen, die instrumentalen Möglichkeiten und die satztechnischen Voraussetzungen einer Rundfunkmusik beschaffen sind. Der Rundfunk selbst beweist, daß er an dieser Arbeit der Musiker ein aufrichtiges Interesse hat, indem er Geld dafür hergibt. Das ist unbedingt ein gesunder Zustand gegenseitiger Leistung.

Das Wichtigste an diesem Unternehmen erscheint uns aber, daß eine möglichst große Anzahl neuer Komponisten zu dieser Mitarbeit herangezogen wird. Denn einerseits braucht der Rundfunk alle produktiven Kräfte, die nur irgend verfügbar sind; andererseits wird dieser Plan für die neue Musik erst dann von ausschlaggebender Bedeutung sein, wenn auch die jungen, noch wenig bekannten Komponisten auf diese Weise eine materielle Unterstützung und die Möglichkeit raschen Bekanntwerdens gewinnen.

Aber die neue Musik liefert auch den Beweis, daß sie bereit ist, von sich aus an die Bearbeitung der musikalischen Rundfunkprobleme heranzugehen. Die repräsentativste Kundgebung der modernen Musik, die »Deutsche Kammermusik Baden-Baden«, die alljährlich irgendein musikalisches Schaffensgebiet von neuem zur Diskussion stellt, bezieht (wie sie in ihrem Aufruf mitteilt) in diesem Jahre »erstmals ein Gebiet in ihr Programm, zu dem Stellung zu nehmen für den schöpferischen Musiker heute eine dringliche Aufgabe ist: die Originalmusik für den Rundfunk«. In enger Zusammenarbeit mit den leitenden Stellen des deutschen Rundfunks will die »Deutsche Kammermusik« die Schaffung musikalischer Werke befürworten, die in ihrem Stil und in ihrer Technik auf die besonderen akustischen Bedingungen und auf die ungewohnte Beschaffenheit des Publikums im Rundfunk zugeschnitten sind. Im Zusammenhang damit gibt die »Deutsche Kammermusik« einige sehr interessante Richtlinien: Sie weist darauf hin, daß ein für den Rundfunk geschaffenes Werk auf die Zusammensetzung des Rundfunkpublikums Rücksicht zu nehmen hat. Dann gibt sie wertvolle Anweisung über die Orchesterbehandlung im Rundfunk und stellt einige wertvolle Erfahrungen über die Klangwirkung verschiedener Instrumentalgruppen im Mikrophon zusammen. Es wird auf die günstigen Übertragungsbedingungen der Streicher und Holzbläser hingewiesen, es wird vorsichtiger Gebrauch des Schlagzeugs und der Hörner empfohlen, und es wird im allgemeinen eine klare und durchsichtige Satzweise verlangt. Die Musiker werden angeregt, Rundfunkkompositionen verschiedener Gattungen zu schaffen: Werke für Kammerorchester und für Kammermusik, ferner Vokalmusik und schließlich auch musikalische Hörspiele, von denen verlangt wird, daß die Handlung mit rein akustischen Mitteln und ohne besondere Erklärungen verständlich gemacht wird. Es ist zu erwarten, daß diese Zusammenarbeit des Rundfunks mit den wertvollen Kräften der musikalischen Produktion eine weitere Förderung der Rundfunkmusik und damit des fortschrittlichen Rundfunks überhaupt bedeutet.

(25. Januar 1929)

Moderne Musik in Berlin

In den Programmen der deutschen Sender für die nächste Woche finden wir wieder eine ganze Reihe von Aufführungen neuer Musik. Durch den außerordentlich starken Verbrauch an Musik jeder Art in den Rundfunkprogrammen hat sich Busonis Wort bestätigt, daß die Musik noch eine sehr junge Kunst sei und in der Anzahl bedeutender Werke wie auch führender produktiver Erscheinungen mit anderen Künsten nicht zu vergleichen sei. Das, was wir heute als Kunstmusik bezeichnen, ist zu einer Zeit entstanden, da andere Künste, wie die Dichtung und die Malerei, bereits große, ergebnisreiche Epochen künstlerischer Produktion hinter sich hatten. So ist es zu verstehen, daß der Umkreis der klassischen Musik, die sich bis auf den heutigen Tag erhalten hat, ein verhältnismäßig geringer ist, wenn man etwa einen Vergleich anstellt mit den klassischen Erzeugnissen der bildenden Kunst, die in den Museen der ganzen Welt zu finden sind. So ist es auch zu verstehen, daß unser ganzes Konzertleben sich um eine auffallend geringe Zahl klassischer Werke ständig im Kreise dreht und daß diese wenigen Werke in den Konzertsälen ständig wiederkehren. Für das Konzertleben hat sich aus diesem geringen Umfang an Werken bereits eine schwere Krise ergeben. Das große Publikum zeigt sich an diesen ständigen Wiederaufführungen derselben Werke schon heute ziemlich uninteressiert. Auch für den Rundfunk besteht unzweifelhaft eine schwere Gefahr darin, daß man durch eine zu geringe Auswahl an aufführungswerten klassischen Werken allmählich zu einer Erlahmung der musikalischen Programme kommen muß. Die meisten Sender haben eingesehen, daß es aus diesem Dilemma nur zwei Auswege gibt: die Suche nach verborgenen Schätzen der alten Musik und eine großzügige Förderung und Berücksichtigung der neuen musikalischen Produktion. Bei diesen beiden Gattungen werden andere Maßstäbe angelegt als bei der klasischen Musik. Sowohl unbekannte Einzelwerke als auch moderne Kompositionen tragen den Reiz der Neuheit in sich, sie werden nicht nach absoluten Maßstäben gewertet, sondern man erkennt in ihnen ihre relative Bedeutung für die musikalische Entwicklungsgeschichte der alten und der neuen Zeit. In diesem Sinne darf die moderne Musik in den Rundfunkprogrammen eine bevorzugte Stellung beanspruchen. Der Rundfunk braucht die neue Musik für eine lebendige, allgemein interessante Ausgestaltung seiner Programme, er braucht sie noch dringender, wenn er wirklich zu einer eigenen, rundfunkgemäßen Kunstform vordringen will.

(14. April 1929)

Notiz zum *Berliner Requiem*

Die Kantate *Das Berliner Requiem,* die dem Frankfurter Sender gewidmet ist, gehört innerhalb meiner Produktion zu dem Umkreis einer Reihe von Arbeiten, die gewissermaßen als Studien zu der jetzt vollendeten Oper *Aufstieg und Fall der Stadt Mahagonny* gedacht sind. Die Werke, die in diesem Umkreis entstanden sind, vertreten einen bestimmten Typ von Vokalkompositionen mit kleinem Orchester. Es handelt sich hier um eine Gattung, die im Konzertsaal in der Form einer Kantate aufgeführt werden kann, die aber ebensogut auch durch die gestische Fixierung des Inhalts und durch die erstrebte Anschaulichkeit der musikalischen Sprache auf dem Theater darzustellen ist. Es konnte nicht schwer sein, eine solche Form, die gleichermaßen konzertante und theatralische Möglichkeiten in sich schließt, für die Bedürfnisse des Rundfunks auszubauen. Denn hier sind ja die Grundlagen einer Rundfunkkunst gegeben: eine strenge musikalische Formgebung, deren Gesetzmäßigkeit dem geistigen Gehalt des Werkes angepaßt sein muß, und die musikalische Festlegung eines Grundgestus, der szenisch dargestellt werden kann, der aber auch ohne Zuhilfenahme der Bühne, rein als Musik zwingend genug gestaltet sein muß, um dem Hörer das Bild des Menschen, der zu ihm spricht, vor Augen zu führen. Es handelt sich hier also nicht um Lyrik, nicht um Beschreibung eines Zustandes, sondern um die Darstellung eines Vorgangs.

Ich habe drei kleinere Kompositionen dieser Gattung geschrieben: das Songspiel *Mahagonny,* das vor zwei Jahren in Baden-

Baden aufgeführt wurde und das eine Skizze zu der vorhin erwähnten Oper darstellt, die Kantate *Das Berliner Requiem* und das musikalische Hörbild *Der Lindbergh-Flug.* Alle drei Stücke sind nach Texten von Bert Brecht geschrieben, die beiden letzteren sind ausdrücklich für den Gebrauch der Rundfunksender bestimmt. Bei dieser Aufgabe, Musik für den Rundfunk zu schreiben, war für mich selbstverständliche Voraussetzung die Kenntnis um die akustischen Bedingungen des Senderaums, um die orchestralen und instrumentalen Möglichkeiten des Mikrophons, um die Verteilung der Stimmlagen und um die harmonischen Grenzen, die einer Rundfunkkomposition gesetzt sind. Mehrjährige Beobachtungen beim Abhören der Rundfunkmusik und einige eigene Versuche haben mich davon überzeugt, daß es hier nicht so sehr auf eine besonders raffinierte Instrumentationstechnik ankommt, als vielmehr auf die Klarheit und Durchsichtigkeit der Satzweise. So bestand für mich die Aufgabe hauptsächlich darin, eine Kunstform auszuprobieren, die nach ihrem Inhalt und ihren Ausdrucksmitteln tatsächlich dem entsprechen müßte, was der Rundfunk heute braucht. Dabei steht im Vordergrund die Erwägung, daß das Publikum des Rundfunks sich aus allen Schichten der Bevölkerung zusammensetzt. Es ist demnach unmöglich, die Voraussetzungen des Konzertsaals auf eine Rundfunkmusik anzuwenden. Denn die Konzertmusik war jeweils zur Zeit ihrer Entstehung für einen bestimmten und begrenzten Kreis von Hörern der gebildeten und zahlungsfähigen Schichten bestimmt. Der Rundfunk stellt den ernsten Musiker unserer Zeit zum ersten Male vor die Aufgabe, Werke zu schaffen, die ein möglichst großer Kreis von Hörern aufnehmen kann. Inhalt und Form dieser Rundfunkkompositionen müssen also imstande sein, eine große Menge von Menschen aller Kreise zu interessieren, und auch die musikalischen Ausdrucksmittel dürfen dem primitiven Hörer keine Schwierigkeiten bereiten.

Der Inhalt des *Berliner Requiems* entspricht unzweifelhaft den Gefühlen und Anschauungen breitester Bevölkerungsschichten. Es ist der Versuch gemacht worden, das auszudrücken, was der großstädtische Mensch unserer Zeit zu der Erscheinung des Todes zu sagen hat. Einige besonders strenge Zensoren des Rundfunks haben geglaubt, das bezweifeln zu müssen. Diese Einstellung zeugt von einer erschreckenden Unkenntnis der künstlerischen Bedürfnisse jener Schichten, die im Rahmen des

Rundfunkpublikums den breitesten Raum einnehmen.

Über die sonderbaren Vorgänge hinter den Kulissen dieser Aufführung wird vielleicht später noch einiges zu sagen sein. Der Gesamteindruck der Aufführung muß ergeben, ob wir recht gehabt haben mit unserer Behauptung, daß es sich hier um ein ernstes unironisches Werk handelt, um eine Art von weltlichem Requiem, um eine Äußerung über den Tod in Form von Gedenktafeln, Grabschriften und Totenliedern.

(17. Mai 1929)

Oper und Operette

Wolfgang Amadeus Mozart: *Die Entführung aus dem Serail*

»Dem Mozart Wolfgang für Componierung der Music ›Die Entführung aus dem Serail‹ 426 fl. 40 Kr.«, so lautet die Tantiemenverrechnung der Wiener Hoftheaterkasse für ein Werk, das grundlegend für die Entwicklung der deutschen Oper werden sollte. Zu Mozarts Zeit stand im Vordergrund des Interesses die italienische Oper, die opera seria, und Mozart selbst schrieb den größten Teil seiner Opern in italienischer Sprache. In deutscher Sprache verfaßte man nur Singspiele, kleine, harmlose Stücke, die aber doch über die Bedeutung einer bloßen Operette herauswuchsen. Wieland verlangt von dem Textbuch eines Singspiels eine Handlung, die ganz für Musik geschaffen ist, Charaktere, die musikalisch leicht ausdeutbar sind, und einen glatten Verlauf des äußeren Spiels ohne starke dramatische Akzente. An diesen Regeln gemessen, ist das Libretto der *Entführung* ein typisches Singspielbuch. Die Geschichte von dem spanischen Edelmann, der die geraubte Geliebte aus dem Harem befreien will, ist volkstümlich genug, das Milieu eines türkischen Palastes mit dem komischen Haremsaufseher Osmin erhöht noch den Reiz, so daß es uns nicht verwundert, wenn schon vor Mozart dieser Stoff verschiedentlich zu »Operetten« verwendet worden war.

Aber welcher Abstand von jener schlichten Erzählung des unschuldigen Vorgangs bei den Vorgängen zu der genialen Umdeutung ins Ethische bei Mozart! Wenn nämlich die Flucht der beiden Liebenden aus dem Harem entdeckt ist und die Flüchtigen in den Palast zurückgebracht werden, dann nimmt der Türken-Pascha nicht blutige Rache an dem Entführer, sondern er verzeiht ihm, und er sagt ihm: Dein Vater hat einmal seine Macht über mich ausgenutzt. Heute lasse ich dich, seinen Sohn, frei, um ihm zu zeigen, daß es schöner ist, zu verzeihen, als Rache zu üben. Hier knüpfen sich die Bande mit Lessing, mit Rousseau, mit dem Zeitalter der Aufklärung, hier wird ein harmloses kleines Singspiel plötzlich Träger einer der großen völkerverbindenden Ideen aller Zeiten, hier bahnt sich Mozart selbst den Weg zu seiner *Zauberflöte,* die, auch ein Singspiel, doch einen großen ethischen Gedanken ausspricht und so den Grundstein der »deutschen« Oper bildet, die bald darauf einen so stürmischen Aufstieg nehmen sollte.

(11. Januar 1925)

Mozart: *Die Zauberflöte;* Friedrich von Flotow: *Alessandro Stradella*

Mit Mozarts *Zauberflöte* hat die Leitung der Sendespiele einen guten Griff getan. Diese Musik ist »jenseits von Gut und Böse«. Sie muß in jeder Gestalt ihre hohen Reize offenbaren, wenn sie nur als Musik in einwandfreier Weise dargeboten wird. Sie ist auf der einen Seite so dramatisch, daß sie allein schon die Handlung und das Bühnenbild plastisch vor unser Auge zu zaubern vermag. Sie hebt das Geschehen der Szene aus dem Gegenständlichen heraus und zeichnet gewissermaßen die Kurve der Bühnenvorgänge nach in einem rein musikalischen Auf und Ab der Bewegung, des Ausdrucks, des Tempos. Auf der anderen Seite aber birgt sie eine solche Fülle köstlichster musikalischer Einfälle, daß man darüber jede Handlung vergißt, daß man völlig in die geklärte Sphäre einer ethischen Handlung versetzt wird, die der einzige Raum musikalischen Geschehens sein sollte, die sich am schönsten auf dem Grunde einer »anima candida« wie Mozart spiegeln konnte. So verkörpert sie restlos das Ideal einer Opernmusik. Daß diese Vorzüge das Werk für eine Sendespielaufführung besonders geeignet erscheinen lassen, ist klar ersichtlich. Und die Bearbeitung von Cornelis Bronsgeest zeigte diesmal eine sehr glückliche Hand in der Unterstreichung des Musikalischen, im Weglassen alles Nebensächlichen und in der Abkürzung der Dialoge. Leider war die musikalische Leitung nicht ganz auf der Höhe. Die einzelnen Nummern wurden – immer etwas eilig und lieblos – heruntergespielt ohne Intensität des Ausdrucks, zu »graziös« und zu wenig ernst. Das verträgt Mozart nicht; die *Zauberflöte* am allerwenigsten. Richard Tauber (Tamino) scheint nun mit den Erfordernissen des Sendeapparates ganz vertraut zu sein und bringt seine herrliche Stimme zu freier Entfaltung. Auch Bronsgeest bewährt sich von neuem als Papageno. Die übrigen Mitwirkenden weisen noch alle Fehler von Neulingen im Senderaum auf. Darunter leiden besonders empfindlich die Terzette der Knaben und der Damen (die auch sonst nicht ganz taktfest waren). Die Chöre klangen wieder sehr schön. Immerhin – ein Abend voll göttlicher Musik. –

Als 13. Veranstaltung der Sendespielbühne geht am 1. April Flotows *Alessandro Stradella* »in Szene«. Damit erfüllt man endlich zum erstenmal eine Forderung, die an dieser Stelle immer wieder ausgesprochen wurde: Man wählt ein Werk, das nicht zum ständigen Repertoire eines unserer Opernhäuser gehört, das sogar – obwohl früher viel gespielt – jetzt ein wenig in Vergessenheit geraten ist. Vielen wird es Freude bereiten, auf diese Weise mit einer Oper des Komponisten der beliebten *Martha* Bekanntschaft zu machen. Allerdings weiß man, daß man seine Ansprüche nicht zu hoch hinaufschreiben darf. Friedrich v. Flotow, von Hause aus ein liebenswürdiges Talent, hat sich – in seinem jahrzehntelangen Pariser Aufenthalt – von den romanischen Komponisten das Geheimnis abgelauscht, einen Stoff in gefälliger, effektvoller Weise zu behandeln. Daher hat er stets das große Publikum auf seiner Seite. Doch verwechselt er gar zu oft die Leichtigkeit des romanischen Opernkomponisten mit Wahllosigkeit und sorgloser Behandlung der Melodie. Immerhin ist von seinen beiden berühmtesten Werken *Martha* und *Stradella* das letztere das wertvollere, und wir begreifen, warum die Hamburger Uraufführung am 30. Dezember 1844 zu einem so rauschenden Erfolg wurde. Die Handlung gruppiert sich um den berühmten Komponisten Alessandro Stradella (1645-1681), der eine reiche Venetianerin entführte und nach mehrfachen Mordanschlägen von seiten des Gatten seiner Geliebten endlich in Genua von Mörderhänden getötet wurde. Einer dieser Mordanschläge bildet den Inhalt der Oper. Der 1. Akt beginnt mit einem Karneval in Venedig. Vor dem Hause des reichen Bassi kommt der Maëstro Stradella mit seinen Schülern an. Er liebt Leonore, das Mündel Bassis. Die Geliebte erscheint auf dem Balkon und berichtet, daß sie morgen mit dem verhaßten Bassi getraut werden soll. Stradella bittet sie, mit ihm zu entfliehen, sie willigt ein, und beide verschwinden in der Menge. Der Vormund merkt zu spät, was man vollbracht hat, und sinkt, umtobt und verhöhnt von Stradellas Schülern, erschöpft zusammen. [...]

(29. März 1925)

Alessandro Stradella als Revue

Heil der deutschen Funktechnik! Was die erfinderischen Geister der Welt in ihren kühnsten Träumen ersehnt hatten, was die geschicktesten Bastler für ein unerreichbares Ziel gehalten hatten, was seit Beginn aller Funkarbeit als die letzte, die höchste, die unlösbarste Aufgabe für die Nutzanwendung der Funktechnik galt – über Nacht ist es erreicht, über Nacht hat der Berliner Sender den kühnen Vorstoß unternommen. Rückständige Toren, die ihr noch immer glaubt, man kann günstigstenfalls eine schwache, undeutliche, kaum wahrnehmbare Verständigung mit den Sendestationen des Auslands herstellen, und auch die nur mit Hochantenne, mit komplizierten Apparaten, fern von dem störenden Getriebe der Großstadt. Hört, ihr Ungläubigen, was Berlin vollbrachte: am Mittwoch konnte hier jeder, der seinen Hörer am Ohr hatte – ob mit Antenne, ob ohne, ob mit Fensterbrett-, Gaslampen- oder Wassertoilettenleitung – jeder, vom gelehrtesten Funkfachmann bis zum verabscheuungswürdigsten Schwarzhörer, konnte am Mittwochabend die verschiedensten Stationen des Auslands hören.

Die Sache ging so zu: der erste Akt von Flotows *Alessandro Stradella* rollte sich gerade vor den Ohren der nichtsahnenden Zuhörer ab. Stradella hatte sein Ständchen geseufzt, Leonore ihre Einwilligung zur Flucht gejubelt, beide waren in der Menge verschwunden, der Maskentrubel beginnt eben über den fluchenden Bassi herzufallen – da plötzlich bricht alles ab – – – ein leises Surren – – – Ticken – – dann Musik – aber das ist doch – – – das ist doch nicht mehr Venetianer Karneval vom

17. Jahrhundert, das ist Karneval in London 1925! Jazzband, englisch flüsternde Herren, englisch flirtende Damen – dann: »I love her in the morning, I love her in the night« – – und immer diese tanzenden Shimmy-Schritte – – und auf einmal wieder Venedig im Vox-Haus mit Opernchor, Funkorchester und dem geprellten Bassi. Aber nun war die Hölle los. Im 2. Akt verwandelten sich die Dorfglocken, die das selig vereinte Paar Stradella–Leonore zur Kirche geleiteten, plötzlich in eine Schiffsglocke, man war auf dem Dampfer »Lützow«, mitten im weiten Ozean, und dem Schiffstelegraphisten war es eben gelungen, eine deutliche Funkverständigung mit dem Kontinent herzustellen. Kaum hatte man wieder ein paar Töne der Oper aufgeschnappt, so hörte man auf einmal Rom, wo gerade eine Dame in reinem Italienisch die römischen Kirchenglocken erklärte. Die erläuternden Glockentöne klangen zwar nicht sehr römisch – aber das sind unbedeutende Fehler der Übertragung. Schließlich wurde auch der 3. Akt gestört durch einen Jubiläumsvortrag im »Gunst- und Guldurverein Götzschenbroda« – und als mittendrin der italienische Sänger seine fromme Hymne anstimmte, da surrte in unserem Schädel alles durcheinander: Leonore tanzte als englische Lady in einer Londoner Bar, Bassi erschien als Schiffskoch auf dem Dampfer »Lützow«, und Stradella verwandelte sich in – Eugen Rex, der behauptete, er hätte diese ganzen Störungen verursacht, aber auch diese Behauptung mußte ja Unsinn sein, weil doch Eugen Rex sie aufgestellt hatte – was war denn nun eigentlich los? – Der 1. April war. Sonst nichts.

Sonst war nämlich wirklich nichts. Denn die Aufführung des *Alessandro Stradella* kann man ebenfalls nicht höher als einen Aprilscherz werten – abgesehen von einigen gesanglichen Leistungen. Bötel sang sich erst im Laufe des Abends ein und brachte am Schluß seine Stimmittel zur Entfaltung. Irene Eden bot als Leonore die anerkennenswerteste Leistung des Abends, und auch das Banditenduett, von Kandl und Kistemann mit trefflicher Charakterisierungsgabe gesungen, gehörte zu den wenigen gelungenen Stücken des Abends. Im übrigen wurde nichts weniger als sauber musiziert. Besonders der Chor sang diesmal so unrein und unsicher wie selten; im Anfang passierten ihm ein paar auffallende Schnitzer, und der Glockenchor wurde eintönig und stimmungslos heruntergedudelt. Auch das Orchester spielte unrhythmisch und langweilig.

Im Publikum hört man Klagen darüber, daß durch die Aprilscherze der Eindruck der beliebten Oper zerstört worden ist. In der Tat hat es den Anschein, als ob man bei der Programmbildung den 1. April vergessen hätte, als ob dieser »verscherzte« *Stradella* nur ein Notbehelf war. Aber auch das hätte man geistreicher ausgestalten können: entsprechend dem famosen ersten Einfall, vom Karneval vor dreihundert Jahren nach einer englischen Tanzbar von heute zu springen, hätte man z. B. plötzlich in eine andere beliebte Oper übergehen oder an Stelle des Banditenduetts ein Stück aus dem geistesverwandten *Fra Diavolo* setzen können. Das hätte Anlaß zu entzückenden Verwechslungen gegeben. Oder man hätte die Oper unangetastet lassen können und hätte die Scherze in die Pausen verlegt. Oder – man hätte eben am 1. April keine Oper gegeben.

(12. April 1925)

Albert Lortzing: *Zar und Zimmermann*
Jacques Offenbach: *Orpheus in der Unterwelt*

Lortzing muß wieder einmal herhalten, um den Berlinern eine Osterfreude zu bereiten. Seine Kunst ist eine rein bürgerliche Angelegenheit. Alle Gefühle und Gefühlchen des Bürgers aller Zeiten und Länder findet man hier beisammen, den sogenannten »sonnigen Humor« und die vielgerühmte Sinnigkeit – alles, was den vielen gefällt. Und doch so wenig, was haften bleibt. Die Musik entspricht diesem Charakter der Texte, aber die kundige Hand eines Theaterfachmanns, eines Meisters der kleinen Form, hat sie gebildet. Ein Stück wie das Sextett im 2. Akt (»Zum Werk, das wir beginnen«) stellt einen Gipfelpunkt dieser Kunstgattung dar, wie überhaupt die Musik zu *Zar und Zimmermann* an Intensität der Empfindung und Meisterschaft der Gestaltung alle anderen Werke dieses Komponisten in den Schatten stellt. Daß trotz allem diese Opern schon etwas verstaubt sind, merkt man an der willkürlichen Behandlung der Dialoge, an einer allmählichen Modernisierung des Textes, an den zahlreichen Extempores, mit denen die Darsteller diese naive Handlung dem Empfinden heutiger Menschen anzupassen versuchen. In dieser Beziehung war die Aufführung am Ostersonntag ein voller Erfolg. Was da an witzigen Bonmots, an kleinen Umbiegungen, an Lokalbemerkungen verzapft wurde, das konnte einem über einige peinliche Momente wohl hinweghelfen. Aber es wurde auch sehr anständig musiziert; ein famos eingespieltes Ensemble, an der Spitze Bronsgeest als stimmgewaltiger Zar, verhalf der Musik zu schöner Wirkung. Nur der Chor bildet noch die Achillesferse dieses Sendespiels.

Die Spießigkeit, welche die Aufführung und das Verständnis eines Lortzingschen Werkes so erleichtert, fehlt vollkommen den Geisteskindern Jacques Offenbachs. Dafür besitzen sie gewisse Eigenschaften, die sie – trotz äußerer Zweitrangigkeit – doch über die deutsche Spieloper erheben, die sie aber an Geist und Können der Darsteller weit höhere Anforderungen stellen lassen. Dieser *Orpheus in der Unterwelt* verlangt von allen Beteiligten den gleichen sprühenden Witz, die gleiche Lebendigkeit und Leichtigkeit, die seine Musik auszeichnet. Bei szenischen Darstellungen hilft man sich durch komische Masken und Kostüme, durch geistreiche Anspielungen, durch Anachronismen im Szenenbild – der Regisseur leistet die Hauptarbeit. Bei einer Sendespiel-Aufführung dagegen ist man fast gänzlich auf die persönliche Intuition der einzelnen Darsteller angewiesen. Der fehlende Anblick des Bühnenbildes wäre höchstens ersetzbar durch das geistvolle Geplauder von genialen Extemporisten. Offenbachs Persiflage ist auf mancherlei Weise auszudeuten, sie muß sich nicht auf seine Zeit beschränken, sie hätte mit Leichtigkeit auf gewisse lächerliche Dinge unserer Tage angewandt werden können. [...] (26. April 1925)

Richard Wagner: *Die Meistersinger von Nürnberg*

Als nächste Übertragung sendet uns die Staatsoper Richard Wagners *Die Meistersinger von Nürnberg* ins Haus. Wir sind aufs Äußerste gespannt, wie diese gewaltige Genieäußerung des Meisters im Rundfunk wirken wird. Es war hier öfter die Rede, daß gewisse Eigenschaften seiner Instrumentalkunst die Wiedergabe Wagnerscher Werke im Mikrophon außerordentlich erschweren. Doch sind diese Befürchtungen bei den *Meistersingern* nur bis zu einem gewissen Grade berechtigt, denn hier hat die erdgelöste Heiterkeit des Genies die Schwingen beflügelt, eine auch für

Wagner neuartige Polyphonie kommt zum Durchbruch, die Melodien nehmen festumrissene Gestalt an, und das Leitmotiv wandelt sich schon häufig in die Leitmelodie. Über dieser Musik liegt der stille Glanz eines Lächelns, und durch das humorvolle überlegene Antlitz des Hans Sachs leuchten die Züge des Bayreuther Meisters.

(5. Juli 1925)

Von allen Textbüchern Wagners ist dieses das beliebteste und bewegteste: wirkliche Menschen, nicht Götter und Helden, stehen hier auf der Bühne, sie reden eine menschliche Sprache, sie vollbringen menschliche Handlungen, und die edle, weise Menschlichkeit des Hans Sachs wird zur Drahtzieherin der Geschehnisse und führt alles zu einem glücklichen Ende. Diese menschlichen Eigenschaften des Librettos übertragen sich selbstverständlich auf die Musik. Wir hören hier ergreifende Töne voll reinster Empfindung, wie wir sie – außer im geistesverwandten *Tristan und Isolde* – in keinem anderen Werk des Meisters wiederfinden. Eine blühende Melodik, eine geniale Erfassung des Tempos der Bühne und eine leichte Durchsichtigkeit des Orchesters stempeln dieses ernste, gewichtige Werk zur komischen Oper – weil alles wahrhaft Schöne in die Heiterkeit des abgeklärten Allesverstehenkönnens mündet. Diese musikalischen Eigenschaften machen die Partitur für die Rundfunkübermittlung besonders geeignet: und eine ganz ideale Übertragung kommt zustande, die uns mitten in den Theaterraum zu versetzen vermag.

(12. Juli 1925)

Rückblick auf die erste Opernsaison im Berliner Rundfunk

Sendespiele

Die Opernabteilung der Berliner Sendespielbühne hat am 1. Juli mit einer Aufführung von *Fra Diavolo* ihre erste Saison beendet, und der sachliche Chronist muß zunächst einmal als Hauptergebnis dieses ersten Abschnitts feststellen, daß jede Aufführung der Sendespielbühne im Publikum mit freudiger Spannung erwartet und mit reichem Beifall aufgenommen wurde. Es ist bezeichnend für die deutsche Einstellung zum Theater, daß man schon im Herbst vorigen Jahres mit den Versuchen begann, eine vollständige Oper im Senderaum aufzuführen. Nur wenige prominente Sender des Auslands haben den Mut gehabt, ganze Opern als Theaterstücke darzustellen. In Rom z. B. bietet man heute noch nicht mehr als eine »Auswahl« aus irgendeiner Oper, d. h. man läßt von den Sängerinnen und Sängern die beliebtesten Arien, Duette und Ensembles, meistens mit Klavierbegleitung, aufführen, und dazu spielt das Orchester die Vor- und Zwischenspiele. Das paßt aber vollkommen zu der Art des Operngenusses in Italien, denn dort wird ja die Oper noch immer fast einzig als Gelegenheit gewertet, den Gesang männlicher und weiblicher Primadonnen zu bewundern. Wir verfügen nicht über eine solche Überfülle von herrlichen Stimmen; dafür aber besitzen wir die Ehrfurcht vor dem Kunstwerk, das die Oper darstellt, wir beschäftigen uns mit der formalen Gestaltung, mit der Stilreinheit, mit den Darstellungsmöglichkeiten, mit den musikdramatischen Problemen. Als darum der Plan auftauchte, im Rundfunk Opern zu spielen, da befaßte man sich sofort mit der Aufgabe, die Oper als zusammenhängendes Bühnenwerk, unter Wahrung der einheitlichen Idee von Handlung und musikalischer Untermalung, darzustellen. Die Hauptschwierigkeit beruht natürlich in dem völligen Verzicht auf Bühnenbild, Mienenspiel und Kostüm, auf die gesamte Tätigkeit des Auges. Man entbehrt freiwillig einen großen Teil der Ausdrucksmittel des Theaters. Beim Schauspiel ergeben sich daraus so viel Schwierigkeiten, aber auch so viel neue Möglichkeiten, daß man dort unbedingt über kurz oder lang zu einer neuen Gattung akustischen Theaters gelangen wird. Die Oper aber ist imstande, die Aufführung vorhandener Werke der Opernliteratur fortzusetzen. Sie verfügt ja über das Allerweltsmittel der Musik, die alle äußeren und inneren Vorgänge der Handlung, die dramatischen und die seelischen, zu schildern und zu malen weiß. Wenn das Ideal der Oper darin besteht, einen szenischen Vorgang so in Musik umzudeuten, daß man aus der Musik den Charakter und die jeweilige Gemütsverfassung der handelnden Figuren erkennen kann, so kann eine dramatisch belebte Aufführung der Musik allein schon genügen, um uns einen Eindruck vom Gesamtwerk zu hinterlassen.

Es gibt nun verschiedene Möglichkeiten, das auszunutzen. Man kann Höhenwerke der Opernliteratur aufführen, in denen die

Musik nicht nur den ganzen Inhalt des dramatischen Geschehens in anderer Form wiedergibt, sondern in denen die musikalischen Vorgänge so wertvoll und wichtig erscheinen, daß die Vorgänge der Bühne dagegen ganz verschwinden. Oder man spielt Opern leichteren Genres, in denen eine unkomplizierte, volkstümliche Handlung durch eine ebenso anspruchslose, volksliederhafte Musik wirkungsvoll unterstrichen wird. Schließlich aber könnte man unbekannte, vergessene oder schwer verständliche Opernwerke zur Darstellung bringen, bei denen es zunächst einmal darauf ankäme, die Musik dem Verständnis der Menge zuzuführen und auf diese Weise die szenische Aufführung solcher Stücke vorzubereiten, die unsere Operntheater sich herauszubringen scheuen.

Die Berliner Sendespielbühne hat sich fast ausschließlich mit der zweiten, leichtesten Gattung befaßt: sie hat Spielopern aufgeführt. Es ist das Verdienst des Leiters Cornelis Bronsgeest, alle diese Werke so bearbeitet zu haben, daß sie auch in der bühnenlosen Fassung ihren ganzen Zauber ausüben konnten. Auch daß die Aufführungen musikalisch eine sorgfältige Einstudierung aufwiesen und daß sich immer der einheitliche Wille zu einer Opernregie zeigte, ist Herrn Bronsgeest zuzuschreiben, und wir hatten an dieser Stelle öfter Gelegenheit, die Leitung der Funk-Stunde zu beglückwünschen, daß sie einen praktischen Theatermann, der dazu noch zu den prominenten Sängern Berlins zählt, für diesen Posten gewonnen hat. Die erste Gattung der bedeutenden Oper berücksichtigte man etwas zu wenig. Man gab zwar *Zauberflöte, Don Juan, Fidelio* – aber die Aufführungen erreichten hier weder gesanglich, noch stilistisch, noch orchestral jene höchste Vollkommenheit, die einzig eine szenenlose Darstellung dieser Meisterwerke berechtigen würde.

An die dritte Aufgabe, schwierige oder unbekannte Werke dem Publikum näherzubringen, hat man sich überhaupt nicht gewagt (allenfalls könnte man den *Parsifal* hier erwähnen). Und doch liegt auf diesem Gebiete der einzige Weg, durch den die Opernsendespiele ihre Daseinsberechtigung im höheren Sinne erweisen könnten. Denn alles andere, Spiel- und Meisteropern, ist im Rundfunk schließlich doch nur ein Surrogat für die Bühne; mit der Aufführung von Werken, die an den Theatern wegen Unwirtschaftlichkeit oder wegen Bühnenunwirksamkeit nicht gegeben werden, könnten sich die Sendespiele bleibende Verdienste erwerben, könnten sie sich einen bedeutenden Platz innerhalb des Musiklebens sichern. So müssen wir von neuem fordern, daß die Sendespielbühne auch interessante und wertvolle Werke der Vergangenheit und der Gegenwart einstudiert, die nicht zum ständigen, abgespielten Tagesrepertoire unserer Operntheater gehören: die alten italienischen Meister von Pergolesi bis Bellini und Donizetti, Mozarts *Idomeneo,* Berlioz' Opern, Weber und Marschner und eine gewaltige Zahl neuerer und neuester Werke, deren musikalisches Verständnis dem Publikum auf diese Weise erleichtert werden würde. Wir wissen nicht, ob Herr Bronsgeest für diese Aufgabe die nötigen Voraussetzungen besitzt; wenn nicht, so müßte man ihm vielleicht eine Assistenz zur Seite stellen, die mit den neuen Problemen der Rundfunkoper eng vertraut ist. Auch zahlreiche Schwierigkeiten der Bearbeitung, der Stilreinheit, der dramatischen Linie (von denen hier oft die Rede war) sind nur durch völligen Verzicht auf die Gewohnheiten der Bühne zu beheben. Den Sendespielen steht eine große Zukunft bevor, wenn sie etwas Eigenes, Neues und Überraschendes leisten.

(26. Juli 1925)

Opernübertragungen

Mit einer Aufführung von Wagners *Meistersingern* schloß die Staatsoper Unter den Linden ihre Pforten vor den Sommerferien, und mit dieser Aufführung ging auch die erste Saison der Opernübertragungen im Rundfunk zu Ende. Diese Vorstellung bedeutete zugleich in rundfunktechnischer Beziehung einen bisher unerreichten Höhepunkt der Übertragungskunst, und man kann nach dieser Leistung dem Wiederbeginn der Opernübermittlungen mit der festen Erwartung, daß vieles, was uns an diesem Zweig der Rundfunkdarbietungen noch mißfallen mußte, im Laufe der nächsten Saison gebessert oder behoben werden wird.

Als im Herbst vorigen Jahres zum ersten Mal Zehntausende von Menschen daheim in ihrem Zimmer einer Vorstellung aus dem Opernhaus lauschen konnten, da war man überrascht von dem guten Empfang und von dem günstigen Eindruck. Aber bald steigerten sich die Ansprüche, und man entdeckte gewisse Mängel der Übertragung, die immer wieder den reinen Genuß der Opernvorstellung beeinträchtigen mußten. Das Problem ist ja hier ein ganz anderes als beim Sendespiel. Dort wird die Oper im Senderaum aufgeführt, alles wird darauf zugeschnitten, daß das Mikrophon es gut aufnehmen und weitergeben kann, und die Hauptschwierigkeiten liegen darin, dem Hörer durch eine möglichst ideale musikalische Ausgestaltung und durch die neuen Mittel der Sendespielbühne das fehlende Bühnenbild zu ersetzen. Hier bei der Übertragung liegen die Dinge genau umgekehrt: eine fertige Aufführung, von dem fiebernden Tempo des Theaters durchpulst, ist gegeben, die Darsteller sind durch das Rampenlicht, durch die direkte Berührung mit dem Publikum, durch Szenerie, Maske und Kostüm, durch das Zusammenspiel mit dem Partner, zur leidenschaftlichen Darstellung ihrer Rolle hingerissen – nun kommt es darauf an, wenigstens den musikalischen Teil in möglichster Vollkommenheit an die unsichtbaren Hörer zu übermitteln. Dabei machten wir sofort eine interessante Entdeckung: am leichtesten übertrug sich die Theaterstimmung vor und hinter dem Vorhang – die Stimmung des Publikums im Zuschauerraum und die der Darsteller hinter den Kulissen. Man war sofort unmittelbar ins Opernhaus versetzt, man erlebte sofort wirkliches Theater (was beim Sendespiel als Endziel noch unerreicht ist). Aber wenn dann der Vorhang aufging, erlebten wir manche Enttäuschung. Sowohl die Singstimmen als auch das Orchester wurden oft sehr unvollkommen übertragen. Daran scheint die Aufstellung der Mikrophone schuld zu sein, und die Störungen scheinen hauptsächlich durch die gewaltigen Dimensionen auf der Bühne unserer Staatsoper veranlaßt worden zu sein. So hört man in Ensembles manchmal irgendeine Nebenstimme ihre Begleitung singen, während die melodieführende Oberstimme ganz verschwindet. Bei jedem Stellungswechsel auf der Bühne ändert sich auch das akustische Bild; das könnte für das Verständnis der Vorgänge ein bedeutender Gewinn sein, wenn nicht die Genauigkeit der musikalischen Übertragung darunter leiden würde. So kommt es, daß Opern mit stark bewegter Handlung vorläufig noch recht ungeeignet für diese Art von Weitergabe sind. Das zeigte am deutlichsten der 2. Akt von *Hoffmanns Erzählungen,* wo die dramatisch belebten Vorgänge sich gleichzeitig in verschiedenen Teilen des Bühnenraumes abspielten. Am günstigsten gelingt die Übertragung bei solchen Werken, wo die Sänger auf der Vorderbühne ihre Arien und Ensemblesätze singen und die Handlung sich dazwischen in Dialogen und

Rezitativen abrollt. Darum machte *Traviata* einen überaus günstigen Eindruck (zumal wir unsichtbare Zeugen der hervorragenden Neueinstudierung unter Kleiber waren). Auch auf das Orchester, das manchmal bis zur Unkenntlichkeit verschwindet, beziehen sich diese Beanstandungen. Übrigens war in dieser Hinsicht bei der letzten *Meistersinger*-Aufführung schon eine bedeutende Besserung eingetreten, und manches gelang bereits in idealer Weise. Es entzieht sich unserer Beurteilung, ob das am Werk oder an gewissen technischen Vervollkommnungen lag. Jedenfalls hoffen wir, daß die Übertragungstechnik weitere Fortschritte macht; denn es muß gesagt sein, daß diese Opernübertragungen zu den schönsten Genüssen gehören, die uns der Rundfunk zu bieten vermag, und es ist zu wünschen, daß sie zum ständigen Bestandteil des Wochenprogrammes werden. In der Auswahl der Opern hatte man erfreulicherweise gewichtige Werke neuerer Richtung bevorzugt, da ja das Sendespiel sich ausführlich mit der Spieloper befaßte. Vielleicht ist es möglich, auch in die neugegründete Stadtoper zu den Bruno Walter-Premieren die Mikrophone zu entsenden. Das wäre eine schöne Bereicherung. Wir wollen auch im Rundfunk den zu erwartenden Konkurrenzkampf beider Opernhäuser miterleben.

(9. August 1925)

Johann Strauß II: *Waldmeister*

Sie haben uns inhaltlich kaum noch etwas zu sagen, sie basieren auf den moralischen Begriffen der 80er Jahre und muten uns darum naiv und kindlich an. Und doch, kaum erklingen die ersten Töne der Ouvertüre, so ist man in Bann geschlagen. Es schwingt etwas mit in dieser Musik, was aus den Bereichen höchster Kunst stammt, etwas Menschliches. [...]

(31. Oktober 1925)

Alban Berg: *Wozzeck*

Dieses Werk bildet in dieser Woche das Tagesgespräch der Berliner Musiker. Es ist der erste Versuch, die musikalische Stilrichtung Arnold Schönbergs, die mit allem Herkömmlichem bricht, auf die Bühne zu übertragen. Das Ergebnis ist ein in seiner Art einzig dastehendes Kunstwerk, das zwar nicht als zukunftsträchtig gelten kann, aber doch als grandioser Abschluß einer Entwicklung, die in direkter Linie von Wagners *Tristan* über Debussys *Pelleas und Melisande* und Strauss' *Elektra* bis zu dieser völlig negativen Kunst führt. Man mag zu dieser Musik stehen, wie man will – der unvoreingenommene Hörer muß unter dem zwingenden Eindruck einer starken Musikerpersönlichkeit von seltenem Einfallsreichtum und unerhörtem Können stehen. Die Berliner Staatsoper hat diese Oper in jeder Hinsicht hinreißend dargestellt. Diese Aufführung allein lohnt den Besuch der Vorstellung. Sie ist seit Jahren das stärkste Ereignis im Berliner Musikleben. Darum, falls es im Bereich der Möglichkeiten liegt, sollte man den Rundfunkhörern diesen *Wozzeck* nicht vorenthalten. Viele, die sich in den Haß gegen alles Neue hineinbohren, werden schimpfen; aber viele, die vorurteilsloser sind, werden dankbar sein, ein Werk zu hören, das für die musikalische Entwicklung der letzten zwanzig Jahre so kennzeichnend ist.

(27. Dezember 1925)

Siegfried Wagner: *Schwarzschwanenreich*

Die Sendespiele unter Bronsgeests Leitung beginnen sich der modernen Oper zu nähern. Man hatte Pfitzner gebeten, seinen *Armen Heinrich* im Senderaum zu dirigieren, und dieser Abend war als Charakterisierung der nachwagnerischen Epoche als ein wertvoller Abend bezeichnet worden. Weiter traut man sich noch nicht. Aber man bittet Siegfried Wagner, seine Oper *Schwarzschwanenreich* als Sendespiel aufzuführen, und das wird einer der mißglücktesten Abende der Saison. Keineswegs durch die Schuld der Ausführenden. Man muß von vornherein die außerordentliche Arbeitsleistung der Sendespielbühne anerkennen, die ein gänzlich unbekanntes und unstudiertes Bühnenwerk in einwandfreier Weise herausbringt. Auch der Überzeugungsmut, mit dem hier ein ganz selten gespieltes Werk zum ersten Male nach Berlin gebracht wird, verdient unsere Anerkennung und unsere Unterstützung. Aber er wäre einer besseren Sache würdig gewesen. Diese Oper kann als klassisches Musterbeispiel dafür gelten, zu welchen Auswüchsen die Wagner-Gefolgschaft führen kann, wenn nicht eine starke, eigene Begabung dahintersteht. Ein durchaus novellistischer Gedanke wird zu einem Libretto zurechtgezimmert, das (bei bescheidenen Ansprüchen) immerhin einige Höhepunkte enthält. Die Musik Siegfried Wagners, die nicht eine Minute lang zu fesseln vermag, versagt gerade an diesen Höhepunkten in erschreckendem Maße. Es ist ein ständiges Herumschwimmen auf eintönigen Septimen-Akkorden, ohne den geringsten Ansatz zu einem Einfall, ohne Gestaltung, ohne dramatischen Auftrieb, ohne Steigerung. Die dauernde Homophonie, die keinerlei selbständige Stimmentfaltung zuläßt, macht einen ganz krank. Man wartet und wartet – und ist immer wieder enttäuscht. Wenn am Schluß dann zur gleichen Musik, die man nun schon drei Stunden lang gehört hat, die szenischen Bemerkungen vorgelesen werden, so ist man froh, es überstanden zu haben.

Die Aufführung unter der Leitung des Komponisten war ganz vorzüglich. Eine Anzahl ausgezeichneter Sänger hatte sich der Mühe unterzogen, die schwierigen Partien zu studieren: Ingeborg Holmgreen, Hans Depser, Dorothee Manski, Max Spilcker und Emma Willmar-Hansen. Das Ergebnis? Das große Publikum legt nach zehn Minuten solcher Musik den Hörer fort, die musikinteressierten Hörer halten es nicht viel länger aus, und auch als »künstlerische Tat« kann das Hervorholen einer lebendig begrabenen Angelegenheit nicht gewertet werden. Und trotz allem nehmen wir gern einmal einen so mißlungenen Abend in Kauf, weil wir doch auch hier die Bemühungen der Funk-Stunde um Bereicherung der Programme nach der Seite der modernen Kunst herausspüren.

(25. April 1926)

Vincenzo Bellini: *Norma*

Die Sendespielbühne Abteilung Oper erwarb sich mit der Einstudierung von Bellinis tragischer Oper *Norma* ein unbestreitbares Vedienst. Diese Gattung der großen Oper, die allmählich ganz von den Bühnen verschwunden ist, steht im offensichtlichen Gegensatz zum Musikdrama Wagners. Der rein musikalisch geformte Ablauf ist vollkommen von der Bühne inspiriert, die dramatischen Akzente sind zugleich die Akzente der musikalischen Form, sie sind nicht von außen hereingetragen, sondern sie ergeben sich aus einem bühnenmäßig gestalteten Musizieren. Daher sind die Stoffe, die sich die Meister dieser Gattung wählten, nicht dem Bereiche der Philosophie, der Weltbetrachtung entnommen, sondern es sind menschlich ergreifende Dramen der Liebe, der Eifersucht, der Ehre. Das stärkste Ausdrucksmittel dieser Musik aber ist die Melodie, jener glühende, bis ins Letzte erfüllte Gesang, den wir »Belcanto« nennen, und hier, in dieser tief ergreifenden Melodie, liegt die Unsterblichkeit eines Bellini begründet.

Der Schluß dieser *Norma*-Oper, dieses weit gespannte Ausschwingen einer ewigen Melodie, gehört zu den packendsten Eindrücken in der gesamten Opernliteratur. Diese Musik ist in sich so dramatisch, so theatralisch wirkungssicher, daß sie nur geringer Unterstützung durch Wort und Spiel bedarf. Es wäre also einmal Gelegenheit gewesen, ein rein dramatisches Opern»sendespiel« zu veranstalten, und es ist uns ganz unersichtlich, warum Cornelis Bronsgeest gerade bei diesem Werk mit aller Ausführlichkeit die Regiebemerkungen vorlas. Immer wieder müssen wir betonen, daß solche Erläuterungen jeden dramatischen Eindruck zerstören, daß ein Sendespiel auf diese Weise kaum zustande kommt. Es gibt eigene Ausdrucksmittel des Sendespiels, die das fehlende Bühnenbild vollkommen ersetzen, Bronsgeest selbst hat sich mehrfach neuer, eigener Mittel des Sendespiels bedient, die einen bedeutsamen Weg der Funkregie beschritten, und es ist schade, daß gerade die *Norma* als eine Konzertaufführung dargeboten wurde. Das war die negative Seite dieses sonst so genußreichen Abends. Denn im übrigen war es Bronsgeest gelungen, eine schwungvolle musikalische Aufführung zustande zu bringen.

(14. November 1926)

Jacques Offenbach: *Die Großherzogin von Gerolstein*

Ein sehr erfreuliches Sendespielereignis war die Aufführung der Offenbach-Operette *Die Großherzogin von Gerolstein.* Schon die Idee, dieses Stück einmal wieder der unverdienten Vergessenheit zu entreißen, ist rühmenswert; denn diese Hörspielaufführung ließ in allen Kreisen der Hörerschaft die erstaunte Frage aufkommen, warum ein so genial hingeworfenes, von glänzenden Einfällen übersprudelndes Werk so vollkommen aus den Spielplänen unserer Opern- und Operettenhäuser verschwunden ist. Gewiß, die Geschichte von der mannstollen Duodezfürstin, die einen einfachen Soldaten, nur weil er ihr gefällt, zum General avancieren läßt, ist nicht mehr ganz zeitgemäß, und auf die üblichen Operettensentimentalitäten wie auch auf den vorschriftsmäßigen tragischen Ausgang des zweiten Finales müssen wir hier verzichten. Dafür erscheinen hier aber die eigentlichen, wesentlichsten Elemente der Operette: Witz, Tempo, Heiterkeit, in ihrer reinsten und schönsten Form. Besonders von dem Reichtum an parodistischen Einfällen ist man einfach erschlagen: Wie bei allen Meistern dieser Gattung von Cervantes bis Chaplin ist ja auch bei Offenbach die Persiflage eine andere Ausdrucksform für ernste, philosophisch begründete Inhalte, die so, auf die Spitze gestellt, in ihrer schärfsten Prägnanz erscheinen. Für diese Art von ernsthafter Parodie hat die Musik das glänzende Mittel einer Umdeutung ins Tänzerisch-Beschwingte, und niemals hat ein Musiker sich dieses Mittels mit solcher Meisterschaft bedient wie Offenbach.

Dieser musikalische Humor ist auch im Mikrophon von unvermindert durchschlagender Wirkung, und darum tat Bronsgeests Regie gut daran, unter möglichster Beschränkung des gesprochenen Dialogs (der vielleicht manchmal ein bißchen verstaubt gewirkt hätte) das musikalische Geschehen ganz in den Vordergrund zu rücken. Georg Széll, der sich mit großer Liebe des reizenden Werkes angenommen hatte, sorgte für Esprit und Schwung. Violetta Schadow und Erik Wirl sangen mit großer Hingabe die beiden Hauptrollen und ließen es höchstens im Dialog ein bißchen an der nötigen Sektlaune fehlen. Es war ein im besten Sinne unterhaltender Abend.

(21. November 1926)

Die Berliner *Ring*-Aufführungen

Die Aufführung der gesamten *Nibelungen*-Tetralogie von Richard Wagner, die der Berliner Sender soeben abgeschlossen hat, hat weder beim Publikum noch in der Presse einmütige Anerkennung gefunden. Aber selbst wenn dieser Versuch nur durch negative Wirkung, d. h. durch das, was an ihm auszusetzen war, der Entwicklung des Sendespiels weitergeholfen hätte, so hätte er schon damit im gegenwärtigen Stadium des deutschen Rundfunks seine Berechtigung erwiesen.

Dieser Versuch einer Gesamtaufführung des *Rings* mußte einmal gemacht werden, um beurteilen zu können, was wir von diesem Bezirk des Theaters in die Sendespiele herübernehmen können. Daß er mit einer solchen Energie und mit einem solchen Aufwand an wertvollen Kräften und an zielbewußter Arbeit durchgeführt wurde, ist ein nicht zu unterschätzendes Verdienst Cornelis Bronsgeests, des Leiters der Opernabteilung beim Berliner Sender.

Bei dem ungeheuer verzweigten und anstrengenden Tagesbetrieb einer Sendestation und bei der starken Inanspruchnahme aller beteiligten Kräfte ist es an sich schon als ein Erfolg zu buchen, daß es gelang, die Aufführung dieser schwierigen Werke, die selbst an unseren großen Opernbühnen die Anspannung aller Kräfte erfordern, überhaupt zustande zu bringen; aber auch die Art und Weise, wie Bronsgeest, der Inspirator dieser kühnen Idee, seinen Plan zu Ende führte, muß lobend anerkannt werden, auch wenn man zu der Erkenntnis gelangt, daß das Ergebnis dieser ganzen Leistung doch als negativ zu bezeichnen ist.

Daß dies der Fall ist, daß diese großzügig angelegte Darstellung von Wagners *Ring* keinen positiven Gewinn für die Entwicklung des Rundfunks und für die des Sendespiels im besonderen bedeutet, liegt in der Natur der Sache, in dem Werk selbst und in der Art, wie man es aufzuführen gewöhnt ist, begründet. Diese *Nibelungen*-Tetralogie bedeutete für Wagner die [ausführ]lichste Verwirklichung der Idee des Gesamtkunstwerks. Während der Meister in späteren Werken, besonders in den *Meistersingern* und im *Parsifal* eine Verknüpfung seiner musikdramatischen Idee mit den Stilelementen der Oper anstrebt, sucht er im *Ring* den Gedanken einer restlosen Einheit von Handlung, Bühnenbild und Musik durchzuführen. Daher ist gerade in diesem Werk die Musik viel enger mit dem Bühnenbild verwachsen und viel stärker von den szenischen Vorgängen abhängig als in irgendeinem anderen Werk der Opernliteratur. Man könnte vielleicht denken, daß der mangelnde optische Eindruck bei einer Sendedarstellung des *Rings* durch das Hilfsmittel des Leitmotivs ersetzt werden könnte. Aber gerade hier ist einer der Punkte, in denen uns diese Aufführungen eine wichtige Lehre erteilt haben. Es hat sich nämlich herausgestellt, daß die leitmotivische Arbeit keineswegs das Verständnis der Handlung erleichtert, weil sie den Umweg über eine ziemlich komplizierte Gedankenarbeit erfordert, weil sie uns nicht so unmittelbar und widerstandslos mitreißt wie das dramatische Brio einer früheren Opernszene. Der genaue Kenner der Leitmotivik im *Ring* mag vielleicht an dem Auftauchen einer Melodie oder einer Akkordfolge irgendein Handlungsmoment, eine Ideeverbindung erkennen. Für die große Menge bietet auch Wagners Musik nur dann einen theatralischen Eindruck, wenn ihr der große dramatische Schwung und die knappe, formale Gestaltung eignet, die das wesentliche Element einer musikdramatischen Wirkung darstellt. Natürlich gibt es auch im *Ring* weite Strecken, die diese wesentlichste Forderung der Oper erfüllen. Der ganze erste Akt der *Walküre* wie auch das Schlußduett im *Siegfried* besitzen jenen gewaltigen Schwung, der immer von neuem seine fortreißende Wirkung ausübt. Aber dann kommen jene zahlreichen Stellen, die man als »musizierte Philosophie« bezeichnen kann, jene langen Erzählungen und Dialoge, die selbst auf der Bühne nicht zu beleben sind und die dem Charakter des Rundfunks vollkommen widersprechen. Hier streikt das Mikrophon. Hier hätte einzig der Rotstift des Bearbeiters helfen können, wenn er ein bißchen kühner vorgegangen wäre. Die Länge der einzelnen Szenen – das ist wohl die gefährlichste Klippe, an der die Rundfunkdarstellung des *Rings* scheitern mußte. Denn diese Länge ist ein künstlerisches Ausdruckselement des 19. Jahrhunderts, deshalb findet sie nicht den Weg zu der jungen Generation, welche die knappe und sachliche Darstellung ihrer völlig anders gearteten Gefühlsinhalte liebt.

Für die Darstellung der Werke, die an vier Sonntagen der letzten Wochen im Berliner Senderaum aufgeführt wurden, hatte Bronsgeest ein glänzendes Wagner-Ensemble zusammengebracht, aus dem Namen wie Urlus, Plaschke, Kemp und Wildbrunn hervorleuchten. Offenbar strebte man jene Art von glanzvoller Wagner-Darstellung an, wie sie sich an den früheren Hoftheatern auf Grund der Bayreuther Tradition eingebürgert hatte und als deren stärksten und bedeutendsten Interpreten man vielleicht Max v. Schillings bezeichnen kann. Aber auch diese traditionelle Wagner-Interpretation will sich nicht in den Rahmen des Rundfunks einfügen.

Man will eine Art von al-fresco-Darstellung geben, aber ein offenbarer Mangel an genügender Probenarbeit und an Rücksichtnahme auf die akustischen Erfordernisse des Mikrophons bringt es mit sich, daß das Orchester auffallend stumpf klingt und oft sogar von Nebengeräuschen begleitet ist, wie wir sie lange nicht gehört haben, und daß die Ensembles manchmal von einer bedenklichen Unsauberkeit sind. So muß gesagt sein, daß die musikalische Darstellung nicht stark genug war, um diese Art einer Konzertaufführung des *Rings* zu rechtfertigen. Und die wenigen Versuche, durch irgendwelche Geräusche oder akustische Erklärungen so etwas wie ein Sendespiel herzustellen (wie z. B. in der *Götterdämmerung*), scheiterten daran, daß Wagners Kunstwerk ein zu abgeschlossenes Ganzes darstellt, um noch irgend etwas neben sich ertragen zu können.

Ein wertvoller Versuch. Aber nur teilweise gelungen.

(17. Mai 1927)

Berté–Schubert: *Das Dreimäderlhaus*

Während die Sendespielbühne, Abteilung Schauspiel, durch das ausgedehnte Gastspiel Alfred Brauns im Großen Schauspielhaus sich ziemlich in Schweigen hüllt und nur gelegentlich zu größeren Taten aufrafft, bemüht sich die Opernabteilung weiterhin, durch Aufführungen beliebter Operetten ihr Publikum zu befriedigen. Es entspricht offenbar den Ansprüchen des Rundfunkpublikums, daß die Operette in dem Berliner Sendeprogramm dieser Spielzeit viel stärker zu Worte gekommen ist als in früheren Jahren und daß im Laufe des Winters so ziemlich alle Richtungen der klassischen und neueren Operette berücksichtigt sind. Für den Ostersonntag hatte man die Schubert-Operette *Das Dreimäderlhaus* gewählt. Das ist der Ausgangspunkt einer Zwischengattung, die durch die Gruppierung von Ereignissen um das Leben eines Künstlers die Ausnutzung – um nicht zu sagen den Diebstahl – seiner Werke zu verdecken sucht. Die sentimentale Handlung, in die hier der größte deutsche Liederkomponist hineingestellt wird, entspricht vielleicht dem Geschmack des Operettenpublikums und mag daher eine gewisse Berechtigung haben. Aber die Art und Weise, wie hier die Melodien des Meisters zu Operettengesängen herabgewürdigt werden, dürfte kaum nachahmenswert sein. Die musikalische Welt war darum recht zufrieden, als der ausgedehnte *Dreimäderlhaus*-Rummel glücklich zu Ende war, und es gehört daher gewiß nicht zu den »kulturellen Aufgaben« des Rundfunks, dieses Stück seinem wohlverdienten Vergessenheitsschlaf zu entreißen. Immerhin widerlegt die Absicht, dem großen Publikum eine besondere Ostergabe zu überreichen, diese taktischen Zweifel. Dazu kam, daß die geschmackvolle Aufführung unter Seidler-Winklers musikalischer und Bronsgeests hörszenischer Leitung die Mängel des Werkes geschickt zu überdecken verstand und daß ein gutes Solistenensemble eine angenehme Abendunterhaltung für die Osterhörer zustande brachte.

(30. Mai 1927)

Igor Strawinsky: *Oedipus Rex*

Ein musikalisches Ereignis von besonderer Bedeutung ist noch die Übertragung von Strawinskys *Oedipus Rex* aus der Staatsoper am Platz der Republik. Dieses Werk bildet unzweifelhaft einen Markstein in der Entwicklung der neuen Oper. Es zeigt am deutlichsten von allen bisherigen Werken die eindeutige Absage an die Form des Musikdramas, die Aufnahme eines rein gesanglichen Opernstils, in dem Handlung, Dramatik und optische Bewegung völlig zurückgedrängt sind zugunsten einer rein musikalischen Formgebung. Die Rolle der Musik in diesem Werk wird dadurch noch erweitert, daß der Text in lateinischer Sprache gehalten und daß der Hörer dadurch auf die Wirkungskraft der Musik allein angewiesen ist. Diese Musik ist allerdings auch von einer solchen Kraft, von einer solchen Eindeutigkeit des Ausdrucks, daß sie ihre Wirkung auf den Hörer nicht verfehlen kann. Die oratorienhafte Form macht das Werk für den Rundfunk besonders geeignet, und es ist doppelt erfreulich, daß die Funk-Stunde ihren Hörern die hinreißende Aufführung dieses Werkes durch Otto Klemperer, die eines der elementarsten Ereignisse der letzten Jahre war, nicht vorenthalten will.

(16. November 1928)

Schriftsteller

Bernard Shaw und der Rundfunk

Der 70. Geburtstag Bernard Shaws bot Anlaß zu interessanten Vergleichen. Shaw ist zweifellos der bedeutendste, bekannteste und meist gespielte dramatische Autor unserer Zeit; seine Werke sind in alle Sprachen übersetzt, und sein Name wird fast so viel genannt wie die Namen der Boxmeister und Filmstars. Die Engländer sind also stolz darauf, einen Mann, der allein einen der wesentlichsten Kulturfaktoren dieser Zeit darstellt, zu den Ihren zu zählen? O nein! Die englische Gesellschaft hat einen eigenen »Moral«standpunkt. Ein Mann wie Shaw, bei dem jedes Wort ein flammender Protest gegen die Ungerechtigkeit dieser Weltordnung ist, wird von dem gebildeten England als Bösewicht behandelt. Man schweigt ihn tot. Die Zeitungen melden in einer verschämten Notiz den 70. Geburtstag des größten englischen Dichters, und der englische Rundfunk stellt an die Übertragung von Shaws Geburtstagsrede Bedingungen, die für einen freiheitlichen Geist unannehmbar sind.

Diese Antipathie des Rundfunks gegen Shaw beruht scheinbar auf Gegenseitigkeit. Die Geburtstagsrede wird zu einer heftigen Anklage gegen den Rundfunk, der »bei den Wahlen ausschließlich den Rednern der Regierungspartei zugänglich« gewesen sei. Ein so vernichtendes Urteil aus dem Munde eines Mannes, dessen Wort in der Welt stärkste Autorität besitzt, bedeutet eine schwere Diskreditierung der englischen Sender. Es ist zweifellos, daß in Deutschland der 70. Geburtstag eines Dichters von der Weltgeltung Bernard Shaws Anlaß zu monatelangen Ehrungen und Feierlichkeiten wäre. Und tatsächlich sind die deutschen Sender so ziemlich die einzigen, die durch besondere Veranstaltungen diesen Tag begehen. Breslau, Frankfurt, Hamburg, München, Stuttgart sprachen in Vorträgen von der Bedeutung Shaws. Und Berlin widmete dem irischen Dichter einen eigenen Abend, der allerdings empfindlich darunter litt, daß Shaw (wahrscheinlich aus den angedeuteten Gründen) jede Aufführung oder auch nur teilweise Vorlesung seiner Stücke im Rundfunk verboten hatte. Maximilian Harden, dessen Wiedererscheinen vor der Öffentlichkeit aufs freudigste begrüßt sei, sprach mit der ihm eigenen Vielfältigkeit der Gedankenführung über das dichterische und menschliche Werk des Dichters, der ihm ja oft Kampfgenosse war. Das war nicht der übliche Lobspruch auf den Jubilar, sondern eine äußerst geistreiche und oft recht kritische Betrachtung über die Bedeutung dieses Mannes, ein Versuch, den Menschen Shaw in das Geschehen dieser Zeit einzuordnen. Die Behendigkeit seines Geistes verleitet Harden oft zu weiten Abschweifungen von seinem Thema; aber sein Vortrag ist immer so lebendig und so spannend, daß trotz der Länge der Ausführungen nie ein Gefühl der Ermüdung aufkommt. An Stelle von Alfred Braun, der wieder absagen mußte, las Walter Frank eine Autobiographie und einen Essay vor; beides gab nur einen schwachen Eindruck von Begabung und Eigenart des Dichters. Aber der beseelte Vortrag einer Mozart-Sonate durch Alfred Wittenberg und Erna Klein war eine weitere Huldigung für den Dichter Shaw, der ja aus den Werken des Salzburger Meisters reichste Anregung geschöpft hat.

(8. August 1926)

Oskar Maria Graf

Oskar Maria Graf [...] wurde, aus kleinen Verhältnissen stammend, 1894 in Berg am Starnberger See geboren. Er hatte eine ungeheuer schwere Jugend durchzumachen und mußte sich als Bäcker mühselig sein Brot verdienen, bevor er sich allmählich die Anerkennung der literarischen Kreise erringen konnte. Graf gehört unbedingt zu den ursprünglichsten und zukunftsreichsten Erzählerbegabungen des Jungen Deutschland. Das erschütternde Erlebnis des Krieges, der Revolution und der Inflationszeit, die Besessenheit, mit der er seine künstlerischen Ideen, aber auch zur Zeit der Münchener Räterepublik die revolutionären Bestrebungen dieser Tage verfolgte, das ständige Auf und Ab in dem Leben eines jungen Menschen, der die Wirren seiner Jugendzeit restlos durchkämpfen muß, schließlich eine meisterliche Erzählungskunst, die aus der einfachen, sachlichen und vollkommen unübertriebenen Darstellung seines Lebens einen spannenden Roman macht – das alles stempelt Grafs Bekenntniswerk *Wir sind Gefangene* zu einem der packendsten und erlebnisreichsten Bücher unserer Zeit.

(21. Oktober 1927)

Der 60. Geburtstag Maxim Gorkis

Wieder steht im Mittelpunkt der Sendeprogramme der kommenden Woche eine neuzeitliche Dichtererscheinung, die aus Anlaß eines besonderen Tages geehrt werden soll. Der russische Dichter Maxim Gorki feiert in der kommenden Woche seinen 60. Geburtstag, und die literarische Welt nimmt diesen Tag zum Anlaß, um dem Dichter ein Zeichen der Liebe und der Verehrung zu geben, die man ihm überall entgegenbringt.

Es gibt keinen stärkeren Beweis für die dichterische Kraft in Gorkis Werken als die Tatsache, daß diese Dichtungen in allen Ländern und von allen Bevölkerungsschichten gelesen werden, obwohl in ihnen eine ganz bestimmte, bisweilen stark politisch gefärbte Tendenz vertreten wird. Wie in allen großen Kunstwerken, hat das rein Tendenziöse in Gorkis Werken die Gestalt einer Weltanschauung gewonnen; es ist so weit des Paragraphencharakters einer Doktrin entkleidet, daß es nun dem künstlerischen Ausdruck zugänglich ist. Daher kann auch das Rundfunkpublikum aller Länder und aller Kreise an diesem Tage dem Genius Gorkis huldigen, ganz gleich, welcher Weltanschauung oder welcher politischen Richtung es angehört.

Leider scheinen die Gorki-Feiern bei den deutschen Sendern nicht so günstig angelegt zu sein wie die Ibsen-Feiern, die offenbar von einer leitenden Stelle aus auf die verschiedenen Sender verteilt worden sind, so daß jede Sendestation ihre eigene Ibsen-Aufführung hatte, ohne mit einem anderen Sender in Kollision zu kommen. Zu Gorkis 60. Geburtstag hingegen wird an mehreren Sendern sein bekanntestes Drama *Nachtasyl* aufgeführt, anstatt daß man durch die Darstellung eines der weniger bekannten Werke das Wesen dieses Mannes tiefer beleuchtet. Auch hätte man vielleicht in Gorkis Romanen Stellen finden können, die durch eine besondere Rundfunkbearbeitung des Dialogs zu einer eigenen Art von Hörspiel umzugestalten gewesen wären. Darüber hinaus müßte der Rundfunk bei einem lebenden Autor neue Möglichkeiten finden, um eine derartige Gedenkfeier würdig und originell zu begehen. So wie die Wochenschau im Film die Persönlichkeiten des Tages vor dem Zuschauer erscheinen läßt, so müßte auch der Rundfunk »akustische Photographien« der großen Männer unserer Zeit bringen. Wenn es auch aus technischen Gründen noch nicht möglich ist, daß ein Mann wie Gorki seine eigene Geburtstagsrede den Rundfunkhörern der Welt übermittelt, so müßte etwas Ähnliches doch auf dem Umweg über die Schallplatte heute schon zu erreichen sein. Das Interesse an den großen Erscheinungen unserer Zeit würde unbedingt dadurch erhöht werden, daß ihre Stimmen selbst zum Publikum sprechen.

(23. März 1928)

Ein Wort für Heinz Lipmann

Dr. Heinz Lipmann, unter Jessner Dramaturg, zuletzt Lektor am Staatstheater, ist gestern an den Folgen einer Blinddarmoperation gestorben. Lipmann hat sich vor allem durch neuartige Übertragungen klassischer Tragödien einen Namen gemacht; die Funkstunde wird am 23. Februar die von ihm bearbeitete *Antigone* zur Aufführung bringen. Auch mit eigenen dramatischen Arbeiten ist er hervorgetreten. Er war Herausgeber der *Szene,* der Zeitschrift der Vereinigung künstlerischer Bühnenvorstände. Heinz Lipmann ist nur fünfunddreißig Jahre alt geworden.

Ich spreche für eine nicht geringe Zahl von Menschen, wenn ich heute, bei der Nachricht vom Tode Heinz Lipmanns sage: Uns ist ein Kamerad gestorben. In einer Zeit, da jeder für sich steht und jeder gegen jeden, ist ein Kamerad gestorben.

Er war ein guter Dramaturg. Den steilen, kühnen Aufstieg Jessners hat er als treuester Berater begleitet, und alle, die im Berliner Theaterleben stehen, wußten die ruhige klare Beobachtungsgabe dieses Mannes und sein sicheres Gefühl für das, was im Augenblick nötig war, zu schätzen.

Aber er war mehr: ein guter Schriftsteller. Wer seine theoretischen und dramatischen Arbeiten kennt, der weiß, daß hier eine Begabung von großer Zartheit und von seltenem Stilgefühl heranwuchs, die bestimmt ihr letztes Wort noch nicht gesprochen hatte, da sie ausgelöscht wurde.

Aber er war mehr: ein ausgezeichneter Bearbeiter. Sein *Oedipus* hat ihm den Erfolg gebracht, den er verdiente, und seine

Funkbearbeitungen waren künstlerische Ereignisse, wie sie der deutsche Rundfunk selten zu verzeichnen hatte.

Er war mehr: ein Kamerad. Er war da, wenn man ihn brauchte, verläßlich wie kaum einer, und treu. Wenn man Bestätigung brauchte, gab er sie, und wenn man Widerstand suchte, fand man ihn bei ihm. Er war froh in guten Zeiten, und er konnte schweigen, wenn es einem schlecht ging.

Man rede nicht von Unersetzlichkeit, wenn ein »Großer dieser Erde« stirbt. Andere werden kommen, von deren Größe man spricht.

Unersetzlich aber ist das, was uns verloren ging, als unser Kamerad Heinz Lipmann starb.

(11. Februar 1932)

Sendespiele und Hörspiele

Alt-Heidelberg

Schließlich bietet die nächste Woche noch eine Aufführung von *Alt-Heidelberg* durch die Sendespielbühne, Abteilung Schauspiel. Für diese Konzession an den längst vermoderten, durch die Übersättigung im Kino glücklich überwundenen Geschmack grauester Vorkriegszeit gibt es keine Entschuldigung. Dieses Kitschstück der sentimentalsten Zurschaustellung kleiner Gefühle mag vielleicht einige Rollen enthalten, die den Schauspieler zur Darstellung auf der Bühne reizen – für die Sendespielbühne verliert es jede Bedeutung durch seine gänzliche Belangslosigkeit in sprachlicher Beziehung und durch die Seichtigkeit seines Inhalts. Der gewaltige Publikumserfolg, den Wilhelm Meyer-Förster mit diesem Stück errang, beruht vielleicht auf diesen schlechten Eigenschaften, er berechtigt aber nicht zu einer Aufführung innerhalb einer ›kulturellen‹ Institution.

(26. April 1925)

Das Sendespiel *Alt-Heidelberg* ist nur erwähnenswert wegen der vortrefflichen Darstellung. Hans Braun hat nicht nur das bewegte, fein abgetönte Ineinanderspiel eines starlosen Ensembles zustande gebracht, sondern er vollbrachte selbst in der Rolle des Karl-Heinz eine schauspielerische (oder besser: sprachtechnische) Leistung von hohen Qualitäten. An unserer Meinung, daß das Stück nicht wert ist, aus der Versenkung, in der es bereits verschwunden war, wieder hervorgeholt zu werden, wird dadurch nichts geändert. Wir sind durch das zehnjährige Erleben, das hinter uns liegt, zu hart geworden, um solche Sentimentalitäten noch vertragen zu können, und wer diesen Abend an einem Lautsprecher verbrachte, konnte auf den Zügen der Hörer an den rührseligen Stellen eine Skala von Lachen beobachten: von beschämter Verlegenheit bis zur ausgelassenen Ironie.

(10. Mai 1925)

Die Maschinenbauer von Berlin

Der Arbeiter bildet einen wesentlichen, nicht zu unterschätzenden Bestandteil des Rundfunkpublikums. Seine Sonderansprüche zu befriedigen, gehört zu den schwierigsten Aufgaben der Programmbildung. Er ist naiver, vorurteilsloser, weniger festgelegt und weniger blasiert als die Hörer des Mittelstandes. Darum kann man ihm an ernster Kunst alles bieten, was in Inhalt und Ausführung wirklich einwandfrei ist; mit dem sicheren Instinkt des traditionsbefreiten Menschen spürt er genau die Grenzen wahrer, großer Kunst und vermag dem Genie der Größten vielleicht mit mehr Begeisterung zu folgen als die sogenannten gebildeten Stände. Auch den belehrenden Vorträgen ist er mit der ganzen Aufnahmefähigkeit seiner geweckten Intelligenz zugänglich. Nur auf dem Gebiete der leichten Unterhaltung sind seine Ansprüche andere als die des Mittelstandes. Das tägliche Leben des Arbeiters beruht auf ganz anderen Voraussetzungen, und die kleinen Freuden des Daseins, die es auszugestalten gilt, sind grundsätzlich anders geartet als die der anderen Schichten. Die Ideale des Wohlergehens, die Wege zum Glück und die Ziele, die es zu erreichen gilt, sind grundverschieden – und all das ist ja der einzige tiefere Sinn anspruchsloser Unterhaltung. Die Leitung der Funk-Stunde erfüllt darum eine dringende Pflicht, wenn sie in ihren Unterhaltungsprogrammen dieser besonderen Einstellung der arbeitenden Bevölkerung Rechnung trägt, und es

ist freudig zu begrüßen, wenn man an diesen Zweck einmal einen ganzen Sendespiel-Abend verwendet. Der Erfolg der Gesangsposse *Die Maschinenbauer von Berlin* war denn auch besonders in Arbeiterkreisen ein ungemein starker, und Alfred Braun darf zu der Anerkennung aller künstlerisch interessierten Kreise, die ihm seine *Wintermärchen*-Aufführung eingebracht hat, nun einen Erfolg auf breitester Basis buchen.
Schon die Auswahl dieser Posse zeigt ein außerordentliches Geschick. Man wird wenige Stücke finden, die so dem Empfinden des einfachen Mannes entgegenkommen, die so liebevoll auf die kleinsten Ereignisse seines Lebens eingehen. Die Vorgänge dieses Stückes spielen sich täglich im Kreise der werktätigen Bevölkerung ab, der Humor ist dem Sprachschatz des Arbeiters entnommen, und den tieferen Sinn bildet nichts anderes als eine Verherrlichung der Arbeit. Dazu kommt noch das Lokalkolorit. Der Schauplatz eine der größten Berliner Arbeitsstätten, die Sprache das waschechteste Berlinisch, der Gesprächsstoff tausend Kleinigkeiten eines Berliner Arbeiterlebens, die Melodien von anderen Unterhaltungsstätten her wohl bekannt – was braucht es mehr, um dem Berliner einen genußreichen Abend zu bereiten? Daneben aber ist dieser Veranstaltung eine gewisse Bedeutung für die Entwicklung des Sendespiels nicht abzusprechen. Mit feinem Geschmack hat Alfred Braun für das Problem der Rundfunkposse eine neue Lösung gefunden. Drei größere musikalische Ensemblesätze bilden den Rahmen, in dem sich in buntem Wechsel von schlagfertigen Dialogen und sinnigen Musiknummern die Handlung vollzieht. Diese eigenartige Einrahmung der Musik in den Text der Posse eröffnet Ausblicke auf eine neue Form des Sendespiels.

(14. Juni 1925)

Ein Anfang:
Die ersten Funkdramen

Als vor mehr als Jahresfrist zuerst die Rede davon war, daß eine Weiterentwicklung dramatischer Darbietungen im Rundfunk nur auf der Basis der neuen Gattung »Hörspiel« möglich wäre, da hatte man reichlich Grund zu der Befürchtung, daß die Opportunisten aller Kreise, die Gescheiterten von Film, Theater und

Presse sich wütend auf dieses neue Betätigungsfeld stürzen würden. Es ist ein gutes Zeichen für das Funkdrama und ein günstiges Omen für seine Entstehungszeit, daß das nicht geschehen ist, und wenn uns heute die beiden ersten Werke dieser Gattung vorliegen, so können wir in ihnen bereits zwei bestimmte, festumrissene Typen von Hörspielen erkennen, die für die beiden einzig möglichen Richtungen der Anfangsentwicklung grundlegend und wegweisend sein können. Von zwei Einstellungen aus kann man zur Schaffung des neuen Kunstwerkes gelangen: die Ausnutzung der neuen Technik einerseits, die Ausnutzung neuer künstlerischer Möglichkeiten andererseits können treibende Kraft sein. Beides ist nun versucht worden. Ein Dichter und ein Regisseur wagen sich an die neue Aufgabe. Beide bezeichnen ihre Arbeit auf diesem Gebiet als Versuch, als Studie – und darin liegt ihre Bedeutung: denn aus meisterlichen Experimenten kann das Kunstwerk entstehen.

Das Hauptverdienst des Charlottenburger Regisseurs Rolf Gunold beruht darin, daß er schon im April 1924 das vorgeahnt hat, was man heute als »akustische Kulissen und Requisiten« bezeichnet, d. h. die Ersetzung des ständig sichtbaren Theatermaterials durch einen ständig hörbaren »Bühnenrahmen« von Tönen und Geräuschen. Gunolds Funkdrama *Bellinzona* deutet die Szenerie des rollenden Eisenbahnzuges durch 6 verschiedene, aus akustischen Eindrücken einer Schnellzugfahrt entnommene Orgelpunkte an, die einander folgen oder überkreuzen wie musikalische Motive. Es ist entschieden bewunderungswürdig, wie diese Melodie der Räder hier gemeistert ist, wie diese Symphonie des Rhythmus, begleitet von Worten, Rufen und »Gesten«, sich aus freundlichem Allegro über bang ahnendes Andante zu stürmischem Prestissimo steigert, das dann in der furchtbar grellen Dissonanz des Zusammenstoßes seinen Höhepunkt erreicht. Auch der Szeneriewechsel von Abteil zu Abteil vollzieht sich – infolge der verbindenden Zwischenspiele des Rädertaktes – unmerklich und doch erkennbar, und wenn das Ideal darin besteht, einen dramatischen Vorgang nur mit akustisch wahrnehmbaren Mitteln miterleben zu lassen, so ist es hier auf durchaus originelle Weise erreicht. Aber es ist noch kein Kunstwerk. Dazu ist es zunächst sprachlich zu undichterisch, zu wirklich, dazu ist auch die Handlung zu naturalistisch. Es ist eine Photographie, kein Gemälde. (Die Kunst hebt den Vorgang des Lebens aus der Sphäre des Menschlichen heraus – sonst bleibt es Reporterarbeit.) Auch sind die technisch hervorragend durchgeführten Begleitgeräusche in der Wirkung zu kraß, zu realistisch.

Fred Antoine Angermeyer geht von günstigeren Voraussetzungen aus. Man spürt: ein Dichter ist am Werk. In die schwingende Musik klangschöner Worte mischen sich flüsternde Klangsymbole – Produkt eines Künstlermenschen, der für einen Strom von Ideen neue Formen sucht, den die Schwierigkeiten des szenischen Dramas zu poetischer Gestaltung reizen. Angermeyer, Meister des Wortes, wie wenige heute, der mit seinen Komödien großes Aufsehen erregte, der das Tempo und die Dynamik der Bühne kennt, der die Menschen unserer Tage durch die Zeitlupe des Dichters erblickt – er kann wohl als geeignet erscheinen, das Funkdrama, das wir erwarten, zu schreiben. Was heute von ihm vorliegt, der Einakter *Alpdruck,* wird vom Dichter selbst als »Versuch zu einem Rundfunk-Kammerspiel« bezeichnet. Ein Versuch ist es höchstens in dem Sinne, daß die neuen Mittel des Senderaumes hier noch nicht erschöpfend verwendet werden, daß vor allen Dingen von dem raumschaffenden Mittel der akustischen Kulisse hier noch kein Gebrauch gemacht ist. Ein Seelendrama spielt sich ab, Zeit und Raum und Geschehen sind klar erkenntlich aus dem blühenden Reichtum des Dialoges, der von wechselnden Geräuschen der Natur und des Lebens begleitet wird. Ein Mann ist zerquält vom Geheimnis seiner Vergangenheit. Er träumt die Versöhnung mit dem Bruder, der für ihn und die Frau, die auch er liebte, ins Gefängnis ging. Beim Erwachen erfährt er dann, daß der Bruder in der Haft gestorben ist.

Ein Stoff, der für das szenenlose Drama geschaffen ist, auch er noch keine erschöpfende Anwendung der gegebenen Ausdrucksmittel, aber wegweisend und von hoher Bedeutung für die Entstehung der vollendeten Hörspieldichtung. Wie wir hören, gelangt *Alpdruck* im Herbst durch die Berliner Sendespielbühne zur Uraufführung.

(31. Juli 1925)

William Shakespeare: *Ein Sommernachtstraum*

Mit einer Aufführung dieses Bühnenwerkes, das wie kein anderes in der gesamten Weltliteratur eine ideale Verknüpfung von Heiterkeit, Romantik und ernster Betrachtung darstellt, hat die zweite Schauspielsaison des Berliner Senders ihren Abschluß gefunden. Diese *Sommernachtstraum*-Aufführung bedeutet nach längerer Stagnation wieder einen bedeutsamen Schritt nach vorwärts. Sie brachte keine neuen Entdeckungen oder Überraschungen, aber sie knüpfte an die besten Regiearbeiten seit Bestehen der Sendespiele an und machte den geschlossenen und abgerundeten Eindruck, den wir von den besten Leistungen auf diesem Gebiete in Erinnerung haben. Schon die Wahl dieses Werkes war eine denkbar glückliche. Alle drei Elemente der Handlung: die Liebesirrungen der beiden Paare, die Vorgänge im Zauberreich der Feen und die Rüpelkomödie sind im Senderaum in denkbar günstiger Weise zu verwirklichen. Die Sprache Shakespeares gibt nicht nur den vollendeten Ausdruck jeder Situation und die restlose Charakterisierung der handelnden Personen, sondern sie ist darüber hinaus von einer unvergleichlichen Schönheit des Klanges und der Gedanken. Sie läßt die Stimmung der bedeutendsten Momente ausschwingen und gewährt einen fast musikalischen Genuß. Wir haben ja mehrfach darüber gesprochen, daß der Rundfunk sich ähnlich wie der Film für die Darstellung des Übersinnlichen besonders gut eignet, daß der Zauber des Feenreichs, die Romantik des nächtlichen Waldes, dem Hörer mit rein akustischen Mitteln plastisch vor Augen geführt werden kann. Beim *Sommernachtstraum* übernimmt die Musik Mendelssohns den größten Teil dieser Aufgabe. Sie setzt immer genau in dem Moment ein, wo nur die Musik noch eine Steigerung über die Schönheit der Sprache hinaus bringen kann, sie findet aber auch für jeden Moment der Handlung den passenden Ausdruck, sie zerfließt nicht in weicher Stimmungsmalerei, sondern gelangt zu den festen, von höchstem künstlerischen Willen bestimmten Formen, die den vollendeten Meister erkennen lassen.

Die Regie Alfred Brauns tat gut daran, zu dieser Wirkung der Musik nur ganz geringe akustische Hilfsmittel hinzuzufügen. Sie hat ganz richtig erkannt, daß es z. B. beim Erscheinen der Titania keiner anderen Stimmungsmittel bedarf, daß jedes verdeutlichende Geräusch die Wirkung der Musik beeinträchtigen würde. Der Szenenwechsel, der die bühnenmäßige Aufführung des *Sommernachtstraums* außerordentlich erschwert, ist ja im Senderaum mit Leichtigkeit zu bewerkstelligen, und es gelang, das

Hinübergleiten von einem Bühnenbild zum nächsten so anschaulich zu machen, daß wir unmittelbare Theaterwirkung erlebten. Um dem Ganzen eine abgerundete Form zu geben, ohne doch auf die aus formalen Gründen nötigen Einschnitte zu verzichten, ließ Braun in den Pausen Verse sprechen, die, aus Werken Shakespeares und Grillparzers zusammengestellt, die Stimmung der vorhergehenden Szene aufnehmen und weiterspinnen und so dem Hörer auch von dem, was er nicht sehen konnte, in dichterischer Weise einen Eindruck verschaffen sollten. Als besonders gelungene Effekte seien hier genannt das Kichern und Zirpen von Titanias Begleiterinnen, die prachtvoll stilisierte, keineswegs naturalistische Echowirkung beim Ruf der Hermia und die stimmungsvolle Einordnung des Wiegenliedes, das von Frida Weber-Fleßburg und Elly Heymann reizend vorgetragen wurde. Leider hatten zwei prominente Berliner Komiker, Kurt Vespermann und Wilhelm Bendow, abgesagt, so daß die Rüpelszenen ganz von der Darstellung des Zettel durch Alfred Braun beherrscht waren. Braun spielt diese lustigste Rolle des Stückes ein wenig zu berlinerisch, aber doch mit großem Humor und echt funkischen Einfällen. Von den übrigen Darstellern traf besonders Lucie Mannheim den entzückenden Ton zwischen Überschwang und ausgelassener Heiterkeit, der durch Reinhardt in die Shakespeare-Darstellung eingeführt wurde; der Angsttraum der Hermia und ihr Erwachen gehörten zu den schönsten schauspielerischen Momenten des Abends. Rose Lichtenstein bewies als Titania wieder die Vielseitigkeit ihrer Begabung. Der glokkenhelle Ton, mit dem sie ihren Gatten Oberon auslacht, war von mitreißender Wirkung. Der Oberon wie auch Theseus waren bei Theodor Loos und Karl Ebert in besten Händen. Ein vollkommener Versager war Richard Duschinsky, der die Rolle des Lysander mit einfältigem Pathos deklamierte. Eine Überraschung war Lore Braun als Puck. Sie spukte wirklich wie ein lustiger kleiner Teufel durch das ganze Stück, und sie hat einen jungen, singenden, geflügelten Stimmklang, der sie von allen andern Darstellern abhebt und tatsächlich zur Beherrscherin des Spiels macht. Wenn sie sich fliegend in die Lüfte erhebt, so geht sie auf den Klang des letzten Wortes in einen gesungenen Ton über, auf dem die Musik einsetzt. Das ist Rundfunkwirkung im schönsten Sinne – und die Leistung von Lore Braun war so reich an ähnlichen Effekten, daß wir in ihr eine auffallende Rundfunkbegabung erkennen zu können glauben. Der ganze Abend ist als Gewinn zu buchen.

(27. Juni 1926)

Grabbe und Wedekind

In der kommenden Woche beginnt nun auch die Abteilung »Schauspiel« der Sendespielbühne den Zyklus, der ihre Wintersaison beherrschen wird. Dieser Zyklus betrachtet das deutsche Drama aus zwei Jahrhunderten in Form von Gegenüberstellungen älterer und neuester Dichter. Eine solche Gegenüberstellung von Christian Dietrich Grabbe, dem genialen Dichter des beginnenden 19. Jahrhunderts mit Frank Wedekind, dem großen Bühnendichter an der Schwelle unserer Zeit, kann nicht nur wegen der inneren Beziehungen beider Männer, sondern gerade auch durch ihre Gegensätze sehr aufschlußreich sein. Sie zeigt die Entwicklung des deutschen Dramas im 19. Jahrhundert in den äußersten Polen. [...]

(29. August 1926)

[...] Das, was Grabbe gestaltet hatte, ist im Grunde das gleiche, was Wedekind mit neuen Mitteln ausspricht. Es ist das triebhafte Hineinrennen des Menschen in sein Schicksal. Auch Wedekinds Gestalten werden von ihren Trieben gepeitscht, werden in ihrem ganzen brutalen Egoismus gezeigt. Aber diese von Leidenschaft gezerrten Menschen sind in eine ewige Gesetzmäßigkeit der Natur eingeordnet, und die Triebhaftigkeit, die bis zur schamlosesten Verkommenheit gesteigert wird, ist anderseits in ihrer unverbildeten Urform gesund, begehrenswert und moralisch. Aus diesem Gegensatz, aus dieser Sehnsucht und ihrer falschen Erfüllung wurde Wedekind Polemiker. Er kämpft für das freie Verfügungsrecht über den eigenen Körper, er wütet gegen die geschäftsmäßige Unberührbarkeit der Frau, gegen die Verachtung der Dirne. Und der Dichter der *Lulu* ist im höheren Sinne Moralist, denn er arbeitet an einer Besserung der Zustände durch Aufklärung und Rassezüchtung – und damit einer Hebung der ›Sittlichkeit‹.

(5. September 1926)

Frank Wedekind: *König Nicolo*

Als Gegenüberstellung zu Grabbes *Herzog Theodor von Gothland* brachte die Sendespielbühne Frank Wedekinds Schauspiel *König Nicolo* heraus. Die Beziehungen, die zwischen den beiden Dichtern zweifellos bestehen, wären vielleicht stärker spürbar gewesen, wenn man von Wedekind ein Stück gewählt hätte, das mehr auf die Triebhaftigkeit der Figuren als auf das, was ihn mit Grabbe verbindet, gestellt ist *(Erdgeist, Marquis von Keith)*. Andererseits muß gesagt werden, daß sich *König Nicolo* wegen der Buntheit des Geschehens und wegen der klar gebauten Handlung vorzüglich für den Rundfunk eignet. Regiemäßig war es wohl die beste Leistung der bisherigen Sendespielsaison. Offenbar hatte Alfred Braun diesmal genügend Zeit zur Vorbereitung. So kam es zu einigen sehr starken Momenten und zu einigen wirklich funkischen Effekten. Wenn z. B. der Hofstaat des Königs Pietro karikierend durch fünf kurze, harte Trommelschläge gekennzeichnet wird, die wie ein trockenes Husten klingen, oder wenn das Beifallklatschen von Nicolos Publikum allmählich in einen strengen $^{4}/_{4}$-Takt übergeht, so sind das stilisierende Mittel der Funkregie, die von starker, formaler Bedeutung sind. Besonders aber war es diesmal gelungen, sowohl den Szenenwechsel als auch den Auftritt der Personen in unauffälligster Weise durch kleine Einschaltungen zu verdeutlichen. In dieser Beziehung war das Erscheinen Almas im Kerker, dieses minutenlange, fassungslose Stammeln, Lachen, Schluchzen eine Meisterleistung ausdrucksvollen Funkspiels. Überhaupt waren darstellerisch die Szenen zwischen Fritz Kortner und Lucie Mannheim die stärksten; besonders Kortner war an einigen Stellen von erschütternder Ausdruckskraft. Aus dem übrigen Ensemble ragte besonders Rosa Valetti hervor, die eine Kupplerin mit stärkster Eindringlichkeit sprach. Ein gelungener Abend.

(19. September 1926)

Bertolt Brecht: *Mann ist Mann*

Die Sendespielbühne, Abteilung Schauspiel, unter Alfred Brauns Leitung, deren außerordentliche Rührigkeit gegenüber anderen Abteilungen des Berliner Sendebetriebs erneut hervorgehoben werden muß, bereitet ein Ereignis vor, das weit über den Rahmen des Rundfunks hinaus literarische Bedeutung besitzt. Das Lustspiel *Mann ist Mann* von Bertolt Brecht, das man vielleicht als das neuartigste und stärkste Theaterstück unserer Zeit bezeichnen kann, ist nach seiner erfolgreichen Darmstädter Uraufführung bisher noch von keiner Berliner Bühne zur Aufführung erworben worden – was für die gegenwärtige Handhabung des Berliner Theaterlebens kennzeichnend ist. Nun bringt der Berliner Sender das Stück zur Erstaufführung in Berlin und lenkt damit das Interesse weitester Kreise auf sich. Brechts Lustspiel ist in der Art der Dialogführung, in dem Aufbau der Handlung und in der Durchführung der Charaktere durchaus einzigartig. Die Handlung spielt in den Militärbaracken von Kilkoa im Jahre 1925. Der Packer Galy Gay wird von seiner Frau ausgeschickt, um einen Fisch zu kaufen. Er vergißt aber vollständig diesen Auftrag und verwandelt sich im Laufe des Stückes in einen vollkommen anders gearteten Menschen. Vier Soldaten einer Maschinengewehrabteilung haben eine Pagode gestürmt, und dabei ist ihnen ihr vierter Mann abhanden gekommen. Ohne vierten Mann dürfen sie aber nicht zur Armee zurückkehren, sonst werden sie erschossen. Sie überreden nun Galy Gay, ihr vierter Mann zu werden. Aus purer Nachgiebigkeit sagt er ja und wird eingekleidet. Aber diese Verwandlung, die sich an ihm vollzogen hat, ist so gründlich gewesen, daß er am Schluß des Stückes aus einem stillen Menschen, der einen Fisch kaufen wollte, ein eifriger und pflichtbewußter Soldat geworden ist.

(13. März 1927)

Wieder macht sich aber die große Überlegenheit der literarischen Sendespiele gegenüber der Opernabteilung beim Berliner Sender bemerkbar. Während man in der Oper als kühnsten Vorstoß in das musikalische Neuland den längst anerkannten Pfitzner zu Worte kommen läßt, stellt die Schauspielabteilung nun schon wieder einen der führenden jungen Dramatiker in den Mittelpunkt eines Sendespielabends. Um es gleich zu sagen: Diese Sendespieldarstellung von Brechts Lustspiel *Mann ist Mann* ging an unmittelbarer und bleibender Wirkung weit über alles hinaus, was der Berliner Sender bisher auf diesem Gebiete unternommen hat. Man war diesmal nicht von irgendeiner technischen Seite aus an das Problem des Sendespiels herangegangen, sondern ein

Dichter, ein wirklicher Dichter, hat mit kühnem Griff und mit wundervoller Einfühlungskraft einen wesentlichen Teil aller Sendespielfragen seiner Lösung entgegengeführt. Alle Teile dieses Rundfunkkunstwerks: die Einzeldarstellungen, die akustischen Abstufungen, die musikalischen und geräuschmäßigen Illustrationen, die Einordnung erklärender Zwischenrufe, die Steigerungen in Tempo und Dynamik – alles war Ergebnis einer dichterischen Vision, Teil einer Gesamtform, die, aus den Erfordernissen des Senderaums geschaffen, anschaulichstes Rundfunktheater schuf. Die dichterischen Werte dieses Lustspiels sind seit der Darmstädter Uraufführung längst gewürdigt worden. In der problemfreien, beschwingten Handlung, in dem unendlichen Reichtum der Sprache, die alle Skalen eines neuartigen Humors durchläuft, und in der ungewöhnlichen Prägnanz der Formgebung kündigt sich ein neuer Typ dramatischer Produktion an, der als Niederschlag eines neuen Menschentyps Bedeutung gewinnt. Die Rundfunkbearbeitung Brechts gründet sich, der Idee des Stückes entsprechend, auf weithallenden Zwischenrufen, die nicht etwa ein bloßer Abklatsch der Szenerieangaben des Buches sind, sondern die in knappen Sätzen den Weitergang der Handlung ankündigen und denen etwas von dem Ausschreiertum der Jahrmärkte, von den Kinoerläuterungen früherer Jahre anhaftet. Da aber ein Dichter diese Zwischenrufe gestaltet, geben sie dem ganzen Abend eine neue rundfunkgemäße Form. Aber auch die Darstellung der einzelnen Figuren erhebt sich über den Durchschnitt früherer Sendespielversuche. Ernst Legal findet den richtigen Ton zwischen Ängstlichkeit und Aufschneidertum, den die Hauptfigur verlangt. Neben ihm ist es besonders Helene Weigel, die die Idee des Stückes am stärksten zu verwirklichen vermag. Frida Richard schien eine Fehlbesetzung zu sein, denn wir können uns Galy Gays Frau beim besten Willen nicht als eine alte Frau vorstellen. Edmund Meisels Musik verarbeitete in geschickter Weise den »Mann-ist-Mann«-Song. Das Ganze war von ungemein packender Wirkung, obwohl das Stück für den, der es gelesen oder gesehen hatte, an seinen inneren Werten Einbuße gelitten hatte. Für die Entwicklung des deutschen Sendespiels war es ein denkwürdiger Abend.

(27. März 1927)

Kleist/Bronnen: *Michael Kohlhaas*

Das bedeutsamste künstlerische Ereignis der vergangenen Woche war die Aufführung von Arnolt Bronnens Hörspielbearbeitung des *Michael Kohlhaas*. Diese Umformung einer Novelle in ein Hörspiel reiht sich in eine allgemeine Bewegung ein, die jetzt ihren Anfang nimmt und die man voraussichtlich später einmal als eine der wichtigsten Epochen in der Entwicklung des Hörspiels ansehen wird. Seit einiger Zeit schon wurde von aufmerksamen Beobachtern dieser Entwicklung festgestellt, daß der dramatische Stil im Rundfunk nur vom epischen Kunstwerk seinen Ausgang nehmen kann, daß an die Stelle naturalistischer Geräuschimitationen die freie Entfaltung des Wortes treten muß. Schon zu Beginn der Woche verfolgte die Vorlesung der Funknovelle *Partie verspielt* von Gerhart Pohl ähnliche Ziele. Hier las man die berichtenden Teile der Novelle vor und ließ dann an den Dialogstellen oder in großen Erzählungen die handelnden Figuren selbst sprechen. Ähnlich ging Bronnen in seiner Hörspielbearbeitung vor. Er läßt durch einen Anfrager und einen Ansager in Form von Frage und Antwort die Schauplätze der Handlung und die Übergänge von einer Szene zur anderen berichten. Die äußerst geschickte Auswahl dieser Szenen zeigt deutlich die Hand des Dramatikers, der die Entwicklungskurve einer dramatischen Handlung auf die knappste Form zu bringen vermag. Und wie Bronnen hier durch die epische Grundform Spannung und Entspannung aneinanderreiht, wie er Bericht und Handlung abwechseln läßt, wie er mit rein künstlerischen Mitteln das Tempo aufhält und vorwärtstreibt – das alles erweckt den Eindruck, daß mit diesem Abend, jedenfalls produktionsmäßig, ein wichtiger Schritt in der Entwicklung des Hörspiels getan worden ist. Allerdings konnte die Aufführung keineswegs befriedigen. *Das neue Hörspiel verlangt den neuen Hörspieler.* Der Text des *Michael Kohlhaas* ist einer der sachlichsten in der Weltliteratur. Er spricht die Sprache eines nackten Berichtes. Die Schauspieler machen eine Gefühlsangelegenheit daraus.

(2. November 1928)

IV. Andere Medien

Film

Tonfilm, Opernfilm, Filmoper

Wenn man auf irgendeinem Kunstgebiete das Wort »Produktion« gebraucht, so meint man nichts anderes als die Arbeit des schaffenden Künstlers in ihrem Umfang und in ihrem Wert. Nur beim Film hatte das Wort Produktion bisher einen stark geschäftlichen Klang. Filmproduktion – das hieß Finanzierung, Kapitalbeschaffung, Absatzmöglichkeit. Auf die Mitarbeit des schaffenden Künstlers, der nach anderen Gesetzen und unter anderen Voraussetzungen »produzierte«, verzichtete man gern. Der Dichter wurde durch den »Manuskriptfachmann« ersetzt, der Maler durch den Fachmann für Filmbauten und Entwürfe. Die Musik mußte nach Fertigstellung des Films in wenigen Tagen zusammengestellt werden, und auch die eigens zu komponierende Filmmusik, die man in den letzten Jahren des stummen Films propagierte, mußte mit einer solchen Eile und mit einer solchen Begrenzung der produktiven Mitarbeit hergestellt werden, daß kein Musiker von Rang und Namen für eine solche Arbeit zu gewinnen war. Die günstigsten Fälle, denen wir auch die entscheidenden Erlebnisse auf dem Gebiete des stummen Films verdanken, waren die, in denen einige geniale Filmdarsteller als ihre eigenen Produzenten fungierten. Der Tonfilm hat hier eine vollkommen neue Situation geschaffen. Das, was uns früher in den Film lockte, war gerade das stumme Spiel, das eine Steigerung des gestischen Ausdrucks über die naturalistische Haltung hinaus ermöglichte. Dieses stumme Spiel hat eine eigengeartete, selbständige Kunstgattung herausgebracht, deren Eigenart und deren Reiz gerade in der Stummheit ihrer Figuren begründet ist und die daher von der Entstehung des Tonfilms viel weniger tangiert werden kann als etwa das Theater, das mit dem Tonfilm, so wie er sich heute darbietet, vieles gemeinsam hat. In dem Moment, da die Figuren auf der Leinwand zu sprechen und zu singen beginnen, liegt die entscheidende produktive Arbeit wieder bei den Dichtern und Musikern, denn Sprache und Musik müssen auf der Leinwand in der gleichen Weise eingesetzt werden wie auf dem Theater: als Träger von Ideen oder mindestens als ästhetisch-formalistisches Element. Und hier ist der Fachmann vom Film nicht mehr zuständig.

Es ist nicht zu leugnen, daß der Tonfilm noch sehr weit zurück ist gegenüber den Möglichkeiten, die unsere Phantasie bei dem Heraufkommen dieser neuen Technik entdeckte. Es war ja vorauszusehen, daß der Tonfilm seine Kinderkrankheiten durchmachen mußte, aber es ist schade, daß das wieder fast die gleichen Kinderkrankheiten sind, die seinerzeit auch der stumme Film durchgemacht hat. (Ich sah dieser Tage in Berlin einen amerikanischen Tonfilm *Paris,* der sich kaum noch von den ersten kindlichen Versuchen des stummen Films unterschied.) Auch im stummen Film glaubte man ja zunächst (wie jetzt im Tonfilm), man könne einfach Theater abphotographieren, und auch dort merkte man erst nach Jahren, daß die neue Technik auch eine neue, eigene Kunstform erzeugen mußte. So viel haben wir aber auch aus der bisherigen Entwicklung des Tonfilms bereits gelernt: *der Tonfilm muß seine eigenen, selbständigen Ausdrucksformen finden,* wenn er Existenzberechtigung haben will. Es mag sein, daß der Tonfilm, der sich ja an die breiten Massen wendet, zunächst an die Stelle jener Theaterproduktion tritt, die sich mit einer bloßen Befriedigung der Unterhaltungsbedürfnisse begnügt. Und da die produktiven Kräfte des Theaters heute eine Form anstreben, die sich von allen Formen des Unterhaltungstheaters entschieden abwendet, so wäre hier bereits eine deutliche Abgrenzung gegeben.

Die Verwendung von Sprache und Musik im Tonfilm ist vorläufig noch reichlich problematisch. Man versuchte es mit »100prozentigen« Sprechfilmen, die aber über eine bloße Photographie von Theatervorstellungen kaum hinauskamen. Abgesehen von der Zwecklosigkeit eines solchen Unternehmens, ergab sich hier auch die äußere Schwierigkeit, daß der geringe Vorrat an guten Theaterstücken kaum so weit gestreckt werden kann, um auch noch den Tonfilm davon mitleben zu lassen. Für die Verwendung von Musik suchte man in den bisherigen Tonfilmversuchen meistens äußere Anlässe. Die zentralen Figuren dieser Filme sind Revuestars, Kabarettsängerinnen, Opernsänger, die man dann im Laufe des Stückes aus beruflichen Gründen häufig singen lassen kann. Oder man schreibt eine Filmhandlung um irgendein Schlagerlied herum, das dann am Höhepunkt der Handlung von »ihr« oder von »ihm« oder sogar von beiden gemeinsam gesungen wird. Alle diese Versuche entspringen den typisch literarischen Vorstellungen des Nichtmusikers von den Aufgaben der Musik. Die Frage nach der Rolle der Musik im Tonfilm kann nur vom Musiker gelöst werden, und diese Frage ist von entscheidender Bedeutung für die gesamte Weiterentwicklung des Tonfilms. Der Musiker kann diese Frage nur lösen, *wenn er an einem Tonfilm von Anfang an mitarbeitet,* wenn er auf die Stoffwahl, auf die Herstellung des Manuskripts und der Texte, auf die Wahl der Darsteller entscheidenden Einfluß hat. Für einen solchen Versuch, das Formproblem des Tonfilms von der Seite der Musik her zu lösen, liegen immerhin aus sorgfältiger Beobachtung der bisherigen Versuche einige Erfahrungen vor, die, obwohl sie meist negativer Natur sind, doch schon ungefähr einen Weg erkennen lassen. Es wäre zunächst zu untersuchen, welche Möglichkeiten es gibt, den singenden Menschen im Tonfilm zu zeigen. Es erscheint fast ausgeschlossen, daß im Tonfilm sich ein Mensch wie auf der Opernbühne hinstellt und singt. (Die Vorführung einer ausgezeichneten amerikanischen Tonfilmaufnahme der Tenorarie aus *Martha* erweckte beim Publikum schallende Heiterkeit.) Eher denkbar sind bereits Duettwirkungen, besonders wenn sie Handlungs- oder Bewegungselemente enthalten. Wir erkennen aber auch bereits neuartige Möglichkeiten, einen Gesang in der Bewegung zu zeigen (wie etwa das Lied eines fahrenden Chauffeurs im *Liebeswalzer*), oder einen Gesang von der Kamera her aufzulösen, indem man während des Gesanges zugleich die Wirkung auf den Hörer zeigt (wie beim Lied der Marlene Dietrich im *Blauen Engel*). Doch glaube ich im allgemeinen, daß im musikalischen Tonfilm der singende Mensch keineswegs so im Vordergrund stehen wird wie auf der Opernbühne. Dasselbe Prinzip, zu dem wir heute auf dem Operntheater zurückkehren: abgeschlossene musikalische Formen durch Dialogszenen abzulösen, wird auch im musikalischen Tonfilm richtunggebend werden. Darüber hinaus aber wird im Tonfilm das Musikinstrument als »Handlungsmoment« in Erscheinung treten. Es läßt sich eine Form des musikalischen Tonfilms denken, die von der musikalischen Exzentrik her entscheidend beeinflußt ist, und die Idee, einen Tonfilm mit Grock zu machen, erscheint mir für die Entwicklung des Tonfilms wichtiger als alle bisherigen Versuche. Von den weiteren Möglichkeiten einer Bereicherung der musikalischen Ausdrucksmittel im Tonfilm ist hier noch eine hervorzuheben: im musikalischen Tonfilm singt nicht nur der Mensch, sondern auch seine Umgebung: die Gegenstände seines Zimmers, das Haus, die Stadt, die Tiere. Hier kommen entscheidende Anregungen von den »Micky-Mouse-Filmen«, die stärker als alle bisherigen Erzeugnisse der Tonfilmindustrie die Zukunftsmöglichkeiten der Gattung Tonfilm erkennen lassen. Diese nach rein musikalischen Gesetzen gezeichneten, rhythmisch fixierten Bewegungsfilme, die eine durchaus neue und originale Form des »Filmballetts« begründen, zeigen gewissermaßen die Relativität aller Erscheinungen. Der lebende Organismus ist nicht haltbarer als der tote Gegenstand. In der Bewegung löst sich alles auf, aber im Rhythmus findet sich alles wieder. Ein Skelett spielt mit seinem Unterschenkel auf den Rippen seines Nachbarskeletts Xylophon, eine Lokomotive schleppt sich in mühseliger Gymnastik einen Berg hinauf, und das Gebiß eines Raubtiers wird rasch zum lieblichsten aller Glockenspiele. Der Weg, der sich hier anzeigt, soll keineswegs zu einer neuen Form phantastischer oder grotesker Kunst führen. Aber die Möglichkeit, durch den Tonfilm zu einer Kunstform zu gelangen, die den Menschen in den Beziehungen zu seiner lebenden und leblosen Umgebung zeigt, ist verlockend genug, um eine Beschäftigung mit den technischen und formalen Problemen des Tonfilms auch für den Musiker lohnend erscheinen zu lassen.

Diese ersten Bestrebungen zur Schaffung eines musikalischen Tonfilms sind weit entfernt von dem Problem des »Opern-Tonfilms«, das soeben bei der Neugründung der »Terra« aufgerollt worden ist. Vor Monaten entwarf bereits Dr. Bagier, der Leiter der »Tobis«, einen Plan, eine Gattung musikalischer Tonfilme herzustellen, die in den Opernhäusern an bestimmten Tagen der Woche (aus Gründen der Repertoire-Erleichterung) gespielt werden sollen. Allerdings dachte man dabei wohl kaum an eine Vertonfilmung beliebter Repertoire-Opern. Diese Idee hat zunächst, von außen her betrachtet, viel Verlockendes, aber ihre Durchführung wird auf unübersehbare Schwierigkeiten stoßen. Die »Musik in der Konserve«, wie sie Schallplatte und Tonfilm heute ermöglicht, ist für pädagogische Zwecke und für die interne Arbeit des Musikers von eminenter Bedeutung. Ob aber die »Oper in der Konserve« dem großen Publikum einen annähernden Ersatz für lebendige Opernaufführungen bieten kann, ist sehr zweifelhaft. *Ganz ausgeschlossen erscheint es mir, die mu-*

sikalischen, szenischen und darstellerischen Mittel der heutigen Opernbetriebe einfach auf den Tonfilm zu übertragen. Die Darstellung klassischer Opern, wie sie heute üblich ist (auch wenn man einige Modernisierungsversuche, wie sie hier und dort unternommen werden, einbezieht), ist schon vom Standpunkt des modernen Theaters aus fast eine Unmöglichkeit. Für den Film ist sie absolut unbrauchbar. Gerade die Oper, deren Wirkung vom unmittelbaren Kontakt des Sängers mit dem Publikum abhängig ist, scheint von allen Theaterformen am wenigsten geeignet, einfach abphotographiert zu werden. Es läßt sich allenfalls denken, daß man einmal in Anlehnung an das Buch und die Partitur der *Zauberflöte,* ja sogar einer Wagner-Oper, einen Tonfilm herstellt, der sich allerdings so weit von seinem Vorbild entfernen würde, daß er beinahe einer Neuschöpfung gleichkäme. Eine solche Bearbeitung wäre nur Leuten anzuvertrauen, die durch ihre Leistungen oder durch die Kühnheit ihrer Bearbeitungsidee berechtigt erscheinen, das Gefühl der Pietät gegenüber der Arbeit des Meisters auszuschalten. Wichtiger als alle solche Versuche ist zunächst die *Schaffung selbständiger neuer Tonfilme,* die in ihrer Gesamtanlage so weit von der Seite der Musik her bestimmt sind, daß man sie bereits als Urformen einer zukünftigen »Filmoper« ansehen kann. Erst wenn man so über die musikalischen Möglichkeiten und die formalen Grundgesetze des Tonfilms Klarheit gewonnen hat, kann man daran denken, eine klassische Oper zu einem »Opernfilm« umzugestalten.

(24. Mai 1930)

Presse

Kritik am zeitgenössischen Schaffen

Die Aufgaben einer Kritik am zeitgenössischen Schaffen bestehen darin, erstens das zeitunglesende Publikum über Wert und Bedeutung einer neuen Komposition und die damit zusammenhängenden Vorgänge in der Gesamtproduktion unserer Zeit zu unterrichten, und zweitens dem schaffenden Musiker selbst entweder vom Standpunkt des Publikums oder von dem des fachlichen Beraters ein Urteil über sein Werk zu geben. Der heutige Zustand der Kritik zerstört in den meisten Fällen diese beiden Auswirkungsmöglichkeiten. Es ist z. B. unmöglich, daß ein Opern- oder Konzertbesucher sich über ein neu aufgeführtes Werk ein Urteil bilden kann, wenn er sämtliche Kritiken zusammenstellt, die darüber erschienen sind. Er hat nach der Lektüre aller dieser Kritiken keine Ahnung, ob das Stück gut oder schlecht, alt oder neu, wichtig oder unwichtig ist. Er könnte, da ja die »Geschmäcker« verschieden sind, noch verstehen, daß er restlos anerkennende neben restlos ablehnenden Urteilen findet. Aber es macht ihn völlig ratlos, daß jeder Kritiker an das Werk einen anderen Maßstab anlegt, daß die Meinungen viel zu weit auseinandergehen, um noch erkennen zu lassen, daß immer noch der gleiche Gegenstand gemeint ist. Er vermißt jede Grundlage einer auch nur annähernd gemeinsamen Betrachtungsweise, er erkennt, daß nur in den seltensten Fällen mit Konsequenz eine Richtung gefördert, eine andere abgelehnt wird, er sieht eine Verwirrung der Maßstäbe, die oft auch die wertvollen Betrachtungen des einzelnen Kritikers wertlos macht.

Es wäre falsch, die Schuld an diesem Zustand dem Kritiker zuzuschieben. Der Kritiker tut das, was seine Redaktion von ihm verlangt, die ihn engagiert hat, die ihn bezahlt und die sich jederzeit »voll und ganz« hinter ihn stellt. Die Erscheinung des Kritikers reiht sich logisch und lückenlos in das Gesamtbild der heutigen Presse ein, die viel zu fest und machtvoll fundiert ist, um irgendwelche Zweifel an ihrer Richtigkeit und Notwendigkeit aufkommen zu lassen. Ob dieses System zu ändern ist – das ist eine politische Frage. Aber gewiß ist, daß auch innerhalb dieses Systems das Gesamtbild der Presse sich ändern wird. Mit einer jungen Musikergeneration wächst eine junge Generation von Kritikern heran, und schon heute beginnt sich ein deutlicher Trennungsstrich zwischen einer alten und neuen Generation abzuzeichnen, deren gegenseitiger Kampf darum ein so heftiger ist, weil sich die verschwindende Generation durch die heraufkommende in ihrer Existenz bedroht fühlt und weil ein Existenzkampf mit schärferen Mitteln ausgefochten wird als ein Kampf geistiger Meinungen. Darum kann es sich nicht darum handeln, diesen Zustand zu beklagen, sondern höchstens das Bild der heutigen Kritik nachzuzeichnen, wie es sich dem schaffenden Musiker darstellt.

Kritik als Reportage. Man könnte es auch (um einen Ausdruck Brechts zu gebrauchen) »Kritik als Vergnügungsanzeiger« nennen. Die Zeitung will natürlich dem Leser das empfehlen, wovon sie annehmen kann, daß es ihm selbst gefallen wird. Denn die Abonnentenzahl erhöht sich, wenn der Leser durch seinen eigenen Eindruck das Urteil seiner Zeitung bestätigt findet. Der Kritiker berichtet also, indem er seinen Leser vor Augen hat, über die äußeren Begleitumstände der Aufführung, über den Erfolg, über die »Stimmung« bei dem Hörer und über den Komponisten, seine Herkunft, seine früheren Leistungen, seine Familienverhältnisse. Über das Werk selbst wird, ohne sich festzulegen, ebenfalls einiges ausgesagt. Zweifellos ist diese Art der Reportage-Kritik für alle Teile, für die Zeitung, für den Leser, für den Komponisten und die Ausführenden unentbehrlich, und in westlichen Ländern ist ja die Musik- und Theaterkritik eindeutig auf diese reportierende Tätigkeit beschränkt. Bei uns allerdings wird eine solche Reportage, da sie ja von Sachverständigen ausgeübt wird, häufig durch das persönliche Urteil des Kritikers umgefärbt, das innerhalb einer Reportage keine Berechtigung hat. Dadurch entstehen die zahlreichen Falschmeldungen über die Haltung des Publikums in den Premieren. Von diesen glatten Fälschungen eines Erfolges weiß jeder schaffende und ausübende Musiker ein Lied zu singen. Da werden eindeutige Beifallskundgebungen entweder verschwiegen oder als »freundlicher Achtungserfolg« bezeichnet, und wenn der Erfolg gar nicht zu leugnen ist, dann heißt es: »Merkwürdigerweise schien es dem Publikum zu gefallen«, oder es wird der Überzeugung Ausdruck gegeben, daß der Beifall »natürlich« nur der Ausführung galt. Es wäre ein erstrebenswerter Zustand, wenn zunächst, losgelöst von der Kritik, eine nüchterne Berichterstattung über Titel und Inhalt des Werkes, über Aufführung und Aufnahme beim Publikum erscheinen würde und wenn dann erst der Kritiker mit einer ausführlichen, fachlich begründeten, wirklich produktiven Wertung in Erscheinung träte (s. u.).

Kritik als Politik. Man ist unwillkürlich geneigt, die Musik- und Theaterkritik eines Blattes mit seiner politischen Haltung in Zusammenhang zu bringen. Tatsächlich ist es denkbar, daß auch auf diesem Wege eine klare und eindeutige Situation erreicht werden könnte. Dann würde nämlich eine rechtsgerichtete Zeitung auch einen rechts orientierten Kritiker heranziehen und umgekehrt. Besonders in einer Zeit, da durch die fortschreitende Politisierung des täglichen Lebens auch die Kunst eine immer deutlichere politische Färbung erhält, könnte eine solche Einordnung der Kritik in den Gesamtcharakter der Zeitung manche Verschwommenheit beseitigen. Was soll man dazu sagen, daß an einer großen linksdemokratischen Zeitung ein Kritiker von stockkonservativer, fanatisch reaktionärer Haltung sitzt, während sich andere Kritiker, deren Zeitungen weit rechts von diesem Blatt stehen, mit Mut und Überzeugung für alles Neue auf dem Gebiete der Musik einsetzen? Diese Tatsache, daß man oft »unter dem Strich« nicht weiß, was »über dem Strich« vorgeht, ist besonders erschwerend für jenen Teil der Kritiker-Tätigkeit, der heute immer stärker in den Vordergrund rückt: für die Kunstpolitik. Es gehört heute nämlich zu den wesentlichsten Aufgaben des Kritikers, die Vorgänge des öffentlichen Musiklebens aufmerksam zu verfolgen und sich konsequent und unaufhörlich dafür einzusetzen, daß in der Handhabung der großen Konzert-, Theater- und Schul-Institutionen, in der Verteilung der Ämter, in der Aufstellung der Programme, in der Stützung oder Bekämpfung umstrittener Persönlichkeiten Sicherheiten für die Durchsetzung derjenigen Kunstrichtung, die er für wertvoll oder notwendig hält, gegeben sind. Eine solche Kunstpolitik kann natürlich nur die beabsichtigte Wirkung erreichen, wenn die Haltung des Kritikers durch die Gesamthaltung seines Blattes gestützt wird. Es dürfte danach nicht möglich sein, daß innerhalb eines fortschrittlich gesinnten Feuilletons ein Musikkritiker tätig ist, der durch seine grundsätzlich ablehnende Haltung gegenüber allem Neuen unausgesetzt den kunstpolitischen Tendenzen seines Blattes entgegenarbeitet.

Kritik als Wertung. Es gibt zweifellos in der deutschen Musikkritik eine ganze Reihe von Männern, die mit wirklichem Ernst, gestützt auf eine sorgfältige musikalische Vorbildung und unbeeinträchtigt durch störende Alterserscheinungen, ihren Beruf ausüben. Diese Kritiker verzichten fast vollständig auf eine Reportage (was übrigens an großen Provinzzeitungen leichter zu sein scheint als an Berliner Blättern), sie arbeiten nicht mit hergebrachten Phrasen, mit abgedroschenen Schlagworten, sie wollen nicht den »Geruch«, den atmosphärischen Eindruck einer Aufführung wiedergeben, sie versuchen ihren Bericht nicht durch unsachliche Nebenbemerkungen auszuschmücken, sie nehmen auch nicht jene zweideutige Haltung ein, die im zweiten Satz immer das Gegenteil vom ersten behauptet, – sie geben eine sachliche, theoretisch begründete Wertung des Kunstwerks. Sie können über den momentanen Eindruck einer von Zufällen abhängigen Aufführung hinaus beurteilen, wie ein Stück erfunden und wie es gearbeitet ist, welche Bedeutung es innerhalb der Produktion seines Schöpfers und innerhalb der modernen Musik überhaupt besitzt. Sie kennen die großen Zusammenhänge und versuchen jede Erscheinung und jedes Werk in eine Entwicklung einzureihen, über deren Werte und deren Gefahren sie genau unterrichtet sind. Sie leisten auf diese Weise wirklich produktive Arbeit. Vorbedingung einer solchen wertenden Kritik ist aber eine erkennbar eindeutige Haltung, und wenn ein Kritiker über ein und dasselbe Werk nach einer und derselben Aufführung in drei Blättern drei einander völlig widersprechende Urteile abgibt, wenn er seine eigene Unsicherheit hinter witzigen Aperçus zu verstecken sucht, so kann er nicht verlangen, daß man seinem Urteil irgendeine Bedeutung beimißt. Der produktive Kritiker hat heute selbst zwei Gefahren seiner Tätigkeit erkannt: die persönliche Eitelkeit, die dem Komponisten gegenüber mit gönnerhaftem Schulterklopfen als Förderer auftritt, um selbst um so größer dazustehen, und die Ausnützung irgendeiner Konjunktur, durch die der Kritiker von dem Ruhm eines ausübenden oder schaffenden Musikers selbst seinen Teil zu profitieren sucht.

Kleiner Anhang

Kritik als Stimme aus dem Jenseits: Ein merkwürdiges Phänomen, das in den verschiedensten Gegenden Deutschlands noch recht häufig auftritt. Da leben tatsächlich in unserer Zeit Männer, aus denen spricht die Stimme der guten alten Zeit, als wir noch unsern Kaiser hatten und überhaupt so etwas nicht möglich war. Sie vertreten Ansichten, die auch der vorigen Generation nicht mehr glaubhaft erschienen, und niemand wird ihnen beweisen können, daß die völlige Veränderung des Weltbildes, die sich in den letzten Jahren vollzogen hat, etwa auch in Fragen der Kunst irgendeine Wandlung herbeigeführt hätte. Diesen Erscheinungen gegenüber empfiehlt sich die bewundernde ruhige Haltung, die man jedem Wunder gegenüber einnimmt.

(März 1929)

Aufgaben einer Musikzeitschrift

Es gibt heute meiner Ansicht nach nur zwei Möglichkeiten, den Wirkungskreis einer Musikzeitschrift so festzulegen, daß sie nicht in allgemeiner Weise zu allen Fragen der Musik und des Musiklebens Stellung nimmt, sondern, auf einen vorher bestimmten und immer erkennbaren Aufgabenkreis begrenzt, einer zweckmäßigen und nützlichen Form der Musikbetrachtung zum Durchbruch verhilft.

Die eine Möglichkeit ist die: man macht eine Zeitschrift für die Fachleute. Hier wären, unter Zugrundelegung des vorhandenen musikwissenschaftlichen Materials, Untersuchungen darüber anzustellen, welche Beziehungen zwischen den musikalischen Stilformen einer Epoche und den gesellschaftlich-ökonomischen Verhältnissen der gleichen Epoche bestehen. Es wäre also nicht mehr zu untersuchen, wie die Musik und die Musikausübung in den verschiedenen Zeiten aussah, sondern warum sie so aussah. (Während die bisherige Musikbetrachtung häufig von dem »Erlebnis« einer Musik rückwirkend die musikalischen Gesetze zu erklären versuchte, die dieses Erlebnis zustande kommen ließen, wäre nun zu untersuchen, ob die Erlebnisfähigkeit der Musik nicht lediglich die Forderung einer Zeit ist, die dem einzelnen auch in der Musik ein Erlebnis verschaffen will, das sie anderen verwehrt.) Eine Anwendung dieser Betrachtungsweise auf unsere Zeit würde ergeben, daß ästhetischer Wert und Funktionswert gleichwertige Begriffe einer musikalischen Untersuchung sind und daß ein Werturteil über heutige Musik nur möglich ist, wenn man die völlig verschiedenen Ebenen, auf denen heute musiziert wird, als gleichmäßig existent anerkennt.

Die andere Möglichkeit, eine Musikzeitschrift für ein größeres Publikum, ist für mich nur denkbar in der Form eines reinen Kampforgans. Hier erhebt sich sofort die Frage: wie ist es möglich, in einer Zeit allgemeiner Verwirrung, in diesem Durcheinander von Ansichten, Schlagworten und Cliquen eine Front zu bilden? Vor ein paar Jahren genügte es noch, den »Kampf für das Neue« als Parole auszugeben. In der darauffolgenden Zeit des Übergangs zur heutigen Situation konnte man den Kampf für die Qualität in den Vordergrund schieben. Heute sind andere Entscheidungen nötig. Ich glaube, daß sich der große Kampf, der sich jetzt abspielt, auf jedem Fallgebiet der Politik, der Wirtschaft, der Wissenschaften und Künste auf einen bestimmten Punkt konzentriert, daß auf jedem dieser Teilgebiete eine Festung zu verteidigen oder wiederzuerobern ist, die mancher, resigniert, schon für verloren hielt. In der Musik geht es zunächst darum, den Kampf gegen jene Ausdrucksformen des 19. Jahrhunderts, die wir schon für überwunden hielten, weiterzuführen, gegen die Phrasenhaftigkeit, gegen den Schwall, gegen Unnatur und falsches Pathos. Vielleicht läßt sich auch hier eine vorläufige »Einheitsfront« herstellen, die aus dem Kampf gegen den gemeinsamen Feind womöglich einen Kampf für ein gemeinsames Ziel entwickelt.

(Januar 1932)

Festivals

Musikfest oder Musikstudio?

Zwischen der Leitung der »Neuen Musik Berlin 1930« einerseits und den Komponisten Weill und Eisler, sowie dem Dichter Brecht andererseits sind Differenzen entstanden, die durch einen an mehreren Stellen publizierten Briefwechsel Widerhall in der Öffentlichkeit gefunden haben. Die ursprünglich für die Woche gedachten Stücke von Weill und Eisler werden in besonderem Zusammenhang aufgeführt. Wir haben Kurt Weill gebeten, uns seinen Standpunkt grundsätzlich zu formulieren.

Die Schriftleitung

Bei der Zusammenstellung der Programme für die »Neue Musik 1930« haben sich bekanntlich in letzter Stunde Schwierigkeiten eingestellt, die niemand erwartet hatte, die aber, obwohl sie in diesem Fall zunächst nur ein bestimmtes Werk betrafen, doch in ihren Konsequenzen prinzipielle Bedeutung gewinnen. Ich habe den Eindruck, daß es sich bei den Vorgängen, die sich hier abspielten, um eine deutliche Sezessions-Bewegung handelt, die nicht nur in der anfechtbaren Organisation der »Neuen Musik 1930« begründet ist, sondern in einer allgemeinen Bewegung auf den verschiedensten Gebieten moderner Kunst.

Die Stabilisierungsversuche, die in der künstlerischen Produktion heute (ebenso wie auf den verschiedensten Gebieten des öffentlichen Lebens) unternommen werden, schließen eine schwere Gefahr ein: die Gefahr der Verflachung. Es ist nicht möglich, Kunst auf dem Boden der gegebenen Tatsachen zu stabilisieren. Es ist nicht möglich, »Gebrauchskunst« zu schaffen, indem man lediglich die Ausdrucksmittel auf den Gebrauch breiterer Schichten zuschneidet. Gerade in einer Kunst, die für den Gebrauch bestimmt ist, muß der Begriff der Qualität wieder stärker betont werden, weil sonst immer wieder die Gefahr einer Verwechslung mit jener Gebrauchskunst wieder auftaucht, die als »Tagesware« immer da war. Auch die Qualität ist aber in der Kunst keine rein ästhetische Frage. Die große Kunst aller Zeiten gewann dadurch an Qualität, daß sie sich auf die großen, umfassenden Ideen ihrer Zeit stützte. Das, was hinter einem Kunstwerk steht, bestimmt seine Qualitäten; denn die Gestaltung eines Kunstwerks erhält dadurch ihren Wert, daß die Ausdrucksmittel sich ständig an der Größe, an der Reinheit und Kraft der Idee kontrollieren. Ein Kunstwerk, das bewußt auf jeden gedanklichen Hintergrund verzichtet oder dessen Hintergründe reaktionär sind, bleibt reaktionär, auch wenn seine Ausdrucksmittel aufgelockert oder technisch erweitert sind. Der Fortschritt kündigt sich erst dort an, wo die technischen Neuerungen solchen Ideen Gestaltung geben, welche erst diese technischen Neuerungen berechtigt erscheinen lassen.

Diese Erkenntnis gewinnt erhöhte Bedeutung bei jenen Veranstaltungen, die eigens dazu ins Leben gerufen werden, den Fortschritt auf musikalischem Gebiete zu zeigen und zu fördern. In den Jahren nach dem Krieg, als die neue Musik ihren rein ästhetischen Befreiungsprozeß durchmachte, waren die modernen Musikfeste eine Notwendigkeit. Neue Begabungen, denen der öffentliche Musikbetrieb noch verschlossen war, wurden hier durchgesetzt, neue Formen wurden ausprobiert und überkommene Formen auf ihre Tauglichkeit für unsere Zeit erprobt. Heute hat sich darin vieles geändert. Es gibt eine ganze Reihe öffentlicher Konzert- und Theaterinstitutionen, die sich mit Vorliebe der jungen Produktion zur Verfügung stellen, und der Rundfunk allein hat einen solchen Bedarf an Musik, daß Komponisten aller Richtungen hier mühelos zu Worte kommen können. Dazu kommen die großen gesellschaftlichen Musikfeste

(A.D.M.V., I.G.N.M.), die sich die Förderung junger Talente zum Ziel gesetzt haben. Es ließe sich also allenfalls noch eine Stelle denken, bei der die neuen Gattungen der Musik ausprobiert werden, die heute durch die Aktivierung des Hörers und durch die Erschließung neuer Abnehmerschichten entstehen. Eine solche Veranstaltung könnte zweierlei Aufgaben erfüllen: sie könnte die Rolle einer Ausstellung übernehmen, in der sich die Abnehmer über die Brauchbarkeit der für sie bestimmten Produktion orientieren würden; dann müßte man aber in der Lage sein, alle Abnehmerschichten ohne Ausnahme zu berücksichtigen. Oder man könnte wirkliche Experimente zeigen, in denen eine neue Technik als Ausdrucksmittel neuer Inhalte verwendet ist; dann dürfte weder nach der Seite der Technik noch nach der Seite des Inhalts irgendeine Beschränkung auferlegt werden. Vorbedingung jeder experimentellen Kunstinstitution ist: *vollkommene Unabhängigkeit.* Der Staat kann nicht Geldgeber eines experimentellen Musikfestes sein; denn unter den Inhalten, die wir gestalten können, befindet sich auch die Politik, die ja täglich in unser Leben eingreift – und der Staat kann kein Interesse daran haben, die Entstehung einer Kunstrichtung zu finanzieren, in der auch politische oder wirtschaftliche Zusammenhänge diskutiert werden. Ebenso könnte morgen als Geldgeber etwa eine Stadtverwaltung auftreten, die sich zwar an politischen Stücken nicht stoßen, dafür aber z. B. das »Lehrstück von der Korruption« verbieten würde.

Es ist überhaupt fraglich, ob im Rahmen eines Musikfestes, das ja ohne starke finanzielle und technische Hilfsmittel nicht durchzuführen ist, eine qualitative Gebrauchskunst, wie wir sie meinen, experimentiert werden kann. In vielen Fällen wird es ja möglich sein, die Werke, die wir für einen bestimmten Gebrauch schreiben, ohne den Umweg über eine öffentliche Ausstellung direkt ihrem Abnehmerkreis zuzuführen. Außerdem müßte man aber versuchen, eine Experimentierstelle einzurichten, die weder an Geldgeber noch an Termine gebunden ist, sondern die nur dann etwas zeigt, wenn etwas da ist, was sich zu zeigen lohnt. Solche experimentellen Vorführungen wären reine Studio-Veranstaltungen, sie wären vorwiegend für den internen Gebrauch der Musiker, der Interessenten und Abnehmer bestimmt und könnten daher auf jede äußere Reklame, auf jedes Aushängeschild verzichten. Es dürfte nicht schwer sein, für diese

»Interessentenvorführungen« die Verbindung mit der Studio-Abteilung eines fortschrittlich orientierten Privattheaters aufzunehmen, das seinen Theaterraum und seine Studio-Organisation zur Verfügung stellen würde. Soweit man technische Hilfsmittel braucht, müßte man sich an die Industrie direkt wenden, die ja stärkstes Interesse an neuen Verwendungsmöglichkeiten der Apparate hat. Vielleicht könnte auf diese Weise als ständige Einrichtung ein Musikstudio entstehen, das einer locker zusammengeschlossenen Arbeitsgruppe Gelegenheit gibt, neue Gattungen auszuprobieren, in denen Musik nicht mehr als bloßes Genußmittel, sondern als aktive Betätigung eingesetzt wird. Bei der Auswahl der Experimente müßten diejenigen Arbeiten bevorzugt werden, deren technische Neuerungen inhaltlich genügend fundiert sind. Der wesentlichste Vorteil eines solchen Musikstudios gegenüber einem Musikfest würde darin bestehen, daß man sich lieber in den äußeren Mitteln einschränkt, als daß man sich in eine Abhängigkeit begibt, die von vornherein eine ganze Reihe wichtiger Experimente ausschließen würde.

(Mai/Juni 1930)

V. Statt einer Schlußbemerkung

Notiz zum Jazz

Wir stehen heute zweifellos am Ende der Epoche, in der man von einem Einfluß des Jazz auf die Kunstmusik sprechen konnte. Die wesentlichsten Elemente des Jazz sind von der Kunstmusik aufgearbeitet worden, sie bilden bei denjenigen Komponisten, die sich nicht ostentativ gegen diesen Einfluß gewehrt haben, feste, nicht wegzudenkende Bestandteile der musikalischen Struktur, aber sie treten nicht mehr als Jazz, als Tanzmusik, sondern in übertragener Form in Erscheinung. Man hat versucht, der modernen Musik einen Vorwurf daraus zu machen, daß sie sich vom Jazz stärker beeinflussen ließ als die Kunstmusik früherer Zeiten durch ihre Tanzformen. Man vergißt dabei, daß der Jazz mehr war als ein Gesellschaftstanz, daß er Elemente enthielt, die weit über die Einflußmöglichkeiten eines Walzers hinausgehen. Der Jazz erschien mitten in einer Zeit gesteigerter Artistik als ein Stück Natur, als gesundeste, kraftvollste Kunstäußerung, die durch ihren volkstümlichen Ursprung sofort zu einer internationalen Volksmusik von breitester Auswirkung wurde. Warum sollte sich die Kunstmusik gegen einen solchen Einfluß absperren? Von der Stärke der einzelnen Begabungen, die den Jazz an sich herankommen ließen, hing es ab, ob sie diesem Einfluß standhielten, und für den ernsthaften europäischen Musiker konnte es nie in Frage kommen, die amerikanische Tanzmusik imitieren oder gar »veredeln« zu wollen. Unverkennbar ist aber, daß an der rhythmischen, harmonischen und formalen Auflockerung, die wir heute erreicht haben, und vor allem an der ständig wachsenden Einfachheit und Verständlichkeit unserer Musik der Jazz einen wesentlichen Anteil hatte.

Wichtiger als dieser Einfluß auf die musikalische Produktion erscheint es mir heute, daß die Musizierform des Jazz endlich einmal das starre System der Musikübung in unseren Konzerten und Theatern durchbreche. Wer jemals mit einer guten Jazzband gearbeitet hat, wird freudig überrascht gewesen sein durch einen Eifer, eine Hingebung, eine Arbeitslust, wie man sie in vielen Konzert- und Theaterorchestern vergeblich sucht. Ein guter Jazzmusiker beherrscht vollkommen drei bis vier Instrumente, er spielt auswendig, er ist eine Art des Zusammenspiels gewohnt, in dem jeder einzelne an dem Klangbild des ganzen mitarbeitet, vor allem aber: er kann improvisieren, er pflegt eine freie, ungebundene Form des Musizierens, in der der Interpret in weitestem Maße produktive Arbeit leistet. Wie weit das alles auf die Kunstmusik anzuwenden ist, hängt natürlich sehr stark von der musikalischen Produktion ab, die ja nicht immer solche Freiheit der Interpretation zuläßt. Auch spielen hierbei wirtschaftliche Fragen eine Rolle: der Jazzmusiker ist kein Beamter, er ist der Konkurrenz ausgesetzt, sein künstlerischer Ehrgeiz ist größer, weil ihm eine bessere Leistung mehr Geld einbringt. Es ist aber durchaus möglich, daß wir von hier aus eine künstlerische und wirtschaftliche Neuorganisierung des Interpretentums erleben.

(März 1929)

»Ewigkeitswert?«

In früheren Zeiten hatten sowohl die Künstler selbst als auch ihr Publikum ein Interesse daran, die wirtschaftliche Existenz des Künstlers in ein merkwürdiges Halbdunkel zu hüllen. Offenbar wollten beide Parteien die Wirkung der Kunst dadurch erhöhen, daß sie nicht nur die Weltabgewandtheit der Kunst selbst, sondern auch die ihres Schöpfers besonders betonten. Dieses Geheimnis um die finanzielle Auswirkung des künstlerischen Schaffens ist längst gelüftet. Wir wissen heute, daß es in allen Epochen der Kunst schöpferische Persönlichkeiten gab, die, unabhängig von dem »Ewigkeitswert« ihrer Arbeiten, einen sehr realen, gesunden Geschäftsgeist entwickelten. Freilich sind für den schaffenden Musiker die Möglichkeiten einer geschäftlichen Kalkulation dadurch erschwert, daß die geschäftliche Auswirkung seiner Arbeit erst dann beginnt, wenn sein Werk zum Klingen gebracht wird, denn erst dann kann er ja feststellen, ob das Werk ein Publikum findet oder nicht. Darum ist es auch ganz undenkbar, die Arbeit an einem musikalischen Werk etwa im Hinblick auf die geschäftlichen Möglichkeiten in Angriff zu nehmen oder durchzuführen. Die großen künstlerischen Erfolge (im Bereich der ernsten Musik) entstehen in den seltensten Fällen dort, wo von vornherein der Erfolg beabsichtigt war, denn der Erfolg und damit auch der finanzielle Gewinn ist abhängig von Faktoren, die ganz unberechenbar sind und die zu berücksichtigen in jedem Moment des Schaffensprozesses ein schwerer Fehler wäre. Diese Faktoren, durch die sich Chance und Risiko des schaffenden Musikers im Vergleich zu anderen freien Berufen erhöhen, sind etwa folgende: die Interpretation, deren Güte oder Mängel oft über das Schicksal eines Werkes entscheiden; die unberechenbaren Zufälle eines Premierenabends und die Aufnahmelust und -fähigkeit des Publikums, deren Gesetze wohl noch niemand ganz entdeckt hat, die allgemeine Konstellation, die oft einem Werk zum Nutzen oder zum Verhängnis werden kann, schließlich auch der Instinkt des Autors für das, was die Zeit von ihm verlangt. Dazu kommt noch ein Moment, das uns oft daran hindert, unser Können und unseren Namen in klingende Münze umzusetzen: das ist die Verantwortlichkeit gegenüber unserer Arbeit und unserer künstlerischen und geistigen Aufgabe.

(30. Dezember 1931)

Anhang

Herbert Trantow
Fragen an Kurt Weill, seine *Bürgschaft* betreffend

Wußte Kurt Weill, mit welcher Spannung seine neue Oper von allen, die dem Neuen, soweit es positiv und schöpferisch ist, offen zugewandt sind, erwartet wurde?

Wenn ja, warum schrieb er, der im *Jasager* gelehrt hatte, daß das Leben nichts gilt vor der Verantwortung der Allgemeinheit gegenüber, die *Bürgschaft* wieder negativ und destruktiv?

Warum: »Es ändert sich nicht der Mensch, es sind die Verhältnisse, die seine Haltung ändern«?

Warum nicht: »Der Mensch ändert sich entscheidend nur in langsamer Entwicklung durch geistige Erkenntnisse und innerliche Erlebnisse – wer durch äußerliche Verhältnisse seine Haltung ändert, ist in seiner Gummigesinnung nicht wert, Mensch zu heißen«?

Gibt es überhaupt »Verhältnisse« im Weill-Neherschen Sinne? Würden sich Weill-Neher im entscheidenden Moment durch solche »Verhältnisse« ändern lassen? Würden sie sich nicht den »Verhältnissen« zum Trotz durchsetzen?

Wenn ja, warum dann die Proklamierung dieses Lehrsatzes durch alle drei Akte der *Bürgschaft?* Will man damit dem Publikum eine bequeme Ausrede für seine angenommene innere Verderbtheit geben (»Ihr könnt ja nichts dafür – die ›Verhältnisse‹ haben euch ja schlecht gemacht«) oder will man sie durch lehrhaftes Beispiel dazu bringen, den »großen Mächten« nicht zu widerstreben, da der Mensch ja doch Opfer der »Verhältnisse« (vor 50 Jahren: Produkt des »Milieus«) ist?

Warum wird nicht am Opernlehrstück, als welches sich die *Bürgschaft* letzten Endes darstellt, gezeigt, daß es Menschen gibt, die gegen die Lockungen des Kapitalismus ihr Menschentum rein erhalten? Wieso ist es tragisch oder lehrreich, wenn Mattes am Schluß als Strafe für sein unsoziales Verhalten erschlagen wird, da der andere, Orth, der unter dem Einfluß der »großen Mächte« genauso ein Schieber geworden ist, leben bleibt, obgleich er in widerlicher Weise seinen Freund, für den er einst bürgte, dem Mob überantwortet?

Wieso sind Krieg, Teuerung, Hunger und Krankheit ausschließlich Folgen des Kapitalismus? Angenommen, ja: warum wird dann nicht die Überwindung dieses schlechten kapitalistischen Systems gezeigt? Weill-Neher lehren im Gegenteil, daß der Kapitalismus Sieger bleibt und daß es einem unter Umständen ausgezeichnet äußerlich gehen kann, wenn man unter diesem System »schiebt« (Fall Orth) – daß es einem bloß übel ergeht, wenn man widerstrebt (Fall des weisen Richters) – warum nicht der Sieg des Idealismus und der ewigen Menschenrechte und Menschenwürde über die »großen Mächte«?

Wird Weill sein nächstes Lehrstück auf einem Thema aufbauen, das zeigt, wie unter einem besseren System die Menschen glücklicher sind, so daß die Hörer mit dem Wunsch nach Hause gehen, an dieser neuen, besseren lehrhaft gezeigten Welt mitzubauen? Sollte ihm nicht auch bewußt sein, daß es mehr Menschen gibt, als er vielleicht glaubt, die auf Geld und äußerliches Wohlergehen nicht im entferntesten den Wert legen, den als ausschlaggebend für menschliche Werte er uns seit der *Dreigroschenoper* (mit Ausnahme des *Jasager*) lehrt?

Könnte er nicht ein Lehrstück schreiben, in dem er zeigt, daß Geld gegenüber geistiger Macht kläglich versagt und daß Besinnung auf reines Menschentum unserer Zeit mehr nottut als der Kampf gegen eine äußerlich überlegene Macht? Beweist nicht die Geschichte aller geistiger Bewegung, daß äußere Macht auf die Dauer doch den Kürzeren zieht?

(August/September 1932)

Herbert Trantow
Weill: *Die Bürgschaft*

Kurt Weills Oper *Die Bürgschaft* (Wien, Universaledition), das bedeutendste musikalisch-dramatische Ereignis dieses Jahres, ist ein Glied in der Kette der Ideenopern, die schon im 18. Jahrhundert Mozarts *Zauberflöte* enthielt und deren Anfänge noch viel weiter zurückliegen. Die Idee, die hier ausgedrückt wird und die der Librettist Caspar Neher (den wir als Bühnenmaler aus einer Reihe vortrefflicher Schöpfungen kennen) ursprünglich in einer Herderschen Parabel *Der afrikanische Rechtspruch* fand, wird von ihm dahin gedeutet: Der Besitz macht die Menschen schlecht. Also derselbe Grundgedanke, den Knut Hamsun in einer Dramentrilogie überzeugend darlegt. Richard Wagner hatte in seinem *Ring des Nibelungen* die Machtgier als die Quelle des Übels erkannt und eigentlich auch gleichzeitig die Wertlosigkeit des Besitzes, nach dem man gestrebt hatte, demonstriert. Indem man den Reichtum besitzt, wird man von ihm besessen. Der Mensch selbst wird eine bloße Funktion seines Besitzes. Was Neher in seinem Kehrreim (»Es ändert sich nicht der Mensch, es sind die Verhältnisse, die seine Haltung verändern«) vorträgt, ist die Milieutheorie aus dem Ende des 19. Jahrhunderts. Er glaubt wohl, damit den Sinn der sogenannten materialistischen Geschichtsauffassung getroffen zu haben; aber er mißversteht sie: genauso übrigens wie die Vulgärmarxisten es tun, die die ökonomische Geschichtsauffassung nicht als heuristisches Prinzip, sondern als den ins Soziale gewendeten naturwissenschaftlichen Materialismus ansehen. Geht der Textdichter über den sich daraus ergebenden Pessimismus nicht hinaus, schildert er vielmehr in krasser Form das bloße Sein unserer kapitalistischen Gesellschaft, und zwar in seinem Spätstadium, dem des imperialistischen Ausdehnungsdrangs, so läßt der Musiker doch darüber hinaus in dem Erwachen des Menschlichen eine spätere neue Welt, das wahre Reich der Freiheit, um mit Marx zu sprechen, den Hörer wenigstens ahnen.

Auch der, dem die Idee dieser Bürgschaft als ein Schlag ins Wasser erscheint, muß die künstlerische Formgebung anerkennen und in ganz besonderm Maß die des Musikalischen. Das moderne Opernoratorium hat seinen Ausgangspunkt in Igor Strawinskijs *Oedipus rex,* von dort aus führt eine grade Linie über Darius Milhauds *Christoph Columbus* zu Kurt Weills *Bürgschaft.* Die Schwäche des Neherschen Buchs wurde eben angedeutet. Seine Stärke liegt im rein Opernhaften: in den ungemein stimmungsvollen Stücken, wo Landschaftliches hineinspielt, vor allem in der Szene auf dem Fluß, einem der stärksten Bühneneindrücke, den man erleben kann; in all den Szenen, die vom Gedanklichen weg sich zur Realität der Dinge hinwenden, im sprachlichen Tempo aller Bewegungsszenen, in den Lyrismen. Hier ist auch das entscheidend Neue, das Weill bringt. Er entfernt sich immer mehr von seiner Songlyrik, deren bewußte Banalität ihrerzeit so wichtig war. Besonders schöpferisch ist er an den Stellen, an denen ihn das Theater zum Anschaulichen zwingt. Am geschlossensten wirkt deshalb auch der 1. Akt mit dem hinreißend musizierten Vorspiel: vom reinsten Bewegungsantrieb geleitet. Die Intermezzi der drei grotesken Figuren, die einmal als Gläubiger, ein andermal als Wegelagerer und Erpresser, dann wieder als Spitzel und Lockspitzel auftreten, sind glänzende Buffonnerien, die der Handlung günstige Unterbrechung geben, ohne doch sie aufzuhalten. Die Rolle des Chors in dieser Oper ist zum Teil im griechischen Sinn begleitend und reflektierend, aber doch eben nur zum Teil; vorwiegend ist sie grade wichtiges Moment zur Klärung der Handlung. Der Wettlauf zwischen den Erpressern und dem Johann Mattes ist von atemraubender Spannung und von genialem Wurf im Musikalischen. Der 2. und der 3. Akt leiden dann unter der nicht ganz straff gezeichneten dramaturgischen Linie. Das Einzelschicksal verblaßt unter der allgemeinen Tendenz, wird aber nicht fallengelassen, und die zu schwach gezeichnete Nebenhandlung der Tochter, die dem Talmizauber der großen Stadt verfällt, verwirrt die Linie. Der 3. Akt bringt im Symbol die vier Plagen: Krieg, Teuerung, Hunger, Krankheit, als Folgen der kapitalistischen Wirtschaftsordnung und läßt dann im Finale den Johann Mattes am Verrat des David Orth sterben, desselben Orth, der in der vorkapitalistischen Zeit solidarisch als Mensch für den Menschen gebürgt hatte. Diese beiden Menschen sind so von den hereinbrechenden Großen Mächten ganz in Besitz genommen, gehen auch an ihnen, der eine physisch, der andere seelisch, zugrunde. Einen Widerstand gegen den Hereinbruch dieses Zeitalters gibt es hier nur bei dem Repräsentanten der alten Zeit, dem Richter, der, indem er das kapitalistische Getriebe bloßlegt, eine Brücke zu einer neuen nachkapitalistischen Zeit schlägt. Diese freilich sieht man in dem Drama nicht mehr. Sie ist erst ein Werk der Zukunft.

Diese Oper bedeutet einen wichtigen Wendepunkt in dem musikalischen Schaffen Kurt Weills. Sie enthält und vermittelt nebeneinander Elemente, deren Synthese noch nicht gelungen ist. Man glaubt aber schon das Ziel zu erkennen, dem Weill zustrebt, und darum gibt uns dieses Werk eine starke Hoffnung. Deshalb konnte es auch so hinreißend neuartig verkörpert werden wie in der Aufführung an der Berliner Städtischen Oper unter Fritz Stiedry und Carl Ebert, die Ali Weyl-Nissen hier in ihren Bemerkungen zur Opernregie (1932, I 448) als das Ergebnis der fruchtbaren Kooperation von Kapellmeister und Regisseur charakterisieren konnte.

(Oktober 1932)

Quellennachweise und Anmerkungen

Nur für drei Texte dieses Bandes konnten die originalen Typoskripte aufgefunden werden, doch sollen noch weitere existieren. Soweit es Weills Musikjournalismus und vor allem seine Beiträge in der Zeitschrift *Der deutsche Rundfunk* betrifft, sieht es nicht danach aus, daß man jemals etwaige Abweichungen zwischen Manuskript und gedrucktem Text wird überprüfen können; man kann aber davon ausgehen, daß – wie es in solchen Dingen wohl auch natürlich ist – redaktionelle und Umbruchs-Kürzungen und -Änderungen gang und gäbe waren und zumindest einige Ungereimtheiten und Sprünge in der Gedankenführung in der vorliegenden Fassung nicht auf Weills Konto gehen.

Alle Beiträge im dritten Abschnitt dieses Buches, ausgenommen »Ein Wort für Heinz Lipmann«, wurden zuerst in der Berliner Wochenschrift *Der deutsche Rundfunk* (Rundschau und Programm für alle Funk-Teilnehmer – Zeitschrift der am deutschen Rundfunk beteiligten Kreise) veröffentlicht. Die mit einem * markierten Texte erschienen als allgemeine Artikel und waren mit Wll. unterzeichnet, die mit ** bezeichneten waren mit vollem Namen in der Überschrift versehen. Die übrigen stellen Ausschnitte dar aus den wöchentlichen *Berliner Berichten,* Vorschauen und Rückblicke, die Weill mit »Wll« oder (nach August 1928) »K. Wll« signierte. Diese Berichte waren immer der erste und wichtigste Bestandteil einer Rubrik mit der Bezeichnung »Sender und Sendewerk« oder einfach »Die Sender«. Soweit erhebliche Untertitel vorliegen, sind sie hier abgedruckt; die in der folgenden Liste in Klammern gegebenen Titel stammen vom Herausgeber. Alle allgemeinen Artikel aus *Der deutsche Rundfunk* sind ungekürzt wiedergegeben, soweit nicht anders angegeben; und sofern nicht Inhaltsangaben von Opern oder Schauspielen weggelassen wurden, trifft dies auch für die auf jeweils ein Thema bezüglichen Passagen in den Berichten zu (die sich ihrer Aufgabe gemäß mehreren Themen nacheinander widmen).

Druck- und Flüchtigkeitsfehler (z. B. Trilogie statt Tetralogie) wurden stillschweigend korrigiert.

Zwei Beiträge im *Deutschen Rundfunk,* die unsigniert erschienen, sind in der folgenden Liste mit einem $^{+}$ versehen. Ihre Aufnahme in dieses Buch bedarf näherer Erläuterung. Als Hans von

Heister im Juli 1924 Schriftleiter des Blattes wurde, verstärkte er sofort die vorher nur spärliche Behandlung kultureller Angelegenheiten und zog eine Anzahl junger Kritiker und Illustratoren heran, unter ihnen den Komponisten Vladimir Vogel und den Maler Rafaello Busoni (den Sohn Ferruccios), die beide enge Freunde Weills waren. Aber von Heister hatte mit der Schriftleitung auch einige feste Mitarbeiter übernommen, unter ihnen einen Berliner Musik- und Kunstkritiker namens Karl Wiener, dessen Ansichten mehr als konservativ waren. Bis Ende November schrieb Wiener weiterhin voll gezeichnete Meinungsartikel, sowie mit »K. W.« unterschriebene Programmvorschauen. Der Berliner Bericht vom 30. 11. 1924 indessen ist ungezeichnet, und die darin enthaltene Vorschau auf die Oper *Die lustigen Weiber von Windsor* enthält Musikbeispiele in Weills unverkennbarer Notenschrift. Die folgenden vier Vorschauen sind ebenfalls unsigniert und mit Musikbeispielen ausgestattet; doch im Januar 1925 ergänzt eine Rubrik mit Rückblicken die Vorschauen, die noch immer von Weill illustriert werden, und sie wird nun zu völliger Verwirrung »K. W.« unterzeichnet. Ob Weill die Inhaltsangaben geschrieben hat oder nicht, ist nicht so wichtig; etwas anderes ist es bei den einleitenden allgemeinen Bemerkungen. Die Urheberschaft kann zuweilen mit Fug und Recht angezweifelt werden. Doch genauso wie man Karl Wieners Tonfall erkennen kann, wenn er ein Werk wie den *Tannhäuser* bespricht, kann man Weill in seinen Bemerkungen über Mozarts *Entführung* erkennen, die im Januar 1925 unsigniert als Vorschau erschienen. Wieners, genauer »K. W.«s, letzter Beitrag erschien am 5. 4. 1925 und enthielt passenderweise eine Inhaltsangabe des *Parsifal* mit acht Musikbeispielen von Weills Hand. Von der nächsten Nummer an erscheint Weill als Wieners Nachfolger und Chefkritiker der Zeitschrift, jetzt sind Vorschauen und kritische Rückblicke gleichermaßen »Wll« gezeichnet. Erst nach drei Jahren in der Nummer vom 10. 8. 1928 wurde diese Abkürzung zu »K. Wll« erweitert; fünf Wochen später erscheint zum ersten Mal sein voller Name über seinem Artikel »Was wir von der neuen Berliner Sendesaison erwarten« (s. S. 101). Der Grund für dieses Heraustreten aus der Anonymität ist wohl in dem in der gleichen Nummer veröffentlichten enthusiastischen Bericht Hans von Heisters über die Uraufführung der *Dreigroschenoper* zu suchen.

Der deutsche Rundfunk brachte weiterhin Beiträge Weills, bis zum April 1929, ziemlich genau vier Jahre nach dem Erscheinen des ersten »Wll«-Artikels. Den Abschluß bildet die Notiz zum *Berliner Requiem*.

Widmung

›Meine Frau‹. *Münchener Illustrierte Presse,* 14. 4. 1929, Nr. 15, S. 487

I. Drei Meister

Busoni und die Neue Musik. *Der neue Weg,* 16. 10. 1925, Jg. 54, Nr. 20, S. 282f.

Ein Klavierstück Schönbergs: Busonis »Konzert-Interpretation«, wie er sie nannte, von Schönbergs *Klavierstück* op. 11, Nr. 2 entstand 1910; sie wurde von der Universal Edition, Wien, einen Monat nach der Veröffentlichung der *Drei Klavierstücke,* op. 11, herausgegeben.

Lehramt: Die Meisterklasse für Komposition an der Preußischen Akademie der Künste.

Ferruccio Busoni, *Entwurf einer neuen Ästhetik der Tonkunst,* Triest 1907; mit Anmerkungen von Arnold Schönberg und einem Nachwort von H. H. Stuckenschmidt, Frankfurt 1974. Die freundschaftlichen Beziehungen zwischen Busoni und Schönberg gehörten bereits der Vergangenheit an, als Schönberg seine Anmerkungen schrieb (ca. 1917). Weills Bewunderung für Schönberg in den Zwanziger Jahren stand im Widerstreit mit seiner Loyalität gegenüber Busoni, so daß er die extreme Skepsis unterschlägt, mit der Busoni Schönberg (und umgekehrt Schönberg Busoni) in den Jahren unmittelbar nach dem Krieg betrachtete.

Ferruccio Busoni – Zu seinem 60. Geburtstag. *Der deutsche Rundfunk,* 28. 3. 1926, Jg. 4, Nr. 13, S. 872.

Carl Maria von Weber – Zum 100. Todestag des Komponisten. *Der deutsche Rundfunk,* 30. 5. 1926, Jg. 4, Nr. 22, S. 1517f.

Beethoven in der Meinung der Jungen Musiker. Eine Rundfrage. *Die literarische Welt,* 25. März 1927, Jg. 3, Nr. 12, S. 3f.

Weitere Antworten kamen von Florent Schmitt, Maurice Ravel, Leoš Janáček, Georges Auric, Darius Milhaud, Philipp Jarnach, Ernst Krenek und Vincent d' Indy. Des letzteren geradezu Beethovensche Antwort bestand in einem Brief, in dem er eine Beantwortung der Umfrage verweigerte, weil er als Franzose nicht bereit sei, für eine deutsche Zeitschrift zu schreiben, die es versäumt habe, ihm ein Honorar anzubieten. Ravel (und Auric) fanden keinen Berührungspunkt zu Beethoven. Weills Bemerkung ist lakonischer, als es sein müßte. Beispielsweise geht aus gelegentlichen Bemerkungen hervor, daß er *Fidelio* immer sehr geschätzt und geliebt hat.

II. Opern- und Musiktheater

Bekenntnis zur Oper. *25 Jahre Neue Musik,* Jahrbuch 1925 der Universal Edition, Wien.

Busonis *Faust* und die Erneuerung der Opernform. *Jahrbuch Oper,* Jahrbuch 1926 der Universal Edition, Wien.

Rundfrage ›Wie denken Sie über die zeitgemäße Weiterentwicklung der Oper‹. *Blätter der Staatsoper,* Berlin, Oktober 1927, S. 18f.
Antworten kamen außerdem von Alban Berg, Leo Blech, Walter Braunfels, Richard Ettinger, Manuel de Falla, Paul Graener, Leoš Janáček, Gian Francesco Malipiero, Hans Pfitzner, Emil von Rezniček, Franz Schreker, Erwin Schulhoff, Hermann von Waltershausen, Ermanno Wolf-Ferrari und Alexander von Zemlinsky.

Zeitoper. *Melos,* März 1928, Jg. 7, Nr. 3, S. 106f.

Über den gestischen Charakter der Musik. *Die Musik,* März 1929, Jg. 21, Nr. 6, S. 419f.

Aktuelles Theater. *Melos,* Dezember 1929, Jg. 8. Nr. 12, S. 524f.
Die Fassung des »Alabama-Songs«, von der Weill spricht, ist die erste von ihm vertonte (für das *Mahagonny-Songspiel* von 1927). Brechts *Mahagonny-Gesänge* – fünf Melodien, bzw. Deklamationsnotationen ohne Begleitung – sind als Anhang zu allen Ausgaben seiner *Hauspostille* veröffentlicht. Weit verbreitet ist die irrige Ansicht, Weill habe Brechts Melodien nur arrangiert. In Wirklichkeit haben drei der fünf *Mahagonny-Gesänge* keinerlei Beziehungen zu Weills Kompositionen dieser Texte; ein vierter, *»Gott in Mahagonny«*, bietet (wenn auch noch entfernter) jene Art von sub-musikalischer Verwandtschaft, die Weill in der vorliegenden Besprechung des *»Alabama-Songs«* darlegt.

Das Formproblem der modernen Oper. *Der Scheinwerfer,* Februar 1932, Jg. 5, Nr. 11, S. 3f.

Über Komposition. Übersetzung (gekürzt) eines unveröffentlichten Brief-Typoskripts (im Kurt-Weill-Archiv), datiert New York 14. 2. 1949 an G. F. Stegmann, Department of Chemistry, University of Stellenbosch, South Africa. 2 Seiten im Format 28 × 21,5 cm, Briefkopf ›The Playwrights Company‹; ohne Unterschrift oder handschriftliche Zeichen.
Dieser Brief entstand als Antwort auf ein Rundschreiben, das Stegmann an mehrere bekannte Komponisten gerichtet hatte, um eine Sendung im Rundfunk vorzubereiten. Auch von Arnold Schönberg ist eine Ant-

wort auf diese Umfrage erhalten, und zwar unter dem 26. 1. 1949. Sie ist veröffentlicht in Schönbergs *Briefen* (1959), S. 279f., wo indessen die Fußnote des Herausgebers die Absicht Stegmanns falsch interpretiert.

Der Protagonist. Auszug aus einem abhanden gekommenen Aufsatz für das Programmheft der Dresdner Oper aus Anlaß der Uraufführung *Der Protagonist* am 27. 2. 1926; zitiert von H. S. v. Heister in *Der deutsche Rundfunk,* 11. 4. 1926, Jg. 4, Nr. 15, S. 1015ff.

Korrespondenz über die *Dreigroschenoper. Musikblätter des Anbruch,* Januar 1929, Jg. 11, Nr. 1, S. 24ff.

Goethe durch das Medium eines Operettentenors: Lehárs *Friederike* kam mit Käthe Dorsch in der Titelrolle und mit Richard Tauber als Goethe am 4. Oktober 1928 am Berliner Metropoltheater heraus, knapp über einen Monat nach der Uraufführung der *Dreigroschenoper.*

Anmerkung zu der ›Unterdrückten Arie‹ der Lucy. *Die Musik,* November 1932, Jg. 25, Nr. 2, S. 128.

Anmerkung zu meiner Oper *Mahagonny. Die Musik,* März 1930, Jg. 22, Nr. 6, S. 29f.

Vorwort zum Regiebuch der Oper *Mahagonny. Anbruch,* Januar 1930, Jg. 12, Nr. 1, S. 5f.

Den Anfang bildet eine redaktionelle Notiz:

»Kurt Weill arbeitet gemeinsam mit Caspar Neher und Bert Brecht an einem Regiebuch zur Oper *Mahagonny,* das genaue Vorschläge für die szenische Aufführung des Werkes enthält und das zusammen mit dem musikalischen Aufführungsmaterial und mit den Projektionstafeln Nehers an die Bühnen gegeben wird. Wir bringen hier die prinzipiellen Ausführungen des Vorworts.«

Aus diesem gemeinsamen Projekt wurde nichts, wenn es überhaupt je als Projekt einer Zusammenarbeit mit Brecht existiert hatte. Im November 1929 hatten Weill und Neher für sich eine Art von Regiebuch erarbeitet, das sie »Vorschläge zur szenischen Ausführung der Oper *Aufstieg und Fall der Stadt Mahagonny*« überschrieben. Weills Durchschlag des Typoskripts (KWA) beginnt mit einer Bleistiftnotiz in seiner Handschrift: »Vorher: das Vorwort aus dem *Anbruch*«, das zeigt, daß er und Neher noch einen oder zwei Monate vor der Uraufführung (Leipzig, 9. März 1930) an eine Veröffentlichung dieser »Vorschläge« dachten. Obwohl es möglich wäre, daß sie dann Brecht um seine Zustimmung baten (wie es der redaktionellen Notiz im *Anbruch* entspräche) und die Veröffentlichung wegen der Meinungsunterschiede Weills und Brechts über Wesen und Funktion der *Mahagonny*-Oper unterblieb, dürfte die wahrscheinlichere Begründung für diese Tatsache darin liegen, daß Weill und Neher nach den Erfahrungen wochenlanger Proben in Leipzig und Kassel ihre Vorstellungen so geändert hatten, daß die »Vorschläge« irreführend geworden wären.

Zur Uraufführung der *Mahagonny*-Oper. *Leipziger Neueste Nachrichten,* 8. 3. 1930, Nr. 67, S. 2; letzter Abschnitt einer leicht abgeänderten Version des Vorworts zum Regiebuch.

Über meine Schuloper *Der Jasager. Die Szene.* August 1930, Jg. 20, Nr. 8, S. 232f.

Aktuelles Zwiegespräch über die Schuloper. *Die Musikpflege,* April 1930, Jg. 1, Nr. 1, S. 48.

Lehrstück vom Ja-Sager: Unter diesem Titel wurde der Text des *Jasagers* zuerst in derselben Nummer der *Musikpflege* veröffentlicht. Der Verlagsvertrag, den Weill (am 21. 5. 1930) und Brecht (am 1. 5. 1931) unterschrieben, nennt als Werktitel *Das Lehrspiel vom Jasager* und gibt ferner an, »daß das Werk als ein Radiohörspiel gedacht ist«, eine irreführende Folgerung aus der Tatsache, daß das Werk aus Gründen der Zweckmäßigkeit (siehe S. 227) seine erste Aufführung als Rundfunksendung und nicht als Schuloper erlebte.

Kurt Weill antwortet. *Melos,* Oktober 1932, Jg. 11, Nr. 10, S. 336f.

Sehr geehrter Herr Professor Mersmann: Prof. Hans Mersmann war Chefredakteur des *Melos.*

Der ... Satz über die Verhältnisse: »Es ändert sich nicht der Mensch. Es sind die Verhältnisse, die seine Haltung verändern« vgl. Karl Marx, *Zur Kritik der politischen Ökonomie,* 1859, Vorwort.

Rettet die Kroll-Oper. *Das Tagebuch,* 15. 11. 1930, Jg. 11, Nr, 46, S. 1854.

Das Tagebuch enthielt weitere Beiträge über die von Schließung bedrohte Kroll-Oper (die Staatsoper am Platz der Republik, die 1927 unter der künstlerischen und musikalischen Leitung Otto Klemperers gegründet wurde) von Strawinsky, Hindemith, Hans Poelzig und Graf Coudenhove-Kalergi.

Situation der Oper. Gespräch mit Kurt Weill. *Melos,* Februar 1931, Jg. 10, Nr. 2, S. 43f. Der Artikel ist am Schluß mit ›Heinrich Strobel‹ gezeichnet.

Wirklich eine Opernkrise? (Rundfrage, zusammengestellt von Rolf Nürnberg). *Deutsche Allgemeine Zeitung,* 8. Juli 1932.

Die weiteren Beiträge lieferten Ernst Krenek und Wilhelm Kienzl.

Oper in Amerika. Maschinenschriftdurchschlag, 9 Seiten im Format 27,6 × 21,2 cm. Im Kurt-Weill-Archiv. Ursprünglich im Mai 1937 auf Deutsch geschriebener Artikel.

Das Federal Theatre war 1935, im Jahr von Weills Ankunft in den USA, als Projekt der »New Deal« Works Progress Administration (WPA) gegründet worden. Obwohl die ursprüngliche Absicht dieser Gründung einfach darin bestand, arbeitslosen Theaterleuten zu helfen, bildete sie doch den ersten Versuch, in Amerika ein genuin nationales Theater aufzubauen und zu subventionieren. In seinen Absichten, aber nicht in seinen Problemen und seiner Struktur, hatte das Federal Theatre Ähnlichkeit mit dem fortschrittlichen Flügel der Volksbühnenbewegung. Auf seinem Höhepunkt bespielte es Bühnen in 40 Staaten und beschäftigte über 10000 Mitarbeiter. Dabei waren alle Eintrittspreise auf ein Maximum von 1 Dollar beschränkt, und alle Formen der Bühnenkunst, klassische wie moderne, Volks- wie Experimentiertheater wurden gefördert – nicht zuletzt die hier entwickelte des Living Newspaper (Lebende Zeitung), an deren Entstehung die Journalisten-Gewerkschaften beteiligt waren: sie sollte eine Alternative zu den Zeitungen darstellen und brachte häufig radikale Kommentare zu sozialen, politischen und wirtschaftlichen Problemen des Tages. Roosevelts Gegner beschuldigten das Federal Theatre wiederholt subversiver und unamerikanischer Tendenzen und erreichten schließlich im Sommer 1939, daß ihm die Gelder entzogen wurden. 1937 gab das Federal Theatre bei Weill und dem Stückeschreiber Paul Green ein Werk *The Common Glory* in Auftrag, dessen Musik nie vollendet wurde.

A Coke, A Sandwich and Us (Lunch Time Follies). Maschinenschriftdurchschlag, (6 Bogen weißes Papier im Format 28 × 21,5 cm) eines aus unbekanntem Anlaß geschriebenen Artikels.

Obwohl der Name »Follies« – absichtlich – an die Ziegfield Follies und die Folies Bergères, die die berühmte amerikanische Institution sich zum Vorbild genommen hatte, erinnerten, boten die Aufführungen, die Weill und seine Mitarbeiter zusammenstellten, Unterhaltungen gänzlich anderer Art. Die Illustration auf S. 86 stammt von einer Seite, die Weill selber aus einer Illustrierten ausschnitt, ohne daß er die Quelle vermerkt hätte. Sie zeigt, wie die Bildunterschrift mitteilt, Werftarbeiter, die einen Sketch sehen, in dem die Führer der Achsenmächte einen Dampfer »Absentee« (zu deutsch etwa: »Ohne mich«) vom Stapel lassen.

Der amerikanische Stückeschreiber und Regisseur *Moss Hart* wurde besonders bekannt durch seine Zusammenarbeit mit George S. Kaufman. Mit Weill und Ira Gershwin schrieb er den Broadway-Hit *Lady in the Dark* (1941).

Harold Rome machte sich seinen Namen 1939 mit den Songs für »Pins and Needles«, eine Off-Broadway-Revue, die von der Labor Stage Inc. aufgeführt und von der I.L.G.W.U. (International Ladies Garment Workers Union) subventioniert wurde. Sie bezweckte die Förderung »des Konzeptes von Schauspiel für die arbeitende Klasse, das die Labor Stage Inc. von Anfang an verfolgt hatte: Theater für Arbeiter muß unterhaltsam und lebendig sein«.

Kermit Bloomgarden war Geschäftsführer des Group Theatre gewesen, für das Weill 1936 seine erste amerikanische Partitur, *Johnny Johnson,* geschrieben hatte.

Musikalisches Theater. Auszug aus einem Interview. *Aufbau,* 16. 1. 1942.

III. Rundfunk: Massenpublikum und Sonderinteressen

[Der Mittelweg]. 12. 4. 1925, Jg. 3, Nr. 15, S. 933.

Funk-Stunde: Die Funk-Stunde Berlin AG war der erste vom Reichspostministerium unter der direkten Leitung der Reichs-Rundfunk-Gesellschaft lizenzierte deutsche Sender. In seinem improvisierten Sitz, dem Vox-Haus, Potsdamer Straße 4, begann er am 29. Oktober 1923 mit dem Sendebetrieb. (In den folgenden 12 Monaten wurden acht regionale Sender gegründet, und im Januar 1926 folgte in Berlin eine zweite Station, die Deutsche Welle GmbH.) Kurz vor ihrem ersten Geburtstag begann die Berliner Funk-Stunde mit ihrer »Sendespielbühne«, einer Produktionsabteilung mit Opern- und Schauspiel-Redaktionen, die von Kammersänger Cornelis Bronsgeest, einem aus Holland stammenden Tenor, geleitet wurde. Wie Weill mehrfach betont, spielte die Schauspiel-Abteilung die Hauptrolle, nicht nur bei der Erforschung neuer Möglichkeiten des neuen Mediums Rundfunk, sondern auch bei der Förderung zeitgenössischer und vor allem junger Autoren. Viel verdankte sie dabei den Bemühungen Alfred Brauns, der literarischer Leiter und Chefregisseur des Senders war und sich vielseitig als Sportreporter, Ansager, Schauspieler und sogar als Sänger hören ließ. Doch der Unternehmungsgeist und die Tatkraft von Braun und einigen seiner jungen Mitarbeiter reichten nicht aus, die Starrheit und den engstirnigen Konservatismus der Funk-Stunde-Bürokratie zu überwinden. Man stimmte weitgehend darin überein, daß die Berliner Programme den Vergleich mit denen Breslaus (Schlesische Funkstunde) und vor allem Frankfurts, wo der Südwestdeutsche Rundfunk in Hans Flesch einen brillanten, wenn auch umstrittenen Intendanten hatte, nicht aushalten konnte. Die Berufung Fleschs zum Intendanten der Funk-Stunde in Berlin (Mai 1929) fiel mit der Einweihung des neuen Hauses der Anstalt in der heutigen Masurenallee (Architekt: Hans Poelzig) zusammen und schien eine glänzende Zukunft für den Berliner Rundfunk anzukündigen. Doch obwohl es Flesch gelang, einige sinnvolle und bedeutende Reformen durchzusetzen, waren die politischen und wirtschaftlichen Zeiten gegen ihn, und die letzten Jahre der Funk-Stunde waren alles andere als glücklich. Von den Zensur-Skandalen 1928/29 bis zu der Zeit unmittelbar vor der Gleichschaltung März bis Mai 1933 nahm die Infiltration des deutschen Rundfunks mit Feinden des »Systems« an Umfang und Rapidität immer mehr zu.

Der Berliner Sender. 30. 4. 1925, Jg. 3, Nr. 18, S. 1131.

Berliner Jahresbeginn. 3. 1. 1926, Jg. 4, Nr. 1, S. 7.

Zur Psychologie der funkischen Programmbildung*. 14. 11. 1926, Jg. 4, Nr. 46, S. 2346f.

Reines Unterhaltungsprogramm in Berlin. 7. 9. 1928, Jg. 6, Nr. 37, S. 2481.

Was wir von der neuen Berliner Sendesaison erwarten**. 14. 9. 1928, Jg. 6, Nr. 38, S. 2545.

Verfassungsfeiern. 3. 8. 1928, Jg. 6, Nr. 32, S. 2119.
In der Nummer vom 17. August 1928 (S. 2259) äußerte sich Weill mit folgenden Worten über den Schülerwettstreit:
»Die Verfassungsfeiern im Rundfunk waren die wichtigsten Ereignisse der vorigen Sendewoche. Es fing an mit der Übertragung des Schülerwettstreits. Die Primaner, die Ciceros deutscher Gymnasien, lieferten eine Redeschlacht. Sie sprachen nicht gerade ›rundfunkgewandt‹. Aber das ist schließlich auch nicht der Sinn solcher aktueller Übertragungen. Viel wichtiger das Temperament, die Begeisterung dieser jungen Menschen, viel wichtiger die Tatsache, daß die deutsche Jugend durch derartige Veranstaltungen für die staatspolitischen Aufgaben der Gegenwart vorbereitet wird. Solche Übertragungen möchten wir öfters hören.«

Kommunisten-›Attentat‹. 19. 10. 1928, Jg. 6, Nr. 43, S. 2891.
Der folgende Bericht über die »Köpenickiade am Rundfunk«, wie die Presse den Vorfall nannte, beruht hauptsächlich auf Artikeln im *Berliner Tageblatt* vom 7. und 8. Oktober 1928. (Eine vollständige Darstellung, vor allem unter Berücksichtigung des *Vorwärts* und der *Roten Fahne,* sollte einmal in einem passenderen Zusammenhang als dem unseren unternommen werden, und wäre es nur zur Unterhaltung.) Das in *Der deutsche Rundfunk* ausgedruckte Programm kündigte an, daß Wolfgang Schwarz, der Herausgeber des *Vorwärts,* des Organs der Sozialdemokra-

tie, am 6. Oktober 1928 um 19.30 Uhr den ersten von zwei Vorträgen über »Probleme der Friedenssicherung« unter dem Thema »Ist der Friede überhaupt möglich?« halten sollte. Etwa 30 Minuten bevor der Vortrag beginnen sollte, wurde Schwarz, wie es in einem angeblich vom Rundfunk kommenden Anruf ausgemacht war, zu Hause von zwei Herren in einem von einem Chauffeur gelenkten Sechssitzer abgeholt. Doch anstatt zum Funkhaus fuhr der Wagen durch die abendlichen Straßen zu einem abgelegenen Winkel außerhalb der Stadtgrenze, wo Schwarz unter vorgehaltenem Gewehr gezwungen wurde, auszusteigen. Dann ließ man ihn am Straßenrand zurück. Mittlerweile hatten die Angestellten im Vox-Haus einen vermeintlichen Schwarz empfangen und ihn zum Studio begleitet. Dort händigte ihm der Ansager das Schwarzsche Manuskript in einer Fassung aus, die von einem eigens dafür gebildeten Zensur-Komitee gebilligt war. Nachdem das rote Licht aufgeleuchtet war und der Ansager seine einführenden Worte gesprochen hatte, begann der Doppelgänger, aus diesem Manuskript zu lesen. In der Meinung, alles sei in Ordnung, schlich sich der Ansager aus dem Senderaum. Kaum war die Tür hinter ihm geschlossen, legte der Studiogast das Manuskript beiseite, gab sich als der Abgeordnete Karl Schulz von der KPD zu erkennen und machte sich daran, die Meinung seiner Partei zu einem anderen Aspekt der »Friedenssicherung« darzulegen – dem damals aktuellen Skandal des Panzerkreuzers A, der Reichskanzler Hermann Müller und seine sozialdemokratischen Parteifreunde in einmalig ungünstigem Licht erscheinen ließ. Ohne unterbrochen oder abgebrochen zu werden, ging die Sendung unbehindert weiter bis zum militanten Ruf »Rot Front! Rot Front! Rot Front!« zur vereinbarten Minute. Wenige Augenblicke später kam der Ansager wieder ins Studio, ahnungslos über das, was in der Zwischenzeit geschehen war, und sprach die Absage; »Meine Herren, Sie hörten soeben den Kommentar des Herrn Schwarz. Wir beginnen, jetzt mit der Übertragung des Sendespiels.« Schulz nahm schleunigst seinen Abschied, schob einen Rundfunkmann beiseite, der im Vorraum mit dem Honorar für Schwarz wartete, und verschwand im Berliner Getümmel.

Feier zur Wiederkehr des Revolutionstages. 2. 11. 1928, Jg. 6, Nr. 45, S. 3031.

Eine gewisse Konsolidierung der innerpolitischen Verhältnisse in Deutschland: vermutlich eine Anspielung auf die Ergebnisse der Wahlen zum Reichstag und zum preußischen Landtag vom Mai 1928, die die Rechtsparteien und vor allem das Zentrum schwächten und die Linke Stimmen gewinnen ließen.

gar Schuberts h-moll Symphonie: man würde die Ironie des »gar« überhören, wenn man sich nicht klarmacht, daß es sich hier um die »Unvollendete« handelt.

[Konkurrenz]. 26. 4. 1925, Jg. 3, Nr. 37, S. 1066.

Der Rundfunk und die Umschichtung des Musiklebens*. 13. 6. 1926, Jg. 4, Nr. 24, S. 1649f.

[Musikalische Analyse]. 13. 4. 1928, Jg. 6, Nr. 16, S. 1031.

Hans Pfitzner als Sendespieldirigent. 7. 2. 1926, Jg. 4, Nr. 6, S. 369. Weills Hochachtung für Pfitzner reicht zurück in seine Dessauer Jugendjahre und bis zu seinem Studium bei Albert Bing, einem ehemaligen Schüler Pfitzners. Er schätzte Pfitzner, unbeeinflußt sowohl von seinen Beziehungen zu Busoni als auch von seiner eigenen Entwicklung bis in die Zeit der *Dreigroschenoper* und von *Mahagonny*, wie es der folgende Beitrag beweist (*Der deutsche Rundfunk*, Jg. 7, Nr. 18 v. 3. 5. 1929, S. 553):

»Am ersten Tag der kommenden Berichtwoche feiert Hans Pfitzner, der deutsche Komponist, seinen 60. Geburtstag, und es ist selbstverständlich, daß die deutschen Sender diese Gelegenheit benutzen, um diesem Meister neue Ehrungen zuteil werden zu lassen. Die Erscheinung Pfitzners ragt aus einer vergangenen Epoche deutschen Kulturlebens in unsere Zeit hinein. Sie ist viel umstritten worden, aber die großen Qualitäten dieses Mannes, sein reiches Können, sein Überzeugungsmut und die Konsequenz, mit der er sein künstlerisches Glaubensbekenntnis verteidigt, haben ihm die begeisterte Hingebung seiner Freunde und den Respekt seiner Gegner eingetragen [...] Das fanatische Bekenntnis zur Romantik, das Pfitzner in seinen Werken und in seinen theoretischen Schriften immer wieder ausgedrückt hat, hat ihn oft in den schärfsten Gegensatz zu den Vorkämpfern und Vertretern der modernen Musik gestellt. Die schärfsten Formen hat dieser Kampf angenommen, als Pfitzner seinerzeit auf Busonis in die Zukunft weisende ästhetische Betrachtungen mit seinem Buch »Futuristengefahr« antwortete, das mit großer Leidenschaft die Gedanken und Gefühle wiedergab, von denen die Gegner der neuen Musik seit langem erfüllt waren. Fern von diesem Meinungsstreit hat Pfitzner aber ein musikalisches Lebenswerk geschaffen, das in seiner strengen, fast asketischen Abgeschlossenheit vom heutigen Leben weiten Kreisen des deutschen Musikpublikums wertvolles Erlebnis bedeutet. Den Höhepunkt dieses Schaffens, das von dem Musikdrama *Der arme Heinrich* seinen Ausgang nahm und das fast alle Schaffensgebiete der Musik umfaßt, bildet die Oper *Palestrina*. [...]

[Franz Schreker und Professor Gatz]. 13. 3. 1927, Jg. 5, Nr. 11, S. 735.

[Hermann Scherchen]. 4. 5. 1928, Jg. 6, Nr. 19, S. 1236f.

Arnold Schönberg. 28. 2. 1926, Jg. 4, Nr. 9, S. 582.

In all den Jahren, in denen Weill für die Zeitschrift *Der deutsche Rundfunk* schrieb, ließ er keine Gelegenheit aus, über Schönberg zu sprechen. Kein Anlaß war ihm dafür zu gering, und folgerichtig erscheint kein anderer zeitgenössischer Komponist so häufig in seinen Berichten. Der hier abgedruckte Absatz bezog sich auf nicht mehr als einige frühe und konventionelle Lieder, die nur einen Bruchteil einer Sendung füllten, deren Hauptprogrammpunkte (Lieder von Strauss und die *Promenades* von Poulenc) er nicht einmal erwähnt.

Einen späteren Beweis für Weills eifriges Eintreten für Schönbergs Entwicklung ist der folgende Bericht. Auch hier ist interessant, daß ein direkter Bezug zu der Sendung – eine bevorstehende Wiedergabe der *Verklärten Nacht* – eigentlich nicht besteht, vor allem aber spricht Weill hier von »einem neuen Stil«: von nichts anderem also als von der Zwölftontechnik, wie sie sich in den Werken Schönbergs von 1923/24 ankündigte (*Der deutsche Rundfunk,* Jg. 4, Nr. 26 v. 27. 6. 1926, S. 1796):

»Dieser Meister, der erst seit wenigen Jahren die Anerkennung aller musikalischen Kreise gefunden hat, nachdem man ihn jahrzehntelang vollkommen negiert und mit Haß verfolgt hat, kann als der Bahnbrecher der neuen Musik gelten. Er war der erste, der die Loslösung vom Dreiklang, die lineare Führung eines weitgeschwungenen Melos und die Befreiung von den Fesseln der klassischen Form bis zur letzten Konsequenz durchführte, und heute noch, wo die jungen Musiker den Expressionismus der letzten Jahre zu einer gewissen Abklärung gebracht haben, ist Schönberg der einzige, der unbeirrbar an seinen Zielen festhält und dessen volle Bedeutung von der musikalischen Öffentichkeit wahrscheinlich erst nach mehreren Jahrzehnten erkannt werden wird.

Schönberg wurde 1874 in Wien geboren, studierte bei Zemlinsky, dem jetzigen Leiter der Prager Oper, lebte dann als Lehrer zunächst in Berlin, später in Wien. Er begann seine kompositorische Laufbahn mit einer Gruppe von Werken, die sich durchaus im Bereiche der Wagnerschen Ausdrucksmittel bewegen und die in dem gigantischen Orchesterwerk mit Chor und Soli, den *Gurreliedern,* ihren Abschluß findet. Den Übergang zu dem *neuen* Stil, der sich heute mit dem Namen Schönberg deckt, bildet die *Kammersymphonie.* Mit den *Klavierstücken* op. 11 unternimmt er ganz bewußt den Schritt in unbekanntes Neuland, und gleich darauf entsteht der *Pierrot Lunaire,* den man wohl als das Meisterwerk der gesamten nachstraussischen Musik bezeichnen kann. Auch zwei Bühnenwerke, die für die Entwicklung der Oper den kühnsten Vorstoß bedeuten, verdanken wir dem Meister. Neuerdings ist Schönberg über die großen Errungenschaften seiner mittleren Epoche noch hinausgewachsen und zu einem neuen Stil gelangt, dessen Auswirkung noch unübersehbar ist.«

Daß Weills Bewunderung für den österreichischen Meister seine Begegnung mit Brecht überdauert hat, geht nicht nur aus späteren Äußerungen im *Deutschen Rundfunk* hervor, sondern auch aus seiner Musik: so sind z. B. noch im *Mahagonny-Songspiel* entfernte Nachklänge des *Pierrot Lunaire* zu hören.

Max Trapp und Wolfgang Stresemann. 25. 4. 1926, Jg. 4, Nr. 17, S. 1165.

Trapp (1887-1971) studierte bei Dohnányi und Paul Juon an der Berliner Hochschule für Musik, war seit 1934 Vorsteher einer Meisterklasse an der Akademie der Künste in Berlin, gewann 1935 den Beethoven-Preis.

Stresemann (geboren 1904) ist der Sohn des bekannten Staatsmanns und seit 1959 Intendant der Berliner Philharmoniker. Weills Kritik an der Symphonie erhält ihre Bedeutung durch seine eigene Entwicklung in den folgenden Jahren und gegenüber den schroffen Verrissen holländischer Kritiker, die über die Uraufführung seiner *Zweiten Symphonie* schrieben, eines Werkes, das fraglos auf der Konvention von »achttaktigen Perioden« basiert und reichlich mit »den ewigen Quart-Sext-Akkorden« ausgestattet ist, wenn auch nicht in Straussischem Sinne.

Gustav Mahler: *9. Symphonie.* 20. 6. 1926, Jg. 4, Nr. 25, S. 1723f.

Obwohl die *Neunte* als erste Mahler-Sinfonie aus dem Sendesaal der Berliner Funk-Stunde ausgestrahlt wurde, war bereits 1924 die gewaltige *Zweite Sinfonie* im Rahmen des ersten komplett übertragenen Orchesterkonzerts gesendet worden. Dabei spielten die Berliner Philharmoniker unter der Leitung von Heinz Unger (einem der ersten Förderer Weills) außerdem noch die beiden *Psalmen* von Ernest Bloch; das Programm dauerte über zwei Stunden.

Albert Lortzing – Zu seinem 125. Geburtstag*. 17. 10. 1926, Jg. 4, Nr. 42, S. 2953 (gekürzt).

[Schönberg: *Pelleas und Melisande*]. 17. 5. 1927, Jg. 5, Nr. 16, S. 1090.

[Schönberg: *Pierrot Lunaire*]. 11. 11. 1927, Jg. 5, Nr. 46, S. 3168.

[Strawinsky]. 22. 6. 1927, Jg. 5, Nr. 21, S. 1443.

Weill vermeidet ausdrücklich, das im Programm ausgedruckte Werk – die *Suite Nr. 1 für kleines Orchester,* die Strawinsky aus seinen vierhändigen Klavierstücken arrangiert hatte – auch nur zu nennen. Offensichtlich bemühte er sich, mit seinen Bemerkungen jedem falschen Eindruck, den das Werk beim uninformierten Hörer hervorrufen konnte, zuvorzukommen; denn nirgends ist das parodistische Element bei Strawinsky so ausgesprochen deutlich wie hier. Daß Weill solchen irreführenden Zugängen zu Strawinsky den Weg verlegen wollte, ist kennzeichnend gegenüber ähnlichen Mißverständnissen, denen seine eigene Musik zu seinen Lebzeiten ausgesetzt war und die sich seitdem noch verbreitet haben.

[Max Reger: *Streichquartett op. 109*]. 29. 6. 1927, Jg. 5, Nr. 22, S. 1511.

[Leoš Janáček]. 7. 9. 1928, Jg. 6, Nr. 37, S. 2474.

Schubert-Feiern. 16. 11. 1928, Jg. 6, Nr. 47, S. 3176.

Möglichkeiten absoluter Radiokunst*, 28. 6. 1925, Jg. 3, Nr. 26, S. 1625–1628.

November-Gruppe: Obwohl Musiker zu dieser Gruppe offiziell erst im Januar 1922 zugelassen wurden, war Weill ihr schon seit 1920 eng verbunden. Die Film-Aufführung, die er erwähnt, fand am 3. Mai 1925 statt und wurde eine Woche später wiederholt. Weill benutzte Einzelaufnahmen aus abstrakten Filmen von Viking Eggeling und Walter Ruttmann als Illustrationen seines Artikels, sie stammen vermutlich aus jener Vorführung. Wie sehr auch die meisten seiner Ideen von »absoluter Radiokunst« dem Experimentier-Klima jener Zeit verpflichtet sind – und damit in Wirklichkeit Busonis geraume Zeit früher publizierten Spekulationen –, der vorletzte Absatz des Artikels greift der Entwicklung einige Jahrzehnte voraus. Denn Weill nimmt hier nicht nur die Musique concrète von Pierre Schaeffer und Pierre Henry vorweg, sondern auch etwas von der Anschauung, ja sogar vom Tonfall Stockhausens in den 60er Jahren.

Tanzmusik [und Jazz]; [Analyse (Bartóks *1. Streichquartett*)]. 14. 3. 1926, Jg. 4, Nr. 11, S. 732f.

Weills erste gedruckte Äußerungen über Jazz entspringen unmittelbar der eigenen schöpferischen Erfahrung: im Januar 1926 hatte er die Ballett-Oper *Royal Palace* vollendet, in der zum ersten Mal ein starker Jazz-Einfluß in seiner Musik deutlich wird (und mithin lange vor seiner Zusammenarbeit mit Brecht, dessen Einfluß diese spezielle Entwicklung oft, aber unberechtigt, zugeschrieben wird).

Als die Paul Whiteman Band ihre sensationellen Auftritte in der letzten Juniwoche des Jahres 1926 im Großen Schauspielhaus hatte, veröffentlichte *Der deutsche Rundfunk* einen Bericht des Künstlers Claude de Rémusat und versah ihn mit der redaktionellen Notiz: »Über das Wesen des Jazz und seine Bedeutung für den Rundfunk wird unser Musikkritiker (d. h. Weill) in einem späteren Artikel das Wort ergreifen.« Dies geschah offensichtlich nicht; Weills nächste und letzte Äußerung über dieses Thema war die »Notiz zum Jazz« von 1929 (S. 197f.).

Weills Sendung über Bartóks *Erstes Streichquartett* enthielt musikalische Beispiele und eine Aufnahme des Werkes mit dem Roth Quartett. Sie wurde von der Berliner Funk-Stunde am 14. März 1927 von 13.10 bis 14.25 gesendet. Der Text von Weills Analyse des *Streichquartetts* von Bartók ist bisher noch nicht aufgefunden worden.

[Kompositionsaufträge]. 11. 1. 1929, Jg. 7, Nr. 2, S. 40.
Die Planung solcher Aufträge war zu jener Zeit einmalig und bildet ein Ruhmesblatt für die Bemühungen einiger unvoreingenommener Rundfunkleute, insbesondere Hans Fleschs, des Intendanten des Südwestfunks in Frankfurt. Sie ging aus Beratungen auf einem Kongreß in Göttingen im Mai 1928 hervor und wurde im Sommer dieses Jahres von der Reichs-Rundfunk-Gesellschaft offiziell beschlossen. Die Gelder hierfür flossen von der RRG an die einzelnen Sender, die die Aufträge nach eigener Wahl vergeben konnten. So war es charakteristisch für den Ostmarken-Rundfunk in Königsberg, daß Hermann Scherchen als dessen musikalischer Oberleiter bei Josef Matthias Hauer eine Kantate *Vom Leben* bestellte, genauso charakteristisch wie die Tatsache, daß die Wahl Leipzigs auf einen Lieder-Zyklus von Paul Graener fiel. Flesch selbst wies den Weg mit nicht weniger als vier Aufträgen für Frankfurt, einen davon an Hindemith und einen weiteren – aus dem das *Berliner Requiem* entstand – an Weill; Flesch begann die Serie im Januar 1929 mit der Uraufführung von Hindemiths *Kammermusik* op. 46.2 für Orgel und Kammerorchester. Nach der Schrekerschen Suite aus Breslau kam dann Berlin mit der »Rundfunkmusik« von Max Butting, einem Freund Weills, der sich intensiv mit dem Studium von Musik im Radio beschäftigte und Mitglied des Kulturbeirats des Berliner Rundfunks sowie Musikkritiker der *Sozialistischen Monatshefte* war.

Der Rundfunk und die neue Musik**. 25. 1. 1929, Jg. 7, Nr. 4, S. 98f.

Moderne Musik in Berlin. 14. 4. 1929, Jg. 7, Nr. 16, S. 490.

Notiz zum *Berliner Requiem***. 17. 5. 1929, Jg. 7, Nr. 20, S. 613.

[Wolfgang Amadeus Mozart: *Die Entführung aus dem Serail*]*. 11. 1. 1925, Jg. 3, Nr. 2, S. 85.

[Wolfgang Amadeus Mozart: *Die Zauberflöte*]+. 29. 3. 1925, Jg. 3, Nr. 13, S. 809.

[Friedrich von Flotow: *Alessandro Stradella*]. 29. 3. 1925, Jg. 3, Nr. 13, S. 809.

Alessandro Stradella als Revue. 12. 4. 1925, Jg. 3, Nr. 15, S. 935.

[Albert Lortzing: *Zar und Zimmermann*]. [Jaques Offenbach: *Orpheus in der Unterwelt*]. 26. 4. 1925, Jg. 3, Nr. 17, S. 1069.

[Richard Wagner: *Die Meistersinger von Nürnberg*]. 15. 7. 1925, Jg. 3, Nr. 27, S. 1697

[Richard Wagner: *Die Meistersinger von Nürnberg*]. 5. 7. 1925, Jg. 3, Nr. 27, S. 1697

Rückblick auf die erste Opernsaison im Berliner Rundfunk*
1. Sendespiele. 26. 7. 1925, Jg. 3, Nr. 30, S. 1886.
2. Opernübertragungen. 9. 8. 1925, Jg. 3, Nr. 32, S. 2014.

[Johann Strauß II: *Waldmeister*]. 31. 10. 1925, Jg. 3, Nr. 44, S. 2834.

[Alban Berg: *Wozzeck*]. 27. 12. 1925, Jg. 3, Nr. 52, S. 3422.

[Siegfried Wagner: *Schwarzschwanenreich*]. 25. 4. 1926, Jg. 4, Nr. 17, S. 1166.
Schwarzschwanenreich wurde 1918 in Karlsruhe uraufgeführt; es steht ungefähr in der Mitte von Siegfried Wagners Bühnenschaffen. Als der Sohn des großen Richard war Siegfried Wagner ständig das Opfer unangebrachter Vergleiche, und erst in jüngster Zeit hat ihn die Kritik gerechtfertigt. Wenn Weills Urteil über *Schwarzschwanenreich* auch übertrieben scharf war, so stand er damit nicht allein. Viel freundlicher urteilte Weill über Siegfried Wagners erste Oper, *Der Bärenhäuter* (1899), die er vier Monate später in einer Rundfunk-Übertragung aus Weimar hörte: »Musikalisch steht das Werk turmhoch über dem im Berliner Senderaum gegebenen *Schwarzschwanenreich*. Die Partitur erreichte in ihrem besten Momente das Niveau von Humperdincks *Königskindern*«. (*Der Deutsche Rundfunk*, Jg. 4, Nr. 32 v. 8. 8. 1926, S. 2210).

[Vincenzo Bellini: *Norma*] 14. 11. 1926, Jg. 4, Nr. 46, S. 3254.

[Jacques Offenbach: *Die Großherzogin von Gerolstein*]. 21. 11. 1926, Jg. 4, Nr. 47, S. 3331.

Die Berliner *Ring*-Aufführungen*. 17. 5. 1927, Jg. 5, Nr. 16, S. 1083f.

[Berté-Schubert: *Das Dreimäderlhaus*]. 30. 5. 1927, Jg. 5, Nr. 18, S. 1231f.

[Igor Strawinsky: *Oedipus Rex*]. 16. 11. 1928, Jg. 6, Nr. 48, S. 3177.

Shaw und der Rundfunk. 8. 8. 1926, Jg. 4, Nr. 32, S. 2207.

Oskar Maria Graf. 21. 10. 1927, Jg. 5, Nr. 43, S. 2965.

Europa feiert Gorki. 23. 3. 1928, Jg. 6, Nr. 13, S. 827.

Ein Wort für Heinz Lipmann. *Berliner Tageblatt.* 11. 2. 1932.

[Wilhelm Meyer-Förster: *Alt-Heidelberg*]. 26. 4. 1925, Jg. 3, Nr. 17, S. 1070.

[Wilhelm Meyer-Förster: *Alt-Heidelberg*]. 10. 5. 1925, Jg. 3, Nr. 19, S. 1195.

[*Die Maschinenbauer von Berlin*]. 14. 6. 1925, Jg. 3, Nr. 29, S. 1517.

Ein Anfang: Die ersten Funkdramen*. 31. 7. 1925, Jg. 3, Nr. 31, S. 1945.

Der Abschluß der Schauspielsaison im Berliner Sender. [William Shakespeare: *Ein Sommernachtstraum*]*. 27. 6. 1926, Jg. 4, Nr. 26, S. 1798.

[Grabbe und Wedekind]. 29. 8. 1926, Jg. 6, Nr. 35, S. 2419f.
Es handelt sich um Grabbes *Herzog von Gothland* in der Bearbeitung von Klabund und Alfred Braun. Für diese Produktion schrieb Weill eine umfangreiche Partitur für Chor und volles Orchester, ziemlich sicher die erste Komposition, die je ein deutscher Sender in Auftrag gab. Die Sendung fand am 1. 9. 1926 statt; es wirkten Theodor Loos (Olaf), Werner Krauss (Theodor), Lothar Müthel (Friedrich) und Johanna Hofer (Cäcilia) mit. Dirigent war Bruno Seidler-Winkler.

[Grabbe und Wedekind]. 5. 9. 1926, Jg. 6, Nr. 36, S. 2489.

[Frank Wedekind: *König Nicolo*]. 19. 9. 1926, Jg. 4, Nr. 38, S. 2663.
Alfred Brauns Fassung des *König Nicolo* wurde von der Funk-Stunde am 8. 9. 1926 gesendet, und zwar mit Fritz Kortner (Nicolo), Lucie Mannheim (Prinzessin Alma), Paul Bildt (Andrea Valori), Kurt Gerron (Söldner), Paul Graetz (Kunstreiter) und Rosa Valetti (Kupplerin).

[Bertolt Brecht: *Mann ist Mann*]. 13. 3. 1927, Jg. 5, Nr. 11, S. 736.
Alfred Brauns Rundfunkversion von *Mann ist Mann* wurde von der Funk-Stunde am 18. März 1927 gesendet. In den Hauptrollen wirkten Ernst Legal (Galy Gay), Helene Weigel (Begbick), Paul Bildt (Polly

Baker), Erwin Faber (Jeraiah Jip) und Aribert Wäscher (Charles Fairchild) mit. Brecht selber sang den »Mann ist Mann«-Song in der Einrichtung von Edmund Meisel, dem Haus-Komponisten Erwin Piscators. Meisel gilt noch heute als einer der wichtigsten Pioniere der Filmmusik (besonders wegen seiner Partitur zu Eisensteins *Panzerkreuzer Potemkin*).

Weill gibt an verschiedenen Stellen (vergleiche S. 56) als Zeitpunkt seiner ersten Begegnung mit Brecht das Frühjahr 1927 an. Das mag nicht ganz zutreffen, denn es muß schon vorher gesellschaftliche Kontakte durch gemeinsame Freunde und Bekannte gegeben haben. Aber höchstwahrscheinlich war es die Rundfunk-Aufführung von *Mann ist Mann*, die sie endgültig zusammenbrachte. Schließlich ging Weill ständig im Vox-Haus ein und aus, so daß man sich vorstellen kann, daß er bei Proben anwesend war und so zum ersten Male Brecht bei der Arbeit sah. Ein Beweis seiner Bewunderung des Dichters Brecht läßt sich bereits am 22. 8. 1926 finden (*Der deutsche Rundfunk*, Jg. 4, Nr. 3, S. 2345); hier schreibt er: »Nachdem Arnold Zweig einleitend eine äußerst treffende und durchaus eigene Charakterisierung der modernen Ballade gegeben hatte, vermittelte Wolfgang Zilzers vortreffliche Sprechkunst eine nicht sehr ergiebige Auswahl von Balladen junger Dichter. (Vielleicht beschäftigt man sich in diesem Zusammenhang einmal ausführlich mit Bert Brecht.)«

Hält man sich Weills große Verehrung für das Bühnenschaffen Georg Kaisers – Brecht teilte diese Verehrung bis zu einem gewissen Punkt – vor Augen, liegt es nahe anzunehmen, daß *Mann ist Mann* das erste Stück Brechts war, das starken Eindruck auf Weill machte. Dies war jedenfalls das einzige Stück Brechts, das er seinem Wiener Verleger Emil Hertzka schickte, um seine Förderung für eine Zusammenarbeit zu gewinnen, gegen die Hertzka offensichtlich große Bedenken geäußert hatte. (Doch blieb dieser Schritt nahezu wirkungslos: Hertzka fand das Stück ausgesprochen alarmierend, und er ließ sich erst gewinnen, als er Brecht persönlich kennengelernt hatte.)

[Bertolt Brecht: *Mann ist Mann*]. 27. 3. 1927, Jg. 5, Nr. 13, S. 879f.

[Kleist/Bronnen: *Michael Kohlhaas*]. 2. 11. 1928, Jg. 6, Nr. 45. S. 3035f.

Michael Kohlhaas in der Funkbearbeitung von Arnolt Bronnen und der Regie von Alfred Braun stand am 25. 10. 1928 im Programm der Rundfunkstunde. Eugen Klöpfer sprach die Titelrolle. In jener Zeit, und noch auf Jahre hinaus, war es einer von Weills Wünschen, eine Kohlhaas-Oper schreiben zu können. Selbst in den USA nahm er Ende der dreißiger Jahre diesen Titel in ein Projekt für mehrere Rundfunk-Opern mit auf.

IV. Andere Medien

Tonfilm, Opernfilm, Filmoper. *Frankfurter Zeitung*. 24. 5. 1930, *Tobis* = Tonbild-Syndikat AG.

Guido Bagier, Schüler und Biograph Max Regers, war Tonfilm-Pionier und ein wichtiger Verbündeter moderner Komponisten in der deutschen Filmindustrie. Er war im wesentlichen verantwortlich für das historische Tonfilm-Programm beim Deutschen Kammermusikfest 1929 in Baden-Baden, das Filme mit Musiken von Hindemith, Milhaud, Paul Dessau, Walter Gronostay und Rudolf Wagner-Régeny brachte. (Wagner-Régeny war von Bagier als einer der Hausdirigenten der Tobis engagiert worden und sollte auch bei der Aufnahme des *Dreigroschenoper*-Films mitarbeiten.)

Weill beabsichtigte mit diesem Artikel offensichtlich unter anderem, seine Stellung hinsichtlich der bevorstehenden Verfilmung der *Dreigroschenoper* durch die Tobis-Warner zu erklären. Der Vertrag über den Film wurde im Mai 1930 unterschrieben, und sowohl Weill wie Brecht wurden für die Produktion engagiert. Die Auseinandersetzungen und Gerichtsverhandlungen, die daraus folgten, sind allgemein bekannt, soweit sie Brecht betreffen. Sein berühmtes »soziologisches Experiment« *Der Dreigroschenprozeß* (Gesammelte Werke 18, S. 139ff.) erzählt die Geschichte nicht vollständig, soweit Weill von ihr betroffen war. In gewissem Sinn begann sie mit diesem Artikel Weills und endete im März 1933 mit Weills »Entbindung« aus dem vielleicht – in rein künstlerischer Hinsicht – günstigsten Kontrakt, den je ein Komponist bei einer Filmfirma aushandeln konnte. Als direkte Folge seiner erfolgreichen Klage gegen die Produzenten des *Dreigroschenoper*-Films gestand dieser Vertrag ihm künstlerische Rechte zu, die ohne Vorbild waren, insofern als sie die Planung und die musikalische Struktur seines nächsten Films und ein Mitspracherecht bei der Wahl des Regisseurs, des Ausstatters und des Drehbuchautors und der letzten Entscheidung über das Drehbuch betrafen. Der von Weill schließlich gutgeheißene Regisseur war Berthold Viertel (er wurde dann zur gleichen Zeit wie Weill aus dem Vertrag »entlassen«), der Ausstatter war Caspar Neher und der Autor Fritz Wendhausen. Der Film, der dann bald nach Weills und Viertels Ausscheiden begonnen wurde, war *Kleiner Mann – was nun?* nach Falladas Roman.

Kritik am zeitgenössischen Schaffen. *Melos*. März 1929, Jg. 8, Nr. 3, S. 109ff.

Vom Wesen der Musikzeitschrift – Diskussion über *Melos*. *Melos,* Januar 1932, Jg. 11, Nr. 1, S. 2f.

Musikfest oder Musikstudio? *Melos,* Mai-Juni 1930, Jg. 9, Nr. 5-6, S. 230ff.

Briefwechsel: s. Bertolt Brecht *Die Maßnahme.* Kritische Ausgabe mit einer Spielanleitung von Reiner Steinweg, Frankfurt/Main 1972, S. 319f.

»Neue Musik Berlin 1930« war die Nachfolgeinstitution der »Deutschen Kammermusik Baden-Baden«, für welche Weill 1927 das *Mahagonny-Songspiel* und 1929 in Zusammenarbeit mit Hindemith und Brecht *Der Lindberghflug* komponiert hatte. Die Schul- (oder auch Radio-)Oper *Der Jasager* wurde für die »Neue Musik Berlin 1930« geschrieben. Die ersten Kompositionsskizzen datieren vom Januar dieses Jahres. Im Februar begann Brecht die »politisierte« Version des Textes, die sich zu dem Lehrstück *Die Maßnahme* entwickelte; die Auseinandersetzung mit dem Komitee der »Neuen Musik«, das nur eine Skizze des *Maßnahme*-Textes gesehen hatte, wurde im Mai veröffentlicht: Die Briefe Brechts und Eislers und die Entgegnung des Komitees wurden am 13. Mai im *Berliner Börsen-Courier* abgedruckt. Weill war zu diesem Zeitpunkt dabei, seine Partitur des *Jasagers* zu vollenden; obwohl das Komitee keine Einwände gegen den Text dieses Werkes machte, zog Weill es vom Festprogramm zurück und gestattete eine unmittelbar folgende Aufführung in einer Funkfassung durch die Funk-Stunde Berlin am 23. Juni 1930, die am folgenden Tag öffentlich wiederholt wurde. Eisler begann mit der Komposition der *Maßnahme* am 7. Juli, und dieses Werk wurde am 10. Dezember 1930 in Berlin uraufgeführt.

V. Statt einer Schlußbemerkung

Notiz zum Jazz. *Anbruch,* März 1929, Jg. 11, Nr. 3, S. 138.

»Ewigkeitswert?« *Berliner Tageblatt,* 30. 12. 1931.

Anhang

Herbert Trantow, Fragen an Kurt Weill, seine *Bürgschaft* betreffend. *Melos,* August-September 1932, Jg. 11, Nr. 8-9, S. 276f.

Herbert Trantow (geb. Dresden 1903), Komponist, Dirigent, Musikschriftsteller; schrieb Opern, Ballette und Filmpartituren (u. a. »Die Affäre Blum«, »Anastasia, die letzte Zarentochter«); von 1935-1944 an der Staatsoper Berlin, 1946-48 Chefdramaturg der Staatsoper Dresden, lebt seither in West-Berlin.

Herbert Trantow, Weill: *Die Bürgschaft. Sozialistische Monatshefte,* Oktober 1932, Jg. 38, Nr. 10, S. 877f.

Zeittafel

1900	2. März: geboren in Dessau
1915-1918	Studium bei Albert Bing in Dessau (Musiktheorie und Komposition)
1918	April: Besuch der Hochschule für Musik und der Universität in Berlin (Max Dessoir, Ernst Cassirer) September: Vollstudium an der Berliner Hochschule für Musik (bei Humperdinck, F. E. Koch, Krasselt)
1919	Dezember: Kapellmeister in Lüdenscheid; beginnt einen Opern-Einakter nach einem Stück von Ernst Hardt
1920	September: Umzug nach Berlin Dezember: Weill wird von Ferruccio Busoni dank einer Mappe von Kompositionen als einer von sechs Schülern seiner Meisterklasse für Komposition an der Akademie der Künste in Berlin aufgenommen. Begegnungen mit Ludwig Meidner, Johannes R. Becher usw.
1921	April-Mai: *1. Symphonie*
1922	18. November: Uraufführung der Kinderpantomime *Zaubernacht* im Theater am Kurfürstendamm, Berlin (Szenarium von Wladimir Boritsch, Regie Franz-Ludwig Hörth)
1922-1923	Uraufführungen des *Divertimento*, der *Sinfonia Sacra* (Fantasia, Passacaglia und Hymnus), der *Orchestersuite, Zaubernacht* und des *Streichquartetts* op. 8
1923	September: *Recordare* (Lamentationes Jeremiae Prophetae) Dezember: Abschluß des dreijährigen Studiums an der Akademie der Künste
1924	Januar: erste Gespräche mit Georg Kaiser; Skizzen für eine dreiaktige Pantomime April-Mai: *Konzert für Violine und Blasorchester*
1925	April: Vollendung des Operneinakters *Der Protagonist* nach dem gleichnamigen Stück von Georg Kaiser 11. Juni: Uraufführung des *Violinkonzerts* in Paris (Solist Marcel Darrieux, Dirigent Walter Straram) September: *Der neue Orpheus,* Kantate für Sopran und Orchester, Dichtung von Iwan Goll Oktober bis Januar 1926: *Royal Palace,* Ballett-Oper in einem Akt, Text von Iwan Goll
1926	28. Januar: Heirat mit der Schauspielerin Lotte Lenya 27. März: Uraufführung *Der Protagonist* in Leipzig (Dirigent Fritz Busch, Regie Josef Gielen) Juli-August: erste Rundfunkkomposition, Musik zu Grabbes

Herzog von Gothland, Auftragsarbeit für die Funk-Stunde Berlin

1927 März: erste Gespräche mit Bertolt Brecht; Entwurf der Oper in drei Akten *Aufstieg und Fall der Stadt Mahagonny,* Text von Bertolt Brecht

März-August: *Der Zar läßt sich photographieren,* Opera buffa in einem Akt, Text von Georg Kaiser

Mai: *Mahagonny,* »Songspiel« nach Brechts *Mahagonny-Gesängen*

18. Juli: Uraufführung des *Mahagonny-Songspiels* beim Deutschen Kammermusikfest, Baden-Baden (Dirigent Ernst Mehlich, Regie Walter Brügmann)

1928 April: Zusammenarbeit mit Erwin Piscator; Musik für *Konjunktur* von Leo Lania

31. August: *Die Dreigroschenoper,* Ein Stück mit Musik (nach John Gays *The Beggar's Opera*) von Bertolt Brecht. Uraufführung im Theater am Schiffbauerdamm, Berlin (Regie Erich Engel, Bühnenbild Caspar Neher, musikalische Leitung Theo Mackeben)

1929 November-Dezember: zweite Rundfunkkomposition, *Das Berliner Requiem,* Auftrag des Frankfurter Senders

22. Mai: Uraufführung *Das Berliner Requiem* mit Hans Grahl (Tenor), Johannes Willy (Bariton), Jean Stern (Baß) und dem Orchester des Frankfurter Senders unter der Leitung von Ludwig Rottenberg

Juni: dritte Rundfunkkomposition, *Der Lindberghflug* (in Zusammenarbeit mit Paul Hindemith und Brecht; später zurückgezogen und neu komponiert für Schul- und Konzertaufführungen)

29. Oktober: »Schwarzer Freitag«

1930 Januar: erste Skizzen für *Der Jasager,* Schuloper in zwei Akten, Text von Bertolt Brecht nach dem japanischen Nō-Spiel *Taniko*

9. März: *Aufstieg und Fall der Stadt Mahagonny.* Uraufführung im Neuen Theater, Leipzig (Dirigent Gustav Brecher, Regie Walter Brügmann, Bühnenbild Caspar Neher)

April-Mai: Arbeit an *Der Jasager* beendet

August-Oktober 1931: *Die Bürgschaft,* Oper in drei Akten, Text von Caspar Neher

1932 10. März: Uraufführung *Die Bürgschaft.* Städtische Oper Berlin (Wilhelm Rode – David Orth, Hans Reinmar – Johann Mattes, Josef Burgwinkel – Kommissar; Dirigent Fritz Stiedry, Regie Carl Ebert, Bühnenbild Caspar Neher). Proteste in der Goebbels-Presse und vom Kampfbund für

Deutsche Kultur
13. März: weitere Inszenierungen der *Bürgschaft* in Wiesbaden (Dirigent Karl Rankl, Regie Paul Bekker) und Düsseldorf (Dirigent Jascha Horenstein, Regie W. B. Iltz)
Wahl des Reichspräsidenten: Hindenburg 46,6%, Hitler 30,1%; Thälmann 13,2%
Juli: Beginn der Arbeit an *Der Silbersee,* »Ein Wintermärchen« in drei Akten, Text von Georg Kaiser
5392248 registrierte Arbeitslose im Deutschen Reich
11. Dezember: triumphaler Erfolg eines Weill-Konzerts mit dem *Mahagonny-Songspiel* und dem *Jasager* im Rahmen der »Sérénade« in Paris, Salle Gaveau (deutsche Sänger und Musiker, Dirigent Maurice Abravanel)

1933 Januar: Kompositionsbeginn der *2. Symphonie*
30. Januar: Hitler Reichskanzler
18. Februar: Uraufführung *Der Silbersee* in Leipzig (Regie Detlef Sierck, Dirigent Gustav Brecher). Gleichzeitig Premieren in Magdeburg und Erfurt. In allen drei Städten ungewöhnlicher Erfolg
21. Februar: Nazitrupps provozieren einen Tumult bei der zweiten Aufführung des *Silbersees* in Magdeburg
27. Februar: Reichstagsbrand
4. März: Reichstagswahlen. Die Aufführung des *Silbersees* für das Arbeiterbildungsinstitut in Leipzig wird abgesetzt. Bis 1945 keine öffentliche Aufführung eines Weill-Werks in Deutschland mehr möglich
21. März: »Tag von Potsdam«
Weill verläßt Deutschland. Er fährt im Auto nach Frankreich
23. März: Ankunft in Paris
April–Mai: Komposition von *Die sieben Todsünden,* Text von Bertolt Brecht
7. Juli: Uraufführung *Die sieben Todsünden* im Théâtre des Champs Elysées (Choreographie Georges Balanchine. Bühnenbild Caspar Neher, Dirigent Maurice Abravanel)

1934 Januar-Juli: *Der Kuhhandel,* Operette in zwei Akten, Text von Robert Vambery
August-Dezember 1935: *Der Weg der Verheißung,* Biblisches Drama in vier Teilen, Text von Franz Werfel
11. Oktober: Uraufführung der *2. Symphonie* in Amsterdam (Concertgebouw Orchester, Dirigent Bruno Walter)

1935 September: Reise nach New York wegen der für Anfang Januar 1936 geplanten Uraufführung *Der Weg der Verheißung.* Die Verschiebung der Inszenierung zwingt Weill, in Amerika Arbeit zu suchen

1936 Sommer: Vorlesungen und kompositorische Arbeiten für das »Summer Camp« des »Group Theatre«
19. November: Uraufführung von *Johnny Johnson,* Musical Play von Paul Green (Group Theatre, New York, Regie Lee Strasberg, Dirigent Lehmann Engel)

1937 7. Januar: Uraufführung *The Eternal Road* (Bearbeitung von *Der Weg der Verheißung* durch Ludwig Lewisohn) im Manhattan Opera House, New York (Regie Max Reinhardt, Dirigent Isaac van Grove)
27. August: erster Schritt zur Erlangung der amerikanischen Staatsbürgerschaft, formeller Grenzübertritt aus Kanada zur »Einwanderung«

1938 März: Beginn der Zusammenarbeit mit Maxwell Anderson an *Knickerbocker Holiday*
29. August: »Münchner Abkommen«
15. September: New Yorker Premiere von *Knickerbocker Holiday* (Regie Joshua Logan, musikalische Leitung Maurice Abravanel)

1939 30. April: Uraufführung *Railroads on Parade,* »musical pageant« für die New Yorker Weltausstellung, Text von Edward Hungerford
3. September: Großbritannien und Frankreich erklären dem Deutschen Reich den Krieg

1940 Januar: vierte Rundfunkkomposition, die Kantate *The Ballad of Magna Carta* (Text: Maxwell Anderson)

1941 23. Januar: Broadway-Inszenierung von *Lady in the Dark,* »musical play« von Moss Hart, Text der Gesangsnummern von Ira Gershwin
7. Dezember: Eintritt der USA in den Krieg

1942 Januar-Mai 1943: hauptsächlich Beschäftigung mit den Kriegsanstrengungen der USA. Unterhaltungsprogramm für Rüstungsarbeiter.
März: Korrespondenz mit Brecht (in Los Angeles) und Adorno über Pläne einer *Dreigroschenoper*-Produktion
1. Aprilwoche: sehr kritischer Brief von Weill an Adorno. Ende ihrer persönlichen Beziehungen
1. Oktober: erstes Zusammentreffen zwischen Weill und Brecht (in Kalifornien) nach Brechts Besuch in New York 1935. Der Meinungsaustausch und die freundschaftliche Korrespondenz setzen sich fort bis zu Weills Tod

1943 27. August: endgültige Einbürgerung
7. Oktober: Broadway-Premiere von *One Touch of Venus,* »musical comedy« von S. J. Perelman und Ogden Nash (Regie Elia Kazan, Dirigent Maurice Abravanel)

1945	22. März: Broadway-Premiere von *The Firebrand of Florence,* Operette in zwei Akten, Text von E. J. Mayer und Ira Gershwin 8. Mai: Kriegsende in Europa September: fünfte Rundfunkkomposition, *Down in the Valley,* Volksoper in einem Akt, Text von Arnold Sundgaard; später zurückgezogen und für die Bühne umgeschrieben
1947	13. Januar: Broadway-Premiere von *Street Scene,* »Broadway-Opera« in zwei Akten, Buch von Elmer Rice, Gesangstexte von Langston Hughes (Regie Rouben Mamoulian, Dirigent Maurice Abravanel) Juni-Juli: Reise nach Palästina über England, Frankreich und die Schweiz August: Beginn der Zusammenarbeit mit Alan Jay Lerner an *A Dish for the Gods,* später umbenannt in *Love Life,* ein »Vaudeville«
1948	7. Oktober: Broadway-Premiere von *Love Life* (Regie Elia Kazan, Dirigent Joseph Littau)
1949	31. Oktober: Broadway-Premiere von *Lost in the Stars,* »musical tragedy« von Maxwell Anderson nach Alan Patons Roman *Cry, The Beloved Country (Denn sie sollen getröstet werden)* Dezember: Beginn der Arbeit an einem Musical nach Mark Twains *Huckleberry Finn* mit Maxwell Anderson
1950	3. April: Kurt Weill stirbt nach vierzehntägiger Krankheit im Flower Hosptial, New York 5. April: Beisetzung auf dem Haverstraw Cemetry über dem Hudson

Personen- und Werkregister

Als suhrkamp taschenbuch erschien

Über Kurt Weill. Herausgegeben mit einem Vorwort von David Drew. 1975. Band 237

st 219 Hans Erich Nossack, Die gestohlene Melodie. Roman
254 Seiten
»Ich kenne in der gegenwärtigen deutschsprachigen Literatur kaum etwas Ergreifenderes als die aufleuchtenden Bilder dieses Romans.« *Helmut Heißenbüttel*

st 220 H. P. Lovecraft, Berge des Wahnsinns. Zwei Horrorgeschichten
216 Seiten
Wieder geht es um unmenschliche, vorzeitliche Wesen und Gottheiten, die in der Verborgenheit darauf lauern, die Welt, die sie als ihren Besitz verstehen, zurückzuerobern. In den *Bergen des Wahnsinns* weckt sie eine Südpolarexpedition aus ihrem Schlummer; in *Der Flüsterer im Dunkeln* bemächtigen sich Wesen, die aus dem interstellaren Raum kommen, der Gehirne bedeutender Forscher, um sie sich für ihre dunklen Zwecke dienstbar zu machen.

st 221 Theodor Reik, Der eigene und der fremde Gott. Zur Psychoanalyse der religiösen Entwicklung
Mit einem Vorwort zur Neuausgabe von Alexander Mitscherlich
252 Seiten
Reiks 1923 erschienene Arbeit gehört neben denen von Freud, Ernest Jones und Erich Fromm zu den wichtigsten religionswissenschaftlichen Studien auf psychoanalytischer Grundlage. In ihr wird versucht, von analytischen Gesichtspunkten aus die Erscheinungen der religiösen Feindseligkeit und Intoleranz psychologisch zu erklären und zugleich den tieferen Ursachen der religiösen Verschiedenheiten nachzuforschen.

st 222 Zur Aktualität T. S. Eliots. Zum 10. Todestag
Herausgegeben von Helmut Viebrock und Armin Paul Frank
290 Seiten
Der vorliegende Band enthält Aufsätze deutscher und ausländischer Kritiker und Literaturwissenschaftler, z. T. Originalbeiträge, z. T. bereits veröffentlichte Aufsätze, die mit einer Ausnahme nicht älter sind als fünf Jahre. Er wird durch eine Bibliographie ausgewählter Schriften über Eliot, die seit 1965 erschienen sind, ergänzt und steht in einem Zusammenhang mit der vierbändigen Werkausgabe Eliots im Suhrkamp Verlag.

st 223 Nathalie Sarraute, Zeitalter des Mißtrauens. Essays über den Roman
Aus dem Französischen von Helmut Scheffel
112 Seiten
Ehe der »nouveau roman« zum vieldeutig schillernden Begriff geworden war, hat Nathalie Sarraute ihre Theorie des modernen Romans entwickelt. 1947 bis 1956 schrieb sie vier Essays, die unter dem Titel *L'ère du soupçon* erschienen. Von Dostojewski führen die Überlegungen der Autorin zu Kafka, Proust und Camus. Wie kann, so fragt sie, der Roman sich der hinderlichen Konvention von Handlung und Figuren entledigen?

st 224 Barbara Frischmuth, Amoralische Kinderklapper
Mit neunzehn Zeichnungen von Walter Schmögner
120 Seiten
»Es ist keine Übertreibung, wenn ich sage, daß die *Amoralische Kinderklapper* für mich überhaupt das erste literarische Buch über Kinder ist, ein Buch, das über Kinder informiert, das nicht einfach aus sentimentalen Mutmaßungen über die eigene Kindheit zusammengebaut ist, sondern Beobachtungen, Erfahrungen und sicher auch Kenntnisse der modernen Kinderpsychologie verarbeitet. ... Barbara Frischmuth hat – vielleicht wie noch niemand vor ihr – die Sprache der Kinder entdeckt.« *Peter Bichsel*

st 226 Stanisław Lem, Solaris. Roman
Aus dem Polnischen von I. Zimmermann-Göllheim
240 Seiten
Lems Roman akzentuiert ein zentrales Thema des pol-

nischen Autors: die Möglichkeit völlig fremden, dem menschlichen nicht mehr vergleichbaren Bewußtseins, völlig fremder Systeme intelligenten Lebens, völlig fremder Existenzformen und die Auseinandersetzung damit.

st 227 Hermann Hesse, Die Nürnberger Reise
84 Seiten
Die Erstausgabe der *Nürnberger Reise* erschien 1927, im selben Jahr wie die des *Steppenwolf*. Beide Bücher sind kritische Auseinandersetzungen nicht allein mit dem Zeitgeist der zwanziger Jahre, sondern mit der blinden Progressivitäts-Euphorie unseres Jahrhunderts, dessen vorwiegend quantitative Errungenschaften die Weltkriege der Gegenwart ausgelöst haben.

st 228 Halldór Laxness, Islandglocke. Roman
Aus dem Isländischen von Ernst Harthern
468 Seiten
Die Romantrilogie des Nobelpreisträgers für Literatur 1955 hat den Mordprozeß gegen einen isländischen Bauern an der Wende vom 17. zum 18. Jahrhundert zum Thema, als das abseitige Island von dem damals mächtigen Dänemark versklavt wurde.

st 229 Samuel Beckett, Molloy. Roman
Deutsch von Erich Franzen
208 Seiten
Molloy ist in mancher Hinsicht die Parallele zu *Godot*. Der Roman beunruhigt den Leser. Die große Selbstverständlichkeit seiner Sprache, seines Stils und die innere Konsequenz seiner Aussage machen ihn zu einem Kunstwerk und damit zu einer echten, notwendigen Zumutung, der man sich stellen muß.

st 230 Gerhard Roth, die autobiographie des albert einstein.
Künstel. Der Wille zur Krankheit. Drei Romane
176 Seiten
»Diese finsteren Romane, die ›man schlicht als außerordentlich bezeichnen‹ kann, lassen den Leser durch ihre klaren Bilder und hellsichtigen Metaphern ›in einen Zustand erschreckt-ungemütlicher Fasziniertheit geraten‹.« *Jörg Drews*

st 231 Paul Celan, Mohn und Gedächtnis. Gedichte
280 Seiten
»Hier war ein Reichtum an ungewöhnlichen, kühnen, visionären Metaphern, die man nach der Ausbeute im Surrealismus nicht mehr für möglich gehalten hatte. Ein noch nicht gehörter, suggestiver, von Schmerz durchwehter Klang wucherte wild und betäubend, grandios und erschreckend, sanft und empörend, feurig und gekältet. Und daneben fanden sich lapidare und asketische Verse in einer Sprache, die wie aus Marmor gemeißelt zu sein schien. In diesem Band war auch die *Todesfuge* enthalten, ein Gedicht, das seinen Schöpfer inzwischen berühmt gemacht hat.« *Horst Bienek*

st 232 Peter Rosei, Landstriche. Erzählungen
122 Seiten
Vier topographisch genaue Beschreibungen eines Landstriches, wobei die äußere Schilderung Parabel für die innere Landschaft einer Person, für den Zustand einer Gesellschaft ist. In »Nach Outschena« entspricht das Aufsteigen von Talstufe zu Talstufe der fortschreitenden Verelendung der Bevölkerung. »Ja und Nein« und »Unterwegs« erzählen von einem Außenseiter, der der Unbill der Witterung ebenso ausgesetzt ist wie der Bedrohung durch die ihm fremd gegenüberstehende Gruppe. Am komplexesten ist die Erzählung »Fragen der Forschung«: der Sinn des Gesetzes ist der zivilisierten Gesellschaft verlorengegangen.

st 234 Han Suyin, Die Morgenflut. Mao Tse-tung, ein Leben für die Revolution
Aus dem Amerikanischen übertragen von Siglinde Summerer und Gerda Kurz
672 Seiten
Für diese Geschichte der chinesischen Revolution und der Darstellung des Lebens von Mao hat Han Suyin mehr als zehn Jahre lang Fakten gesammelt, sie sprach mit den Schlüsselfiguren der chinesischen Revolution und folgte der Route des Langen Marsches. Das Buch *Die Morgenflut* ist für die Fortführung der China-Diskussion notwendig.

st 235 Uwe Johnson, Eine Reise nach Klagenfurt
112 Seiten
In Klagenfurt hat Ingeborg Bachmann ihre Kindheit erlebt; ist diese Zeit noch zu finden in der Stadt von heute? Danach zog sie vor, zu leben in Rom und anderswo; was für Einladungen bietet Klagenfurt? Zitate von Ingeborg Bachmann lösen die Recherchen Uwe Johnsons aus, das Zusammenspiel beider Elemente illustriert die Spannung zwischen den beiden Orten. In Rom starb Ingeborg Bachmann am 17. Oktober 1973; in Klagenfurt ist sie begraben.

st 236 Helm Stierlin, Adolf Hitler: Familienperspektiven
192 Seiten
Stierlins Buch dreht sich um die bis heute nicht hinreichend beantwortete Frage: Welches sind die psychischen und motivationalen Grundlagen für Hitlers Aggressivität und Zerstörungsleidenschaft? Indem der Autor das vorhandene biographische und historische Material zu Rate zieht, versucht er, das singuläre Phänomen Hitler als einen Extremfall zerstörter zwischenmenschlicher Beziehungen darzustellen. So kann dieses Buch dazu beitragen, etwas verstehen zu lernen, was sich nach landläufiger Meinung jedem Verständnis entzieht: die psychische Genesis des Zerstörerischen schlechthin, das Hitler wie kein Mensch vor ihm verkörpert hat.

st 237 Über Kurt Weill
Herausgegeben mit einem Vorwort von David Drew
188 Seiten
Zum 75. Geburtstag und 25. Todestag von Kurt Weill 1975 stellt dieser Band eine Sammlung bemerkenswerter, zum größten Teil bisher unzugänglicher Aufsätze und Dokumente von Heinrich Strobel, Iwan Goll, Theodor W. Adorno, Ernst Bloch, Alfred Polgar, Mary McCarthy u. a. zusammen, die nicht nur die künstlerische Entwicklung und die musikgeschichtliche Leistung von Weill verdeutlichen, sondern auch die unterschiedlichen Bedingungen, unter denen er arbeitete, dokumentieren wollen. In den Aufsätzen, die aus den Jahren 1925–1974 stammen, gewinnt auch der Kreis der Mitarbeiter um Kurt Weill Gestalt, zu dem Bertolt Brecht, Lotte Lenya, Georg Kaiser, Caspar Neher, Erwin Piscator und andere zählten.

st 238 Dietrich Hofmann (Hrsg.), Schwangerschaftsunterbrechung. Aktuelle Überlegungen zur Reform des § 218
352 Seiten
Dem vorliegenden Band geht es darum, der Vielfalt und der Unterschiedlichkeit der Auffassungen Rechnung zu tragen, welche die Position der verschiedensten Berufe, Kräfte und Gruppierungen unseres Landes kennzeichnen. Der Anspruch auf Sachlichkeit basiert auf der Klarstellung naturwissenschaftlicher, medizinischer Erkenntnisse, der Erkenntnisse eines Juristen, eines Moraltheologen, eines Soziologen und eines Psychiaters.

st 239 Bis hierher und nicht weiter
Ist die menschliche Aggression unbefriedbar?
Zwölf Beiträge. Herausgegeben von Alexander Mitscherlich
»Mitscherlich und mit ihm die Autoren dieses Bandes sehen heute die Aufgabe vor sich, jenseits aller ›Kollektivierungsmethoden‹ mit ihrem äußeren Feindbild und jenseits aller Tabuisierung durch herrschende Gruppen den einzelnen über seine Aggressionen aufzuklären, ihn erst einmal so weit zu bringen, daß er die Aggression erkennt, sie zugibt, mit ihr zu leben lernt . . . Das Ergebnis ist ein Buch, in dem wie niemals zuvor die gegenwärtige Diskussion zusammengefaßt ist.« *Karsten Plog*

st 240 Hermann Hesse, Lektüre für Minuten. Gedanken aus seinen Büchern und Briefen. Neue Folge. Hrsg. von Volker Michels
224 Seiten
Die editorische Sichtung des umfangreichen Nachlasses und der in der Zwischenzeit neuaufgefundenen Briefe Hesses hat so viel neues Material zutage gefördert, daß es möglich und notwendig geworden ist, diesen Fortsetzungsband vorzulegen, um einmal mehr die Brisanz und zeitlose Aktualität der gedanklichen Basis des Hesseschen Œuvres zu dokumentieren und die Frage zu beantworten, was diesen Schriftsteller zum meistgelesenen europäischen Autor in den USA und in Japan gemacht hat.

st 241 Wolfgang Koeppen, Der Tod in Rom. Roman
192 Seiten
Der Tod in Rom ist die Geschichte einer Handvoll Men-

schen, die nach dem Krieg in Rom zusammentreffen: Opfer, Täter, Vorbereiter und Nachgeborene des Schreckens. Rom, die Stadt Cäsars und Mussolinis, die Heilige Stadt und die Stätte zweideutiger Vergnügungen, bringt die Vergangenheit dieser Männer und Frauen ans Licht. Koeppen beschreibt in diesem Zeitroman die verborgenen Krankheiten der deutschen Seele.

st 242 E. Y. Meyer, Eine entfernte Ähnlichkeit.
Erzählungen
154 Seiten
»Meyer denkt also klar, er denkt ernsthaft und verbindlich, er scheut vor dem Simplen nicht zurück, er ist in einem wohltuenden Sinne menschenfreundlich: und dies alles nicht theoretisierend, sondern so, daß er etwas erzählt, das ich womöglich auch erzählt haben könnte. Ich bin, wie gesagt, befangen, weil ganz und gar eingenommen. Ich wünschte, vielen ginge es so.«
Rolf Vollmann, Stuttgarter Zeitung

st 243 Erich Heller, Thomas Mann.
Der ironische Deutsche
364 Seiten
Diese große kritische Studie handelt von der Dichtung, nicht vom Leben Thomas Manns. Nicht Vollständigkeit ist ihr Ziel, sondern Analyse des Wesentlichen, Entscheidenden. In sechs weitangelegten Kapiteln führt Heller den Leser durch das Werk Thomas Manns. Im Mittelpunkt steht jeweils eines der Hauptwerke, dem Zugehöriges zugeordnet ist. Die Einheit des Werkes von Thomas Mann wird sichtbar, seine Verknüpfung mit Vorhergehendem und Gleichzeitigem deutlich.

st 244 Dolf Sternberger, Gerechtigkeit für das neunzehnte Jahrhundert. Zehn historische Studien
192 Seiten
Sternberger zählt zu den Pionieren der Wiederentdeckung des neunzehnten Jahrhunderts. Dieses Jahrhundert ist die Epoche eines erneuerten Imperialismus der europäischen Großmächte, aber auch die Epoche der Sklavenbefreiung und aller Emanzipationsbewegungen. Es ist die Epoche

der industriellen Verelendung, aber auch der Fabrikgesetze und der Sozialversicherung, des Nationalismus wie des Internationalismus, der bürgerlichen Vorherrschaft wie der Arbeiterbewegung.

st 245 Hartmut von Hentig, Die Sache und die Demokratie. Drei Abhandlungen zum Verhältnis von Einsicht und Herrschaft
138 Seiten
Man spricht von »Tendenzwende« und meint damit: das Ende des Traums von der Reform der Gesellschaft, die große Ernüchterung oder in den Formeln von Hentig: die Wiederherstellung der Sachgesetze gegenüber der Demokratie. Die Hoffnung der verunsicherten Menschen bleibt bei einem *common sense,* der beides vermag: sich der zunehmenden Sachkompetenz zu bedienen und sich von ihr wieder zu trennen, wo sie nur sachlich, unverständlich, unmenschlich wird. Die Weise, in der sich *common sense* organisiert, ist die Demokratie.

st 246 Hermann Broch, Schriften zur Literatur.
st 247 Kommentierte Werkausgabe, herausgegeben von Paul Michael Lützeler
Bd. 1 – Kritik, 432 Seiten
Bd. 2 – Theorie, 336 Seiten
Band 1 enthält Schriftstellerporträts – Thomas Mann, Karl Kraus, Elias Canetti, James Joyce, Robert Musil, Hugo von Hofmannsthal u. a. – sowie Rezensionen und Würdigungen der Werke von Alfred Polgar, Kasimir Edschmid, Charles Baudelaire, Aubrey Beardsley u. a., während Band 2 die thoretischen Schriften zusammenfaßt. Diese Ausgabe vermittelt erstmals ein vollständiges Bild des Dichters, Literaturtheoretikers, Politologen, Massenpsychologen und Geschichtsphilosophen Broch.

st 248 Samuel Beckett, Glückliche Tage. Dreisprachig
Deutsch von E. und E. Tophoven
112 Seiten
»Beckett verärgert die Leute stets durch seine Ehrlichkeit... Er zeigt, es gibt keinen Ausweg, und das ist natürlich irritierend, weil es tatsächlich keinen Ausweg gibt... Unser fortgesetzter Wunsch nach Optimismus ist unsere schlimmste Ausflucht.« *Peter Brook*

st 249 Uwe Johnson, Berliner Sachen. Aufsätze
128 Seiten
Berliner Stadtbahn, aus dem Sommer von ausgerechnet 1961, dieser Aufsatz wird ja manchmal verlangt, dann war er nicht zu haben. Das soll von Anständen beim Schreiben handeln, dabei geht der Verfasser keinen Schritt von der S-Bahn runter. Wie, das könnte man hier nachlesen. Auch die Anstände, die Johnson mit den Westberlinern hatte, als sie die S-Bahn auszuhungern gedachten; damals zitierten die ostdeutschen Verwalter des Verkehrsmittels ihn gern. Skandal machten sie erst, als derselbe Text in einem Buch an die Teilnehmer der letzten Olympiade verschenkt werden sollte. Unerfindlich, außer, man sieht sich das an.

st 250 Erste Lese-Erlebnisse
Herausgegeben von Siegfried Unseld
160 Seiten
»Wie war jene erste Begegnung mit Literatur?«, so wurden Autoren befragt. Das Thema Erste Lese-Erlebnisse ist von Belang. Für den, der schreibt, wie für den, der liest. Für den also, der sich seines Weges durch Literatur bewußt wird. Vor allem jedoch für den jungen Leser, der dringlicher denn je der Orientierung, Anregung und Ermutigung bedarf.

st 278 Czesław Miłosz, Verführtes Denken
Mit einem Vorwort von Karl Jaspers
256 Seiten
Miłosz, zwar nicht Kommunist, aber zeitweilig als polnischer Diplomat in Paris, beschreibt die ungeheure Faszination des Kommunismus auf Intellektuelle. Er stellt sich als Gegenspieler marxistischer Dialektiker vor, deren Argumente von höchstem Niveau und bezwingender Logik sind. Was der konsequente totalitäre Staat dem Menschen antut, zeigt Miłosz in einer Weise, die den Menschen am äußersten Rand einer preisgegebenen Existenz wiederfindet. Von solcher Vision beschreibt der Autor ohne Haß, wenn auch mit satirischen Zügen, die Entwicklung von vier Dichtern, die aus Enttäuschung, Verzweiflung, Überzeugung oder Anpassung zu Propagandisten werden konnten.

st 279 Harry Martinson, Die Nesseln blühen
Roman
320 Seiten
Dieser Roman des Nobelpreisträgers für Literatur 1974 erzählt die Geschichte einer Kindheit. In fünf Kapiteln stehen sich Menschen in der Unordnung von Zeit und selbstgerechten Gewohnheiten gegenüber. Von der Kinderversteigerung geht der Weg Martin Tomassons durch die Schemenhöfe der Furcht, des Selbstmitleids und der Verlassenheit, bis ein fremder Tod ihn aus dieser Scheinwelt stößt. Zuletzt kommt Martin als Arbeitsjunge ins Siechenheim. In dieser Welt des Alterns, der Schwäche, der Resignation regiert der schmerzvolle Friede der Armut. Martin klammert sich an Fräulein Tyra, die Vorsteherin. Ihr Tod liefert ihn endgültig dem Erwachen aus.

st 281 Harry Martinson, Der Weg hinaus
Roman
362 Seiten
Dieser Band setzt die Geschichte des Martin Tomasson fort. Das ist Martins Problem: die Bauern, bei denen er als Hütejunge arbeitet, beuten seine Arbeitskraft aus. Er wird mit Gleichgültigkeit behandelt, die Gleichaltrigen verhöhnen ihn mit kindlicher Grausamkeit. Ihm bleibt nur die Flucht ins »Gedankenspiel«, in eine Scheinwelt, aufgebaut aus der Lektüre von Märchen und Abenteuergeschichten. Die Zukunft, von der Martin sich alles erhofft, beginnt trübe: der Erste Weltkrieg ist ausgebrochen. Der Dreizehnjährige schlägt sich bettelnd durchs Land, um zur Küste zu kommen. Immer in Gefahr, aufgegriffen zu werden, erreicht er zu guter Letzt eine der Seestädte.

Alphabetisches Gesamtverzeichnis der suhrkamp taschenbücher